"十四五"职业教育国家规划教材

浙江省普通高校"十三五"新形态教材
浙江省"十一五"重点教材建设项目
国家首批精品在线开放课程配套教材

互联网营销策划实务

成荣芬　魏振锋　编著

汪　焰　主审

电子工业出版社
Publishing House of Electronics Industry
北京·BEIJING

内容简介

"互联网营销策划实务"是电子商务专业和市场营销专业的核心课程。本教材以项目策划操作过程为导向,基于工作任务下的项目化教学内容进行设计,为实现"教、学、做"一体化教学改革服务。本教材以创业策划为起点,按照策划项目的创意、选题、调研、策划、可行性分析及竞赛的路线安排教学。

本教材既有导入案例与课堂活动安排,又有具体的相关知识介绍,并附有大量的案例分析和课堂讨论,便于指导学生具体操作,完成团队项目策划,从而培养学生的综合素质与专业技能。

本教材可作为高职高专院校电子商务、市场营销及相关专业的教材或参考书,也可作为网络营销策划从业人员的参考书。

未经许可,不得以任何方式复制或抄袭本书之部分或全部内容。
版权所有,侵权必究。

图书在版编目(CIP)数据

互联网营销策划实务 / 成荣芬, 魏振锋编著 . -- 北京:电子工业出版社,2022.5(2025.9重印)
ISBN 978-7-121-37561-3

Ⅰ. ①互… Ⅱ. ①成… ②魏… Ⅲ. ①网络营销—营销策划—高等学校—教材 Ⅳ. ① F713.365.2

中国版本图书馆 CIP 数据核字(2019)第 213861 号

责任编辑:贺志洪
印　　刷:三河市良远印务有限公司
装　　订:三河市良远印务有限公司
出版发行:电子工业出版社
　　　　　北京市海淀区万寿路 173 信箱　邮编:100036
开　　本:787×1092　1/16　印张:16.75　字数:428.8 千字
版　　次:2022 年 5 月第 1 版
印　　次:2025 年 9 月第 8 次印刷
定　　价:49.90 元

凡所购买电子工业出版社图书有缺损问题,请向购买书店调换。若书店售缺,请与本社发行部联系,联系及邮购电话:(010)88254888,85258888。
质量投诉请发邮件至 zlts@phei.com.cn,盗版侵权举报请发邮件至 dbqq@phei.com.cn。
本书咨询联系方式:(010)88254609 或 hzh@phei.com.cn。

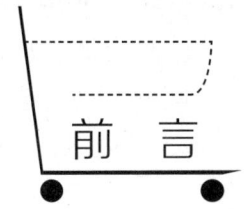

前言

"互联网营销策划实务"是电子商务专业、市场营销专业的核心课程。本教材以高等职业技术教育培养专业性、职业性、应用性、实践性的人才能力培养目标为基准,以项目策划操作过程为导向,基于工作任务下的项目化教学内容设计,为实现"教、学、做"一体化教学改革服务。

本教材始终以教学团队为单位进行学习、策划与操作,为培养学生的团队合作能力、锻炼与展示个性专业技能提供平台。

本教材既有导入案例与课堂活动安排,又有具体的相关知识介绍,并附有大量的案例介绍,最后还设置团队项目训练,以期深入浅出地启发读者的思路,指导具体操作,完成团队项目策划。

本教材以创业策划为起点,按照策划项目的创意、选题、调研、策划、可行性分析及竞赛的路线,完成创业实践的教学安排,使学生实现学习过程与创业过程相统一、学习过程与竞赛能力培养相统一、学生综合素质培养与专业能力锻炼相统一。

全书共分 10 个项目,项目一是"认知网络营销策划",主要要求学生深入理解网络营销策划的相关知识,熟悉网络营销策划的原则与基本结构,掌握网络营销策划书的设计过程及构架;项目二是"网络营销策划选题",主要使学生熟悉网络营销策划的创意的基本方法,学会有目的地观察、选择创意的方法,提出鲜明、创新的网络营销策划立意;项目三是"网络营销策划调研",要求学生熟悉网络营销策划调研的知识与方法,学会网络数据检索与应用,通过专题调查,撰写项目调研报告;项目四是"网络营销策划背景分析",要求学生掌握项目背景分析的基本方法,学会用 SWOT 分析法分析在项目环境基础上提出的项目策划方案;项目五是"网络营销战略策划",主要让学生学会市场细分的基本方法,能够进行完全市场细分,学会目标营销、市场定位的方法和步骤,能够应用目标市场营销解决实际问题,对团队项目进行准确定位;项目六是"网络营销战术策划",要求学生深入理解网络营销战术策划的基本理论和知识,掌握 4P 组合策略,运用合理的网络营销策略组合,制定合理的网络营销策划和推广策略;项目七是"网络营销策划财务预算与组织管理",要求学生掌握网络营销策划财务预算的方法,掌握组织管理的基本结构与应用;项目八是"网络营销策划可行性分析",使学生学会网络营销项目的风险与控制的基本方法,掌握网络营销策划项目的可行性分析技能;项目九是"网络营销项目运营",要求学生熟悉网络营销项目运营的技能模块与基本要求，熟悉公司员工基本守则，能够在实习指导教师的指导下，完成项目的建站与运营，为创业就业打下良好的基础；项目十是"团队策划项目 PK"，使学生熟悉网络营销竞赛的基本规程与竞赛要求，掌握 PPT 制作的技巧及做好相关准备工作，从而培养学生的综合素质与能力。

本教材是浙江省重点教材、浙江省精品课程配套教材。本教材由浙江工贸职业技术学院的成荣芬、魏振锋编著。其中，项目一至五、八至十由成荣芬编写，项目六、项目七、附录由魏振锋编写，成荣芬负责整体结构。全书最后由成荣芬统稿，汪焰主审。

本教材可作为高职高专院校电子商务、市场营销及相关专业的教材或参考书，也可作为网络营销策划从业人员的参考书。

本教材在编写过程中，得到了出版社的悉心指导，以及浙江省教育厅、浙江工贸职业技术学院领导的大力支持，在此表示诚挚的感谢，并对所参阅的所有文献的相关作者，一并致以深深的谢意！同时感谢各位合作同人的鼎力支持。

由于作者水平有限，书中不妥与疏漏之处在所难免，敬请专家、同人批评指正。

作者

2019 年 7 月

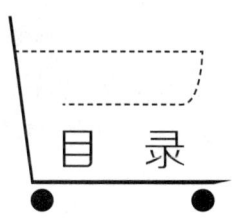

目 录

项目一 认知网络营销策划 / 001

任务1 了解网络营销策划 / 002

案例分析 / 002
　海尔集团网络营销 / 002

课堂活动 / 003
　Will it blend案例讨论 / 003

背景知识 / 004
　网络营销策划 / 004
　　一、网络营销策划概述 / 004
　　二、网络营销方案 / 004
　　三、网络营销策划的原则 / 005

知识链接 / 006
　一、策划与咨询 / 006
　二、走向成功SEO之网络营销策划 / 008

任务2 熟悉网络营销策划过程 / 009

案例分析 / 009
　企业网站为什么没有效益 / 009

课堂活动 / 010
　设计网络营销策划过程 / 010

背景知识 / 010
　网络营销策划过程 / 010
　　一、明确策划问题 / 010
　　二、市场调研与环境分析 / 011

三、企业网络营销战略策划 / 012
　　　四、企业网络营销战术策划 / 012
　　　五、撰写网络营销策划与实施方案 / 012
　　　六、可行性分析与效果评估 / 012
　知识链接 / 013
　　网络营销策划书 / 013

任务3　把握网络营销策划的结构 / 015
　案例分析 / 015
　　网络营销项目策划结构诊断 / 015
　课堂活动 / 016
　　设计网络营销策划书目录 / 016
　背景知识 / 016
　　网络营销策划书的结构 / 016
　　　一、策划书封面 / 017
　　　二、项目概要与背景分析 / 017
　　　三、环境分析 / 017
　　　四、营销目标与营销战略 / 017
　　　五、盈利模式与网站构架 / 018
　　　六、营销策略及推广 / 018
　　　七、项目组织架构 / 018
　　　八、财务预算 / 018
　　　九、风险控制与可行性分析 / 019
　　　十、附件 / 019

任务4　网络营销策划认知实践 / 020
　课堂活动 / 020
　　案例分析判断 / 020

项目二　网络营销策划选题 / 027

任务1　认知网络营销策划的创意 / 028
　案例分析 / 028
　　洗衣机网络营销方案：衣服酷爱西门子 / 028
　课堂活动一 / 029
　　校园网络营销策划立意训练 / 029
　背景知识 / 030
　　网络营销策划的创意 / 030
　　　一、创意 / 030
　　　二、创意的表现形式 / 030
　　　三、网络营销策划创意的开发 / 032
　课堂活动二 / 033

观察社会现象，发现社会问题 / 033

任务2　了解网络营销策划的选题 / 033
　　案例分析 / 034
　　　　从"布袋"到"福袋"的升级 / 034
　　课堂活动 / 034
　　　　确定网祭的主题训练 / 034
　　背景知识 / 034
　　　　网络营销策划的选题 / 034
　　　　　　一、网络营销策划名称 / 034
　　　　　　二、网络营销策划书的题目设计 / 035

任务3　创意与选题训练 / 036
　　　　　　一、观察训练，发现立意 / 036
　　　　　　二、主题诊断 / 037
　　　　　　三、根据主题确定网络营销策划的选题 / 037

项目三　网络营销策划调研 / 039

任务1　网络营销策划调研的认知 / 040
　　案例分析 / 040
　　　　教授喜欢喝的咖啡 / 040
　　课堂活动 / 041
　　　　市场调查训练 / 041
　　背景知识 / 041
　　　　网络营销策划调研的认知 / 041
　　　　　　一、网络市场调研 / 042
　　　　　　二、网络市场调研的特点 / 042
　　　　　　三、网络市场调研的方法与步骤 / 043
　　知识链接 / 044
　　　　关于市场营销调研 / 044

任务2　市场营销信息的搜集与整理 / 046
　　案例分析 / 046
　　　　陈伟的应聘闯关 / 046
　　课堂活动 / 047
　　　　市场信息搜集训练 / 047
　　背景知识 / 047
　　　　网络数据检索与应用 / 047
　　　　　　一、市场营销信息 / 047
　　　　　　二、调查数据整理 / 048

任务3　市场营销调研报告 / 049

案例分析 / 050
　　××地区电子商务调研分析报告 / 050
课堂活动 / 050
　　设计市场调研报告 / 050
背景知识 / 050
　　专题调研及调研报告 / 050
　　　一、市场调研报告 / 050
　　　二、市场调研报告的内容 / 051

项目四　网络营销策划背景分析　/ 053

任务1　网络营销策划的背景分析　/ 054
课堂活动一 / 054
　　网络营销策划背景分析训练 / 054
背景知识 / 054
　　网络营销策划的背景分析 / 054
知识链接 / 056
　　从实物交易市场到虚拟交易市场 / 056
课堂活动二 / 056
　　个人网络营销背景分析 / 056

任务2　网络营销策划的现状分析　/ 057
案例分析 / 057
　　《中国互联网状况》白皮书的启示 / 057
课堂活动一 / 057
　　中国互联网发展状况分析 / 057
背景知识 / 057
　　网络营销策划现状分析 / 057
　　　一、中国互联网发展状况分析 / 057
　　　二、网络营销在中国的发展 / 058
　　　三、网络消费者的特征 / 058
　　　四、竞争对手分析 / 059
知识链接 / 061
　　马斯洛需求层次理论分析 / 061
课堂活动二 / 061
　　网络消费者行为分析 / 061
课堂活动三 / 061
　　竞争对手分析 / 061

任务3　网络营销策划的SWOT分析　/ 062
案例分析 / 062
　　某炼油厂的SWOT分析 / 062

课堂活动 / 063
　　　　关于SWOT分析讨论 / 063
　　背景知识 / 063
　　　　网络营销策划的SWOT分析 / 063
　　知识链接 / 065
　　　　中国电信的SWOT分析 / 065

项目五　网络营销战略策划　/ 068

任务1　细分项目市场　/ 070

　　案例分析 / 070
　　　　"老人俱乐部"的市场细分 / 070
　　课堂活动 / 070
　　　　细分网络快餐市场 / 070
　　背景知识 / 071
　　　　细分项目市场 / 071
　　　　一、市场细分的概念 / 071
　　　　二、市场细分的作用 / 071
　　　　三、市场细分的要求 / 073
　　　　四、市场细分的程序 / 073
　　　　五、市场细分的依据 / 074

任务2　目标市场选择　/ 078

　　案例分析 / 078
　　　　"温州助工网"的目标市场选择 / 078
　　课堂活动 / 079
　　　　为某项目选择目标市场 / 079
　　　　一、目标市场的概念 / 079
　　　　二、目标市场的选择要求 / 079
　　　　三、目标市场营销策略 / 081

任务3　项目市场定位　/ 083

　　案例分析 / 083
　　　　酒后代驾服务的市场定位 / 083
　　课堂活动 / 084
　　　　为具体项目进行市场定位 / 084
　　　　一、市场定位的概念和意义 / 084
　　　　二、市场定位的依据 / 085
　　　　三、市场定位策略 / 086
　　　　四、市场定位策略的实施步骤 / 087

任务4　确定项目目标　/ 090

课堂活动　/ 090
　　项目目标的确定　/ 090

项目六　网络营销战术策划　/ 092

任务1　认知网络营销战术策划　/ 093
案例分析　/ 093
　　可口可乐的网络营销　/ 093
课堂活动一　/ 094
　　网络营销战术思维训练　/ 094
背景知识　/ 094
　　网络营销策划　/ 094
　　　一、战略与战术　/ 094
　　　二、网络营销战术理论　/ 096
课堂活动二　/ 099
　　公益活动的网络营销策略　/ 099
知识链接　/ 099
　　公益营销的作用　/ 099

任务2　网络营销产品策略　/ 102
案例分析　/ 102
　　海尔集团的传统营销与网络营销　/ 102
课堂活动　/ 103
　　产品定位的主题训练　/ 103
背景知识　/ 103
　　网络营销产品策略　/ 103
　　　一、网络营销新产品开发策略　/ 103
　　　二、网络营销新产品构思与概念形成　/ 105
　　　三、网络营销新产品的研制　/ 105
　　　四、长尾产品　/ 106
　　　五、网络营销中的产品战术　/ 107
知识链接　/ 108
　　网络营销数据库系统的特点　/ 108

任务3　网络营销价格策略　/ 109
案例分析　/ 109
　　The Bodyshop产品的价格定位　/ 109
课堂活动　/ 109
　　The Bodyshop产品定价分析　/ 109
背景知识　/ 109
　　网络营销价格策略　/ 109
　　　一、从产品到客户价值　/ 109

二、网络产品价格策略 / 110

任务 4　网络营销渠道和沟通策略 / 115

案例分析 / 115
李宁的网络渠道建设 / 115

课堂活动 / 116
网络销售渠道分析 / 116

背景知识 / 116
网络营销渠道和沟通策略 / 116
一、网络营销渠道策略 / 116
二、网络营销的沟通理论 / 117
三、网络营销推广策略的制定 / 121
四、网络营销推广工具和方法 / 122

任务 5　网络营销战术策划训练 / 126
一、训练目标 / 126
二、训练内容 / 126

项目七　网络营销策划财务预算与组织管理 / 128

任务 1　分析网络营销成本 / 130

案例分析 / 130
花小钱办大事，10元钱为"尤里卡"带来商机 / 130

课堂活动一 / 131
企业网络营销成本分析 / 131

背景知识 / 131
网络营销成本 / 131
一、网络营销成本概述 / 131
二、网络促销策划与成本分析 / 135
三、科学地设计与选择网络营销推广方案 / 136

知识链接 / 137
不同推广方法的成本 / 137

课堂活动二 / 138
了解网络推广费用 / 138

任务 2　分析网络营销销售与收入 / 139

案例分析 / 139
京东商城的利润 / 139

课堂活动一 / 140
调查某公司的销售收入、毛利和净利 / 140

背景知识 / 140
网络营销销售与收入 / 140
一、网络营销销售收入 / 140

二、网络营销财务分析 / 142
　　课堂活动二 / 147
　　　B2C电子商务网站如何才能盈利 / 147

任务3　网络营销策划财务预算 / 148
　　案例分析 / 148
　　　企业B2B营销预算转向网络营销 / 148
　　课堂活动一 / 148
　　　营销费用预算 / 148
　　背景知识 / 150
　　　网络营销策划财务预算 / 150
　　　　一、财务预算 / 150
　　　　二、网络营销预算 / 151
　　课堂活动二 / 153
　　　根据策划方案制定财务预算 / 153

任务4　公司组织管理 / 153
　　案例分析 / 153
　　　小和尚撞钟被撤职的困惑 / 153
　　课堂活动一 / 154
　　　确定组织结构、合理分工，撰写岗位职责说明书 / 154
　　背景知识 / 154
　　　公司组织管理 / 154
　　　　一、组织结构的设计与管理 / 154
　　　　二、人力资源管理 / 155
　　知识链接 / 157
　　　营销部经理岗位职责说明 / 157
　　课堂活动二 / 158
　　　业务流程设计与分析 / 158

项目八　网络营销策划可行性分析 / 160

任务1　风险分析与控制 / 162
　　案例分析 / 162
　　　建华发艺网络营销应用可行性分析 / 162
　　课堂活动一 / 163
　　　风险分析训练 / 163
　　背景知识 / 163
　　　风险分析与控制 / 163
　　　　一、风险 / 163
　　　　二、风险分析与管理 / 164
　　　　三、风险管理 / 166

知识链接 / 167
　　项目风险分析的常用方法 / 167
课堂活动二 / 169
　　分析工学结合企业运营项目的风险 / 169

任务 2　项目可行性分析 / 169

案例分析 / 170
　　投资软件公司失败的教训 / 170
课堂活动 / 170
　　"化蝶飞"项目的可行性分析 / 170
背景知识 / 171
　　项目可行性分析 / 171
　　　一、网络营销策划的可行性分析 / 171
　　　二、经济上的可行性分析 / 171
　　　三、技术上的可行性分析 / 172
　　　四、环境上的可行性分析 / 173
　　　五、项目可行性分析结论与建议 / 173

项目九　网络营销项目运营　/ 175

任务 1　公司员工岗前培训　/ 176

案例分析 / 176
　　培训费只买来"轰动效应" / 176
课堂活动 / 177
　　新员工岗前培训意识训练 / 177
背景知识 / 177
　　公司员工岗前培训 / 177
　　　一、公司员工岗前培训的要素 / 177
　　　二、员工岗前培训流程 / 180
知识链接 / 185
　　增强新员工对公司和新环境的积极情感的技巧 / 185

任务 2　熟悉网络营销模式与常用工具　/ 186

案例分析 / 187
　　海尔的B2B个性化服务之路 / 187
课堂活动 / 187
　　网络营销模式分析训练 / 187
背景知识 / 188
　　网络营销模式与常用工具 / 188
　　　一、电子商务模式 / 188
　　　二、网络营销项目推广 / 188

任务 3　网络营销运营实践　/ 193

案例分析 / 193
  浙江工贸职业技术学院商务虚拟公司的诞生 / 193
课堂活动 / 194
  设计网络营销实训流程 / 194
实战项目 / 194
  网络营销运营实践 / 194
    一、网络营销实训流程及运营的环节 / 194
    二、网站建设 / 194
实战项目 / 201
    一、网络营销效果评估原则 / 201
    二、网络广告营销效果评估方法 / 203
    三、电子邮件营销效果评估方法 / 203

项目十　团队策划项目PK　/ 205

任务1　网络营销策划竞赛组织与要求　/ 206
案例分析 / 206
  这次竞赛缺失什么 / 206
课堂活动 / 206
  电子商务竞赛准备 / 206
背景知识 / 207
  网络营销策划竞赛组织与要求 / 207
    一、网络营销策划竞赛的章程 / 207
    二、竞赛打分表 / 208

任务2　网络营销策划竞赛的实施　/ 209
案例分析 / 209
  "化蝶飞"获奖了 / 209
课堂活动一 / 210
  为"化蝶飞"主题项目实施竞赛准备 / 210
背景知识 / 210
  网络营销策划竞赛的实施 / 210
    一、PPT制作 / 210
    二、PPT的要素 / 211
知识链接 / 213
    一、PPT制作的技巧 / 213
    二、浙江省大学生电子商务竞赛章程 / 216
课堂活动二 / 218
  为自己的应聘制作一份自荐PPT / 218

附录A　/ 219

国货汇网络营销策划书 / 219
项目说明 / 221
第一章　市场分析　/ 224
第二章　市场定位　/ 228
第三章　SWOT 分析　/ 230
第四章　网站经营模式　/ 233
第五章　盈利模式　/ 236
第六章　营销推广策略　/ 238
第七章　网站功能简述　/ 241
第八章　财务预算　/ 244
第九章　项目可行性分析与风险控制　/ 248
第十章　组织架构　/ 251

参考文献　/ 252

项目一

认知网络营销策划

教学目标

通过本项目的学习与训练,学生能够深入理解网络营销策划的相关知识,熟悉网络营销策划的原则与基本结构,掌握网络营销策划书的设计过程,能够区分策划、咨询策划及计划的不同,并能够根据主题构建项目策划书的框架,形成学习团队,并能够合理分工、交流合作、相互启发,进行策划书的设计和理性分析,形成本团队的项目策划构架思路。

教学要求

1. 熟悉网络营销策划的原则、基本结构
2. 掌握网络营销策划书的内容与设计过程
3. 学会策划书设计与结构的理性分析方法

能力目标

1. 具备主题的确定与策划书的设计能力
2. 能够进行策划书的设计与结构的理性分析
3. 能够对策划书的结构科学性进行判断
4. 具备团队合作精神与团队内外的沟通能力

项目导航

随着互联网的发展,市场状态已从有形市场转向网络市场,企业的目标市场、客户关系、企业组织、竞争态势与营销手段等发生了巨大变化,企业既面临着新的挑战,也面临着无限的市场机会。企业只有制定相应的网络营销战略与策略,提供比竞争者更有价值、更有效率的产品和服务,才能实现企业的营销目标。

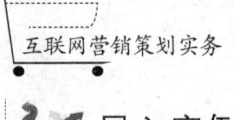

导入案例

律师事件：第一个利用互联网赚钱的人

互联网上最早的赚钱方式，既不是网上销售，也不是网上拍卖，当然也不是网络广告，最早赚钱的也不是什么著名网络公司，而是两个美国律师！1994年4月12日，美国亚利桑那州两位从事移民签证咨询服务的律师（两人为夫妻），把"绿卡抽奖"的广告发到多个新闻组，"邮件炸弹"让许多服务器瘫痪。结果，花费20美元的上网通信费用，吸引来25 000个客户，赚了10万美元。他们认为，通过互联网进行E-mail营销是前所未有几乎不需要任何成本的营销方式。当然，他们并没有考虑别人的感受，也没有计算别人因此而遭受的损失。1997年7月，Laurence Canter被吊销律师执照一年，其中部分原因为发送垃圾邮件。直到现在，很多垃圾邮件发送者还在声称通过定向收集的电子邮件地址开展"E-mail营销"可以让你的产品一夜之间家喻户晓，竟然还是和两个律师在几年前的腔调一模一样，但现在的网络环境已经发生了很大变化，无论发送多少垃圾邮件，也无法产生任何神奇效果了。

（资料来源：冯英健. 网络营销基础与实践［M］. 2版. 北京：清华大学出版社，2004.）

> **小贴士**
>
> 互联网具有营销价值；通过互联网赚钱不可违背网络营销原则；维护互联网营销环境，反对不正当行为。

任务 1 了解网络营销策划

认知互联网营销策划

 案例分析

海尔集团网络营销

随着网络经济的发展，电子商务已经成为海尔集团不可或缺的营销手段。海尔集团通过内外部环境分析，特别是基于自身以"优质的服务"闻名的优势，制定了网络营销方案，在网站建设上坚持把客户的需要与利益放在第一位的理念，并结合网络营销的特点，制定了"产品定制"板块："你设计我生产""您的难题就是我们的开发课题！"。海尔以服务为本，信守承诺。就连海尔集团的决策人也没想到，他们推出的"网上定制"冰箱业务竟然一炮而红，仅仅1个月时间，他们就从网上接到了100多万台的订单。

问题讨论:
1. 海尔成功的秘诀在哪里?
2. 网络营销与传统营销的区别表现在哪儿?

 课堂活动

Will it blend 案例讨论

活动目的:了解网络营销策划的意义,培养学生网络营销策划的初步意识。
活动内容与要求:阅读下面的案例,小组讨论案例问题;制作PPT,小组代表汇报。
结果与检测:观点明确,理解比较到位。
提示:立足网络营销策划意义、原则、过程讨论。

在最大的视频网站 YouTube 上,一个疯狂的白发中年人总是出现在最受关注的排行榜中。这个叫作"汤姆"的家伙把所有能够想到的玩意儿都塞进了桌上的搅拌机里——扑克、火柴、灯泡……甚至还有手机!每段视频的开头,老头儿都会戴着防护眼镜来上一句:"搅得烂吗? 这是一个问题。"(Will it blend? That is a question.)

"搅得烂吗"系列视频的最新牺牲品是一台苹果公司前些年出产的 iPod 随身听。汤姆把这个白色的古董款式往搅拌机里一扔,盖上盖子,20 秒的吱吱嘎嘎之后,随身听竟然变成了一堆冒着灰烟的金属粉末。自从 2006 年 12 月 13 日被上传到 YouTube 之后,这段惊人的视频在两个月内被观看了将近 270 万次。没有哪个观众不被那台无所不能的搅拌机征服,纷纷点击节目说明中的网址去一探究竟。

这正中了汤姆先生的下怀——他的全名是汤姆·迪克森(Tom Dickson),他是生产家用食品搅拌机的 Blendtec 公司的 CEO。过去,他在公司里总是用各种各样奇怪的东西去测试自家生产的搅拌机。于是,市场总监乔治·赖特(George Wright)突发奇想,决定把这些古怪的测试过程录下来,再加上一些诸如大理石和高尔夫球杆之类匪夷所思的实验品,统统传到网上去。

他们总共制作了将近 30 段此类视频放到网上,而且根据网友的反应不断推波助澜。"我们的目标就是加深品牌和市场认知度,"在接受美国《商业周刊》采访时,市场总监赖特说,"很多人家里的搅拌机可能连冰块都没法弄碎,他们会牢牢记住这个可以搅拌大理石的机器。"

结果,Blendtec 公司的搅拌机在美国卖疯了。

在这个案例中,Blendtec 公司充分发挥创造力,发挥了网络传播的魅力,把自己的产品和 iPod 随身听联系在一起,为消费者创造了非常强大的情感体验。一个企业到底应该怎样更好地与互联网结合?这是一个需要仔细思考的问题。

问题讨论:
1. 为什么网络营销需要策划?
2. 完成策划需要注意什么问题?

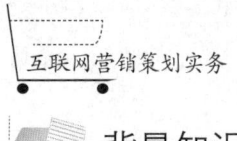 背景知识

网络营销策划

一、网络营销策划概述

策划又称"策略方案"和"战术计划",是指人们为了达成某种特定的目标,借助一定的科学方法和艺术,为决策、计划而构思、设计、制作策划方案的过程。

网络营销策划是指根据市场变化趋势的分析判断,对网络营销项目未来的网络营销行为进行超前的筹划。具体地讲,就是通过科学、系统的方法,对电子商务企业或网络营销项目的网站定位、网站优化、项目综合网络推广、网站运营等所做出的超前筹划。这种筹划借助丰富的经验与创新能力,将网络营销项目各要素进行优化组合,形成相应的网络营销方案和行动措施。

策划既不同于计划,也不同于咨询。策划近似英文 strategy 加 plan,而计划的英文则是 plan。策划是研究"去做什么",是一种围绕已定目标而开展的具有崭新创意的设计。而计划则是研究"怎样去做",是一种围绕已定设计而组织实施的具体安排。策划必须有创意自由,具有灵活性、多变性、开放性、挑战性的特点。计划不一定有创意,但范围一定具有灵活性小、保守性强和挑战性小的特点。

网络营销策划不同于网络营销计划。网络营销计划是按经验和常规对企业网络营销活动涉及的人、财、物率先所做的安排和平衡,而网络营销策划更强调创造性、主动性、针对性和可操作性,它不拘泥于以往的经验。面对一个将要解决的问题,总是先策划后计划。

二、网络营销方案

网络营销方案是指运用电子商务网络营销的专业知识,为传统企业或网络企业提供网络项目策划咨询、网络营销策略方法、电子商务实施步骤等服务建议和方案,或代为施行以求达到预期目的所进行的一种网络商务活动的计划书。

> **小贴士**
>
> 名人名言:
> 在参与网络营销的过程中,网络营销的方案就是一个球队的技战术打法,没有它就无胜利可言。
> ——王天星

网络营销方案策划是指团体或个人在以网络为工具的系统性的经营活动之前,根据自身的需求、目标,对一定时间内的网络营销活动的行为方针、目标、战略及实施方案与具体措施定制的个性化的高性价比的网络营销方案。网络营销方案的制订就是企业在应对商战时的对策和决定。

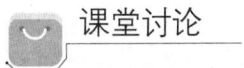 **课堂讨论**

马伊琍戴的项链

青春电视剧《奋斗》热播后,剧中马伊琍戴的项链在淘宝网上的价格从600元飙升到2 000多元。

小组讨论:

1. 制订网络营销策划方案的关键是什么?
2. 为什么马伊琍戴的项链在淘宝网上的价格能够从600元飙升到2 000多元?
3. 结合案例谈谈你的体会。

小贴士

在网络化信息时代,只有充分了解和懂得网络营销,才有资格参与到激烈的商战中,网络营销方案的制订是参与网络营销的灵魂。

三、网络营销策划的原则

网络营销策划是一项复杂的系统工程,它属于思维活动,但它是以谋略、计策、计划等理性形式表现出来的思维运动,是直接用于指导企业的网络营销实践的。一个成功的网络营销方案的实施需要通过细致的规划设计。在规划与设计过程中,必须遵循相关原则,方能制订科学、有效的策划书。所应遵循的相关原则介绍如下。

1. 系统性原则

网络营销是以网络为工具而进行的系统性的企业经营活动,它在网络环境下对市场营销的信息流、商流、制造流、物流、资金流和服务流等进行管理。网络营销方案的策划,是一项复杂的系统工程。因此,策划人员必须系统地对企业网络营销活动的各种要素进行优化和整合。

2. 创新性原则

现今,网络为顾客享用企业的产品和服务带来了便利,对不同企业的产品和服务带来了极大的价值和效用。在个性化消费需求日益明显的网络营销环境中,通过创新、创造与顾客的个性化需求相适应的产品特色和服务特色,是提高效用和价值的关键。特别的奉献才能换来特别的回报。创新带来特色,也带来了额外的价值。在网络营销方案的策划过程中,必须在深入了解网络营销环境尤其是顾客需求和竞争者动向的基础上,努力营造旨在增加顾客价值和效用、为顾客所欢迎的产品特色和服务特色。

3. 可操作性原则

网络营销策划的第一个结果是形成网络营销策划方案。网络营销策划方案必须具有可操作性,否则毫无价值可言。这种可操作性,具体表现为在网络营销方案中,策划者根据企业网络营销的目标和环境条件,就企业在未来的网络营销活动中应该做什么,以及何时、何地、何人做、如何做等问题进行周密的部署、详细的阐述和具体的安排。也就是说，网络营销方案是一系列具体的、明确的、直接的、系统的、相互联系的行动计划的指令，一旦付诸实施，企业的每一个部门、每一个员工都能明确自己的目标、任务、责任及完成任务的途径和方法，并知道如何与其他部门或员工相互协作。

4.经济性原则

网络营销策划始终以经济效益为核心。网络营销策划不仅考虑本身消耗一定的资源，而且通过网络营销方案的实施，改变企业经营资源的配置状态和利用效率。网络营销策划的经济效益，是策划所带来的经济收益与策划方案实施成本之间的比率。成功的网络营销策划，应当是在策划方案实施成本既定的情况下取得最大的经济效益，或花费最小的策划方案实施成本取得目标经济效益。

 知识链接

一、策划与咨询

"策划"一词在中国的出现始于汉代。西汉刘安的《淮南鸿烈·要略》中有"擘画人事之终始也"，南朝《后汉书·隗嚣传》中有"是以功名终申，策画复得"，其中"擘画""策画"与"策划"同义。根据1988年12月版《汉语大字典》、1978年10月版《中华大字典》、1980年8月版《辞海》的解释，其最根本的含义是"出谋划策"，意思接近于英文"plan""plot""engineer"。据有关的资料考证，"策划"这个概念最早的出处是1955年公共关系学者爱德华·伯纳斯（Edward L. Bernays）在其著作《策划同意》中提出来的。"策划"概念在西方受到重视始于1962年，以美国著名的管理学者钱德勒（Alfred D. Chandler）的著作《策略与结构》出版为契机。从此，企业运作中的"策略"的产生及"策划"成为今天在营销学领域经常使用的一组概念。策划经常和诸如"战略""策略"等字眼连用，泛指某种策略或战略的产生过程。美国哈佛企业管理丛书编委会对策划的定义为："策划是一种程序，其本质是一种运用脑力的理性行为。""策划是找出事物的因果关系，衡度未来可采取之途径，作为目前决策之依据，即策划是预先决定做什么、何时做、如何做、谁来做。"此外，关于策划的定义还有很多，这些定义包括：

- 所谓策划，其科学内涵是指在人类社会活动中，人们为达到某种特定的目标，借助一定的科学方法和艺术，为决策、计划而构思、设计、制作策划方案的过程。
- 策划就是策略、谋划，是为达到一定的目标，在调查、分析有关材料的基础上，遵循一定的程序，对未来某些工作或事件事先进行系统、全面的构想、谋划，制订和选择合理可行的执行方案，并根据目标要求和环境变化对方案进行修改、调整的一种创造性的社会活动过程。
- 策划是人类运用脑力的理性活动，是一种思维活动、智力活动，属于脑力劳动。
- 策划就是人们认识、分析、判断、推理、预测、构思、想象、设计、运筹、规划的过程。
- 策划是为达到社会组织的预定目标或解决面临的问题而利用个人或集体智慧预先拟

订行动方案的思考活动。
- 策划的含义应该是：为实现特定的目标，提出新颖的思路对策，并制订具体实施计划方案的思维活动。

综上所述，本书认为，策划是为了解决现存的问题，实现特定的目标，提出思路、实施方案与具体措施，以达到预期效果而运用脑力的理性行为。策划有以下几个特征：

- 策划是为了达到某一目标，这是策划的前进方向，也是策划的动力。
- 策划是人的智慧和经验总结，这是区别于任何动物的特征，也就是为达到目标运用人类的经验和知识的过程。知识是策划的工具。
- 策划是采用谋略或谋划手段完成既定目标，这是策划的方法。

狭义的策划是指为推动经济发展，现代工商企业或组织机构所进行的一种获利性活动。狭义的策划主要运用于当今企事业单位中，也可称为企业策划。日本人把策划等同于企划。小泉俊一在《企划书实用手册》中指出："在一定意义上，凡是人的思维都可以看作是广义的企划。但是，今日所指的企划，则是其中的特殊内容，即高度计划的有目的的企划。"日本策划专家和田创对策划的定义是："策划是通过实践活动获取更佳成果的智能或智能创造行为。也就是在对企业内外部环境予以准确的分析并有效地运用各种经营资源的基础上，对一定时间内的企业营销活动的行为、实施方案与具体措施进行设计和计划。"企业策划是企业在追求利益最大化的条件下，采取的有助于企业发展的具体创意、计划、实施步骤、盈利的步骤及方法等。企业策划是企业盈利和壮大的方法和策略的总称，贯穿在企业发展活动中，是积极主动促进企业发展的谋略的综合体。它有以下几个特征：

- 它也是为了达到某一目标，只是这个目标锁定在经济领域内。
- 它的对象是工商企业和一些组织机构，即现代社会组织。
- 其目的是为这些社会组织获得利益，也许是社会效益，也许是经济效益，是一种获利性的活动。
- 采用的方法是以掌握政策、法律等工具为现代企业策划，且必须掌握现代科学文化知识。

企业策划是在企业发展中起重要作用的一个方面。一个企业在发展过程中，在总体上和日常活动中都要处理一些事务，有些事务涉及很多方面的社会问题，需要系统地思考和研究及策划。

在西方，将提供信息与智慧服务的产业称为咨询业，东方却习惯于使用"策划"的概念，由此可见，"咨询"与"策划"都是智慧与信息服务，都有一定的程序与规范，其内涵与外延基本上是一致的。因此，在中国，许多人混用"咨询"与"策划"的概念。"咨询"与"策划"大致有三方面的差异：

- 包容性不同。"策划"的概念比"咨询"大。企业内部可以成立策划部门，但企业内部不能成立咨询机构。咨询必然是决策建议主体与决策行为主体的分离，而策划则可能分离也可能合一。甚至可以说，系统而有目的地思考并付诸行动都可以理解为策划，而咨询一定是受委托提供决策建议，咨询只是策划中的一部分。
- 倾向性不同。"咨询"倾向于职业化，"策划"则强调其谋略性。"咨询"在西方是一直伴随特定职业产生和发展起来的，其职业倾向毋庸置疑，而"策划"可能是职业，也可能是一种单纯行为，强调的是与盲目行为相反的谋略性。
- 运营机制不同。"咨询"是一种收费的委托决策建议行为，本质上是商业化和市场化的行为，而"策划"则是可能收费也可能不收费的智慧活动。如社会组织内部的策划部门，其所从事的全部工作都是智慧活动，但并不直接收取费用，其运营机制属于组织内部职能部门的日常运作。

认清"策划"与"咨询"概念的差异，就可以看出在中国该行业的职业化水准与西方的差异。"咨询"概念包容性小而准确，完全是收费的委托决策建议的专门职业；在我国，"策划"概念强调的是其谋略性，在职业化与市场化方面显得含糊。今后行业词汇应当逐步将"咨询"作为职业化词汇，而将"策划"作为思维谋略来予以强调。

二、走向成功 SEO 之网络营销策划

对于不同的产品和市场，在进行网络营销之前必须对该产品投放市场及其产生的效果有一个提前的预测。市场调查的出现，网络配合线下进行的各种宣传，构成了整个营销环节。网络营销的模式也将越来越受到中小企业的喜欢。

1. 网络营销改进型策划

曾经进行过网络营销，但在网络发展迅速和更新频率加快的同时，现有的网络营销机制已经无法满足大众口味，多个方面受到了影响。产品负面新闻直接影响到产品在市场上的受捧程度，同一产品新厂商的出现加剧了网络市场企业竞争，网络营销中的推广环节过于拥挤导致产品无法得到消费者的信任，等等。而这种种曾经实施过的网络营销行为均会被淘汰，需要新的方案来改进现有方案。这就是网络营销改进型策划出现的前提。

对于网络营销改进型策划，着重考虑原有基础上受制约的因素，不仅要跟上网络市场的步伐，更需要洞察同行对手在网络营销上采取的各种方法。对于一个企业在发展过程中遇到的问题，必须与网络市场相结合，才能在网络大市场中占得一席一地。

2. 网络营销创业型策划

网络营销与策划更多地偏向于创业者，这也成就了创业型策划的开篇。对于新事物的产生，必须要有一个心理准备，任何一个电子商务人员和企业管理者都必须有这种创业型策划的意识。

创业型策划包含的内容有项目发起、项目预测、项目预实施、不可预见性因素预测、项目投放、项目评估、项目改进、具体实施内容等。

项目预测中需要做一个项目网络市场和线下市场调查，确保网络营销的顺利进行，并且在发现问题时能及时解决，其中的不可预见性因素是非常重要的，需要结合同类或者其他产品在投入网络市场之后所遇到的各种问题来考虑创业型策划的全面性，确保整个网络营销过程的成功。

3. 网络营销辅助型策划

利用各种网络手段，如 SEO 技术，来加强企业在网络营销上的力度，以获得更好的效果，配合各种技术及手段而做的策划称为网络营销辅助型策划。这类策划需要企业协调各部门进行配合，并优化在新的网络市场中的营销效果。

（资料来源：www.zidir.com）

微课学习

训练内容：构建团队，尝试为当地某一中小企业的产品策划网络营销方案。

训练要求：

1. 根据教学班学生人数，按照自愿原则确定团队小组，每小组以 3～5 人为宜。
2. 以学习小组为单位组织研讨，在充分讨论的基础上，为当地某一中小企业的产品策划网络营销方案。
3. 形成小组的课题报告，并制作成 PPT 进行汇报。
4. 小组之间相互评价，提出修改意见，教师点评。

任务 2 熟悉网络营销策划过程

企业项目的网络营销策划过程具有很强的逻辑性，只有按照一定的逻辑策划网络营销项目，才能使得项目具有科学性与可行性。因此，熟悉网络营销策划过程非常必要。

案例分析

企业网站为什么没有效益

随着网络经济的发展，电子商务已经成为企业不可或缺的营销手段，许多企业也意识到了这一问题。2007 年，温州企业网络营销发展现状调查显示，63.78% 的企业网站仅作为形象宣传之用。只有 6.17% 的企业网站具有较高的转化率，58.77% 的网站只有很少留言，几乎没有营销效果。

问题讨论：

1. 企业做电子商务是否意味着主要任务是建设一个网站？
2. 企业网站转化率低的根本原因是什么？

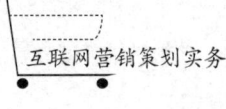 课堂活动

设计网络营销策划过程

活动目的：让学生掌握网络营销策划过程的概念，训练思维。

活动内容与要求：由小组讨论发现校园内最需要利用网络营销解决的问题，并提出解决这一问题的主题策划过程方案。

结果与检测：主题明确，具有现实性，过程合理。

提示：尽可能说明网络营销策划过程各阶段的具体要求。

小贴士

营销开始于业务计划过程之前。

——菲利普·科特勒

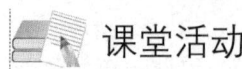 背景知识

网络营销策划过程

网络营销方案的策划是一项逻辑性很强的工作，首先要明确策划的出发点和依据，明确企业的网络营销目标，对企业内部环境予以准确的分析，分析在特定的网络营销环境下企业所面临的优势、劣势机会和威胁（即 SWOT 分析）。然后在确定策划的出发点和依据的基础上，对网络市场进行细分，选择网络营销的目标市场，进行网络营销定位。最后对实施方案与具体措施进行设计和计划。网络营销方案的策划应该从全局着眼，统筹安排。

一、明确策划问题

1. 明确策划的目的

网络营销策划的目的是对网络营销策划目标的一个总体描述。没有一个清晰明确的目标，整个策划也就无从谈起。网络营销策划的目的可以是解决企业某一方的问题，例如，通过网络渠道来拓宽公司的渠道以增加销售额（属于网络营销效益型策划），通过网络建立品牌或提升品牌知名度；可以是使企业发展壮大，原有网络营销方案需要重新做出调整等（属于网络营销改进型策划）；也可以是企业网络营销新项目的总体策划（属于网络营销创业型策划）。

2. 确定主题

尽管营销策划主题是多方面的，但是一个策划只能有一个主题，主题一旦确定，所有的策划活动都要围绕这一主题进行。选题必须简单明确、立意新颖、画龙点睛、富有魅力。避免一般化，同时要保证名副其实。选题诊断如表 1-1 所示。

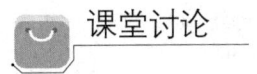 课堂讨论

表1-1 选题诊断

序号	项目主题	存在的问题
1	基于电子商务的纺织业销售管理系统集成平台研究与开发	
2	E网络城	
3	舟山东路网	
4	E代校园网上商店	
5	电子商务团购供应商竞价模型	
6	服装出口加工业CRM系统及其ASP托管平台的开发	
7	驴友电子商务网	
8	基于.NET平台网上购物系统的研究和实现	
9	基于SOA的CRM系统及其ASP托管平台开发	
10	基于办公楼宇的多功能社区——"隐市网"创业策划书	
11	空中菜篮网络配送服务有限公司	
12	基于WebGIS的停车位搜索与租赁商务平台	
13	普渡网上社区医疗商务运作方案	
14	求职客栈创业计划书	
15	电子商务环境下供应商的成长影响因素及发展路径研究	
16	"速递保"网络购物新卫士	
17	学在下沙——下沙高教园淘书网创业策划	

二、市场调研与环境分析

1. 市场调研

市场调研是完成一项科学合理项目策划的基础。市场调研包括对网络市场本身的调研、新产品调研、定价调研、广告调研、分销渠道调研、促销策略与方法的调研等。当然,市场调研和预测还要根据企业网络营销策划的目的而确定。可以针对企业亟待解决的问题,通过周密的调查、收集、整理、分析,做出相关的报告和预测。市场调研的目的是在调查的基础上,依据策划的目的,分析市场环境,找到市场机会。

2. 环境分析

环境分析是指企业采取各种方法,对自身所处的内外环境进行充分认识和评价,以便

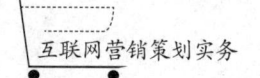

发现市场机会和威胁，确定企业自身的优势和劣势，从而为战略管理过程提供指导的一系列活动。

企业市场环境分析分为外部环境分析与内部环境分析。通过外部环境分析，企业可以很好地明确自身面临的机会与威胁，从而决定企业能够选择做什么；通过内部环境分析，企业可以很好地认识自身的优势和劣势，从而决定企业能够做什么才能事半功倍。

三、企业网络营销战略策划

企业网络营销战略既是企业网络营销管理思想的综合体现，又是企业网络营销决策的基础。制定正确的企业网络营销战略，是研究和制定正确网络营销决策的出发点。

企业网络营销战略首先要设定营销目标，它是网络营销策划的期望值。为此，还要进行STP策划，即在调查和分析的基础上，根据企业的实际情况，对企业的市场进行细分，确定企业的目标市场和为企业或产品确定市场地位。

四、企业网络营销战术策划

企业网络营销战术策划指企业根据已经确定的营销目标和市场定位，对企业采用的各种网络营销手段进行综合考虑和整体优化，以求达到理想的效果，如产品、价格、渠道、促销、关系营销策划等。

五、撰写网络营销策划与实施方案

网络营销策划方案的撰写应该贯穿整个策划过程当中。当企业提出策划的目的和企业存在的问题时，往往策划者心中就开始就有了种种的方法和策略。这时就应该把想到的方法和策略写下来，通过网络市场调查不断地对策划方案进行修正和补充。

经过企业相关人员的论证和审批后，最终定稿后的策划方案即成为网络营销活动的指导纲领，经过细化后成为公司不同阶段的努力目标和行动计划，指导企业的整个网络营销活动。

六、可行性分析与效果评估

1. 可行性分析

可行性分析是网络营销策划方案中不可缺少的部分。可行性分析是通过对项目的主要内容和配套条件，如市场需求、资源供应、建设规模、工艺路线、设备选型、环境影响、资金筹措、盈利能力等，从技术、经济、工程等方面进行调查研究和分析比较，并对项目建成以后可能取得的经济效益和社会环境影响进行预测，从而提出该项目是否值得投资和如何进行建设的咨询意见，为项目决策提供依据的一种综合性的系统分析方法。可行性分析应具有预见性、公正性、可靠性、科学性的特点。

可行性分析一般侧重于技术可行性分析、经济可行性分析和环境可行性分析。比如，技术可行性分析要考虑在限制条件下，利用现有技术，功能目的能否达到，对开发人员数量和质量的要求，并说明能否满足，以及在规定的期限内，开发能否完成等；经济可行性分析要综合考虑项目的支出、效益、收益/投资比、投资回收周期等；环境可行性分析需要综合考虑企业内外部环境是否允许，特别要重点分析法律环境是否允许和用户使用可行性。

2. 效果评估

方案实施后，需要及时对其效果进行跟踪评估。网络营销活动较传统的活动更容易跟踪评估，应详尽地记录各种评估数据，作为效果评估的依据，同时为网上项目提供有效数据支撑。

 知识链接

网络营销策划书

企业网络营销策划书是一个企业根据企业实际状况制定的未来某一时间段内企业网络营销战略战术的策划方案，用以指导企业未来网络营销工作。

根据策划目的与性质的不同，网络营销策划书的结构形式有所不同，但总体架构有相似之处。一般来讲，营销策划书基本格式包括总体描述、要点解释、要点依据等。例如，背景描述、环境调查、方案规划、可行性分析、结论等。

1. 网络营销策划书的封面

策划书的封面可提供以下信息：策划书的名称；被策划的客户；策划机构或策划人的名称；策划完成日期及本策划适用时间段。因为营销策划具有一定的时间性，不同时间段的市场状况不同，营销执行效果也不一样。

2. 策划书的正文部分

策划书的正文部分主要包括策划目的、分析当前的营销环境状况、市场机会与问题分析等。

（1）策划目的。要对本营销策划所要达到的目标、宗旨树立明确的观点，作为执行本策划的动力或强调其执行的意义，以要求全员统一思想、协调行动、共同努力，保证策划目标高质量地完成。

（2）分析当前的营销环境状况。对同类产品市场状况、竞争状况及宏观环境要有一个清醒的认识。它可以为制定相应的营销策略和采取正确的营销手段提供依据。知己知彼，方能百战不殆，因此这部分主要分析当前市场状况及市场前景、产品市场影响因素、竞争者等。

（3）市场机会与问题分析（SWOT 分析）。

①市场机会与威胁分析。营销方案是对市场机会的把握和策略的运用，因此分析市场机会，就成了营销策划的关键。找准了市场机会，策划就成功了一半。但还要考虑到问题所在，才能提出解决问题的方案。

环境威胁是指外部环境的变化影响到企业市场营销的销售量、市场占有率、盈利水平等，以及不利于企业发展趋势所形成的挑战因素。如果不采取果断的营销行动，这种不利趋势将导致公司市场份额逐渐被侵蚀。

②企业问题分析。针对产品目前营销现状进行问题分析，比如：产品价格定位不当，销

售渠道不畅；或渠道选择有误，使销售受阻；服务质量太差，令消费者不满；促销方式不对，消费者不了解企业产品；售后保证缺乏，消费者购后顾虑多等。这些都是营销中存在的问题。另外，一般营销中还可能存在企业知名度、产品质量、功能设计等问题。

③企业经营优、劣势分析。针对产品特点，分析企业经营该产品的优势与劣势。从问题中找劣势予以克服，从优势中找机会，发掘其市场潜力。

（4）营销目标与盈利模式。营销目标是在前面目的任务的基础上企业所要实现的具体目标，即营销策划方案执行期间，经济效益目标要达到：总销售量为×××万件，预计毛利×××万元，市场占有率实现××。

盈利模式是企业在市场竞争中逐步形成的企业特有的赖以盈利的商务结构及其对应的业务结构。简单地说，盈利模式就是企业赚钱的渠道，通过怎样的模式和渠道来赚钱。

互联网的盈利模式主要有三大渠道：广告盈利（如新浪网）、销售盈利（如淘宝网）、渠道盈利（如腾讯QQ、SNS社区）。具体方式灵活多样。

（5）营销战略与策略（具体营销方案：宗旨+4P）。

①营销宗旨。一般企业可以注重以下几个方面：以强有力的广告宣传攻势顺利拓展市场，为产品准确定位，突出产品特色，采取差异化营销策略；以产品主要消费群体为产品的营销重点；建立起点广面宽的销售渠道，不断拓宽销售区域等。

②产品策略。通过产品市场机会与问题分析，提出合理的产品策略建议，形成有效的4P组合，达到最佳效果。产品策略包括：产品定位，产品市场定位的关键主要在顾客心目中寻找一个空位；产品质量功能方案，企业对产品应有完善的质量保证体系；产品品牌，要形成知名品牌，有强烈的品牌意识；产品包装，具有能使消费者满意的包装策略；产品服务，要注意产品服务方式、服务质量的改善。

③价格策略。这里只强调几个普遍性原则：拉大批零差价，调动批发商、中间商的积极性；给予适当数量折扣，鼓励多购；以成本为基础，以同类产品价格为参考；使产品价格更具竞争力。若企业是以产品价格为营销优势的，则更应注重价格策略的制定。

④销售渠道。产品目前销售渠道状况如何，对销售渠道的拓展有何计划，采取一些实惠政策鼓励中间商、代理商的销售积极性或制定适当的奖励政策。

⑤广告宣传。广告宣传时应注意：

- 服从公司整体营销宣传策略，树立产品、公司形象。
- 长期化：广告宣传不宜变来变去，要保持相对稳定。
- 广泛化：选择广告宣传媒体多样化，要注重宣传效果好的方式。
- 不定期地配合阶段性的促销活动，掌握适当时机，及时、灵活地进行促销活动。
- 网站推广，让更多的潜在客户到访网站。网站推广的主要工作包括搜索引擎竞价排名的实施、网络广告的投放、企业黄页推广、门户网站推广、软文推广、Blog推广、E-mail推广等。

（6）网站框架设计与技术支持。根据项目建设目标与建设思路，构建项目网络营销网站架构，包括系统框架、功能模块、网站建设需要的各项技术支持等。如果属于综合性或技术性项目，还需要项目技术运行说明。这一部分内容主要根据"网站建设与规划"课程来完成。

（7）项目组织与管理。有效的组织与管理是项目成功的关键。合理的项目管理组织将有利于各种资源的优化配置与利用，有利于项目目标的完成。一个优良的组织其基本作用是避免组织内个体力量的相互抵消，寻求个体力量汇聚和放大的效应。项目组织与管理主要涉及项目组织结构、职能分配、项目管理等内容，以便项目的实施。

（8）策划方案各项费用预算。这一部分记载的是整个营销方案推进过程中的费用投入，包括营销过程中的总费用、阶段费用、项目费用等，其原则是以较少投入获得最优效果。费用预算方法在此不再详谈，企业可凭借经验，具体分析制定。

营销策划书的编制一般由以上几项内容构成。企业产品不同，营销目标不同，所侧重的各项内容在编制上也可有详略取舍。

3．方案调整——试运行情况

这一部分是策划方案的补充部分。在方案执行中都可能出现与现实情况不相适应的地方，因此贯彻方案时必须随时根据市场的反馈及时对方案进行调整。

4．网络营销策划实施、评估与修正

网络营销策划，已经实践的需要完善，没有实践的需要进行可行性分析，该分析主要包括经济可行性分析、技术可行性分析、环境可行性分析（包括风险分析）。

注：由于项目性质、目的与用途的不同，在内容与结构等方面可以适当删减或重组。

课堂训练

训练内容：为当地某一中小企业的产品进行网络营销设计策划。

训练要求：

1．以学习小组为单位组织研讨，在充分讨论的基础上，为当地某一中小企业的产品进行网络营销设计策划。

2．形成小组的课题报告，并制作成PPT进行汇报。

3．小组之间相互评价，提出修改意见，教师点评。

任务 3 把握网络营销策划的结构

策划书结构

企业项目的网络营销策划遵循一定的策划原则与逻辑性，实现一个科学完整的策划方案，对于企业网络营销非常重要。

案例分析

网络营销项目策划结构诊断

某创业团队，针对市场对中英文互学热潮，准备建立一项网络应用"学习中英吧"，下面是其网络营销项目策划结构。

1. 市场背景分析，包含总体市场介绍、目标市场介绍。
2. 市场需求分析，包含现全国各高校学习英语需求分析、外国人学习汉语需求分析、竞争性分析、现有网络市场存在空缺、客户沉淀。
3. SWOT分析，包含优势分析（Strength）、劣势分析（Weakness）、机遇分析（Opportunity）、威胁分析（Threat）。
4. 网站服务导航，包含群聊部落、虚拟游戏小屋、虚拟电影/音乐主题探讨、测试小天地、户外Party、友情链接、会员制度、联系我们、奖励机制。
5. 营销推广策略，包含市场策略、价格策略、客户资源开发策略、网站推广策略、服务策略、部门合作策略。
6. 技术支持。
7. 网站设计框架。
8. 近期目标及盈利模式。
9. 资金预算。
10. 附件。

问题讨论：
1. 该项目策划的缺陷在哪里？
2. 一项完备的网络营销策划应该包括哪些内容？

 课堂活动

设计网络营销策划书目录

活动目的：让学生了解网络营销策划的结构。

活动内容与要求：团队自选主题，设计网络营销策划书目录（含两级目录），制作PPT，小组代表汇报。

结果与检测：思路清晰，结构合理。

提示：小组先集中讨论，再构架。

 背景知识

网络营销策划书的结构

网络营销策划书是指运用电子商务网络营销的专业知识，为传统企业或网络企业提供网络项目策划咨询、网络营销策略方法、电子商务实施步骤等服务建议和方案，或代为施行以求达到预期目的所编写的一种网络商务活动的计划书。策划书的结构没有固定格式，但前后内容衔接需要恰当、思路清晰、结构合理，因此，其有不可缺少的基本内容。一般来讲，一份网络营销策划书需要有以下内容。

一、策划书封面

网络营销策划书的封面可以更好地表现策划的内容,能使资助机构简明扼要地了解和认识策划者的思维与能力。网络营销策划书的封面可提供以下信息:①策划书的名称;②被策划的客户;③策划机构或策划人的名称;④策划完成日期及本策划适用时间段。因为营销策划具有一定时间性,不同时间段上市场的状况不同,营销执行效果也不一样。

二、项目概要与背景分析

项目概要与背景分析是读者最先阅读、浏览的部分。这部分应重点说明项目基本概要及立项的前提与基础。

1. 项目概要

项目概要是最重要的一部分,项目概要部分将成为影响"初选"结果的决定因素。在项目概要部分,要把重要的所有信息汇集起来。项目概要一般要包括:机构的背景信息、使命与宗旨;策划目的与意义;项目要解决的问题与解决的方法;项目申请方的能力和以往的成功经验,等等(注:尽管项目概要部分排在计划书的前面,但实际上,这一部分是以策划成型为基础的,需要在写完所有计划书以后才动手写)。项目概要一定是高度概括性的,语言要简练、清晰,篇幅最好是半页多,最长也不要超过一页。最后留下的一定是最重要的。

2. 项目背景分析

项目背景分析,需要详细介绍立项的基本背景、现状、存在的问题及为什么要设计这个项目来解决这些问题。要说明项目的起因、逻辑上的因果关系、受益群体及它与其他社会问题之间的关联等。要充分地说明问题的严重性与紧迫性。为了充分地说明问题,同时还能表明你对这一项目的了解,最好能提供一些数据、一些真实典型的案例,以便在情感上打动读者,进而引起他们的共鸣。这里一般需要交代项目范围(问题与事件、受益群体)、导致项目产生的宏观环境与社会环境、提出这个项目的理由与原因、其他长远意义与战略意义等。

三、环境分析

环境分析主要分析当前的营销环境状况。对同类产品市场状况、竞争状况及宏观环境要有一个清醒的认识。它可以为制定相应的营销策略和采取正确的营销手段提供依据。知己知彼,方能百战不殆,因此这部分主要分析:当前市场状况及市场前景、项目优劣势、机会与威胁等(具体分析内容见任务2的知识链接"网络营销策划书")。在分析过程中,可以采取SWOT分析法或PEST分析法等。

四、营销目标与营销战略

在这一部分中,要详细地介绍项目计划、项目的总体目标、阶段性目标与任务,以

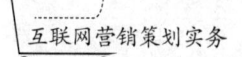

及各目标的评估标准。为此,就要首先进行市场细分与目标市场选择。总体目标是一个长期的、宏观的、概念性的、比较抽象的描述。总体目标可以分解成一系列具体的、可衡量的、可实现的、带有明确时间标记的阶段性目标。制定的目标要切合实际,不要承诺你做不到的事情。要牢记,资助者希望在项目完成报告里看到的是:项目实际上实现了这些既定目标。

五、盈利模式与网站构架

盈利模式是企业在市场竞争中逐步形成的企业特有的赖以盈利的商务结构及其对应的业务结构。简单地说,盈利模式就是企业赚钱的渠道,通过怎样的模式和渠道来赚钱。

互联网的盈利模式主要有三大渠道:广告盈利(如新浪网)、销售盈利(如淘宝网)、渠道盈利(如腾讯QQ、SNS社区),具体方式灵活多样。

网站构架是根据客户需求分析,准确定位网站目标群体,在确定营销目标与战略的基础上,设定网站整体架构,规划、设计网站栏目及其内容,制定网站开发流程及顺序,以最大限度地进行高效资源分配与管理的设计。其内容有程序架构、呈现架构和信息架构三种表现,而步骤主要分为硬架构和软架构两步。如果属于技术性项目,还需要项目技术运行说明。(这部分以网站建设与规划、网页设计两门课程为基础,本书不单列章节)。

六、营销策略及推广

为了实现营销战略目标,企业要结合项目特点与目标市场特征来设计开展营销活动。在网络营销项目下,要特别侧重于项目推广策略。

在推广方式的选用中,要特别注意推广方式的特点与项目本身的适用性,学会对它们进行比较选择。总之,要充分说明你选择的方法是最科学、最有效、最经济的。

七、项目组织架构

为了达成上述目标,需要什么样的执行团队和管理结构?执行团队应包括所有项目组成员,如志愿者、专家顾问、专职人员等。他们与这个项目相关的工作经验、专业背景、学历等也非常重要。执行团队的经验与能力往往在很大程度上决定了项目的成败,所以,这也是资助方非常关心的问题。还要明确项目的管理结构,应该明确地写出项目总负责人、财务负责人及其他各分项目的负责人。如果是两个或多个机构合作完成一个项目,还要说明各机构的分工。工作流程也要说明清楚,要说明各项工作的先后顺序、逻辑关系等。

八、财务预算

财务预算所要提供的绝不仅仅是一个费用预算表(当然,费用预算表也是很重要的,可以把它放在附件中),而是要叙述和分析预算表中的各项数据、总成本与各分成本,包括人员、设备、网络等费用。人员经费类别可以包括工资、福利和咨询专家的费用;非人员经费类别可以包括差旅费、设备和通信费等。如果已经有了一部分资金来源,也要注明。而且,要很明显地写出你还需要总数为多少的经费上的支持。

投入与产出是对应的,因此必须分析产出效益,包括经济效益与社会效益。尽管社会效益比较难量化,但还是要尽量找一些数据来分析一下社会效益,哪怕只是估算也好(具体见后边的财务分析任务)。

九、风险控制与可行性分析

任何项目都是机遇与风险共存的,关键在于能否在抓住机遇的同时控制风险,使得项目不管是在经济上、环境上还是技术等方面都具有可行性。监控的执行机构与人员(可以是理事会、资助方或其他第三方机构)、监控任务等都明确写在项目计划中。与之相关的还有项目团队的自我评估计划。项目进行中的评估报告比项目结束后的评估报告还要重要。在项目的不同阶段进行评估,可以及时地发现问题,尽早地解决。同时,可以使资助方得到一个信息,那就是你们不但提出了一个很好的计划,而且可以很好地实现这个计划。

有两种可供参考的监控和评估方式:一种是衡量结果,另一种是分析过程。其中一种或者两者都有可能适用于你的项目。选择何种方式将取决于项目的性质和目标。无论选择何种方式,都需要说明你准备怎样收集评估信息和进行数据分析,以及在项目进行到哪些阶段时,进行阶段性的评估。评估活动及时间也应该包括在项目实施计划的时间表当中。

十、附件

对于策划方案的重要相关支撑文件或篇幅太长而不适于放在正文中的文件,都可以放在附件当中,比如:项目调查问卷、调查分析报告、机构的介绍、年报、财务与审计报告、名单、数据、图表等。对于网络营销策划来说,必不可少的是项目市场调查与调查分析报告。它是项目策划的基础与依据。还可以把那些在正文中会干扰读者或使他们的兴趣偏离主题的部分放到附件当中,但一定不要忘了在正文中标明"详细情况,请查看附件×××"。

总之,附件的目的是使正文紧凑、简洁;同时,如果读者对某些问题的细节感兴趣的话,他还可以在附件中找到需要的内容。

 课堂训练

训练内容:以团队形式为当地某一中小企业的产品策划网络营销方案目录。

训练要求:

1. 以学习小组为单位组织研讨,在充分讨论的基础上,为当地某一中小企业的产品策划网络营销方案目录。

2. 形成小组的课题报告,并制作成PPT进行汇报。

3. 小组之间相互评价,提出修改意见,教师点评。

任务 4 网络营销策划认知实践

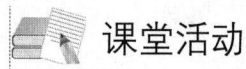

课堂活动

案例分析判断

活动目的：了解学生网络营销策划构架掌握情况。

活动内容与要求：团队对给出的项目结构进行科学性讨论，指出其优势与不足，并提出修改意见，填入项目分析一览表（见表1-2）。小组制作汇报PPT，小组代表汇报。

结果与检测：思路清晰，科学合理。

提示：必须以小组集中讨论为基础，对几个目录进行比较分析。

课堂训练素材：

目录 1

第一章 摘 要
    1.1 创业背景
    1.2 服务运营
    1.3 市场分析
    1.4 宣传与竞争策略
    1.5 组织与管理
    1.6 财务分析
第二章 服务与运营
    2.1 SPT 电子商务（股份）有限公司的优势
    2.2 SPT 电子商务（股份）有限公司交易的营销网
    2.3 SPT 电子商务（股份）有限公司运营模式
第三章 市场分析
    3.1 市场前景分析
    3.2 市场现状分析
    3.3 目标市场定位
    3.4 前景规划
第四章 宣传与竞争策略
    4.1 企业文化
    4.2 企业的宣传
    4.3 竞争策略
第五章 企业组织
    5.1 企业架构模式
    5.2 企业组成部门

        5.3 企业人员分配
第六章　把握市场理念，防范市场风险
        6.1 决策分散化
        6.2 投资的分散化
        6.3 为消费者服务的优质化
        6.4 建立竞争情报部门
        6.5 与友好公司的协作
第七章　资本结构
        7.1 固定资产及融资方式
        7.2 销售预测
        7.3 股东分红及股本分配
        7.4 销售与成本计划
第八章　项目介绍
        8.1 公司介绍
        8.2 项目概况
第九章　公司组建及初期运营进程安排
        9.1 前期准备
        9.2 试运营
        9.3 正式运营
第十章　后记
        10.1 联系方式
        10.2 学院鼓励与扶持
附件：1 SPT 电子商务（股份）有限公司章程
附件：2 公司布局平面设计图
附件：3 公司 LOGO

目录 2

摘　要
一、绪论
二、市场分析
        1. 传统市场模式
        2. 市场现状分析
三、网站概述
        1. 建设思想
        2. 整体风格
        3. 网站主要栏目与功能介绍
四、产品介绍
        1. 产品概述
        2. 农产品

3. 工艺品
五、SWOT 问题分析
1. 优势
2. 劣势
3. 机会
4. 威胁
六、网站的推广策略
1. 前期推广
2. 后期推广
七、网站的推广方案
1. 搜索引擎推广法
2. 贴心服务
3. 在电子商务网站上建立辅助商铺与特产网的链接
4. 会员服务
5. QQ 推广法
6. 博客推广法
7. BBS 推广法
8. 信息发布推广法
八、后期推广
九、费用预算
1. 前期推广费用预算
2. 后期推广费用预算
十、小结

目录 3

引　言
一、项目方案介绍
（一）项目背景的支持与机遇
（二）项目方案概述
（三）项目技术架构及特点
二、项目业务功能介绍
（一）项目核心业务
（二）项目业务功能的扩展
三、市场分析
（一）基于此项目的市场现状综述
（二）项目的市场定位
（三）基于此项目的市场分析、市场机会及预测
四、竞争分析
（一）与即时通信（IM）对比所具有的优势

（二）与普通电子地图对比所具有的优势
　　（三）与普通网络营销对比所具有的优势
五、运营模式
　　（一）项目地区性推广
　　（二）项目的运营建设
　　（三）项目的市场推广
六、盈利模式
　　（一）项目的盈利方式
　　（二）项目的收费模式
七、预算成本及盈利
　　（一）第一阶段
　　（二）第二阶段
　　（三）第三阶段——长远目标
　　（四）投资现金流量分析
八、风险的预测与规避

目录 4

一、大学生城市消费市场分析
　　总体背景环境分析
　　大学生消费市场环境分析
　　温州大学生市场环境分析
　　大学生消费市场存在的问题以及解决方案
二、网站发展战略步骤设想
　　开拓市场
　　将互联网与大学生城市消费相结合
　　成为知名品牌
三、SWOT 分析
　　优势分析（Strength）
　　劣势分析（Weakness）
　　机遇分析（Opportunity）
　　威胁分析（Threat）
四、网站营销推广策略
　　（一）网站初期的推广策略
　　1. 线上推广策略
　　（1）搜索引擎推广策略
　　（2）电子邮件推广策略
　　（3）资源合作推广策略
　　（4）信息发布推广策略
　　（5）网络广告推广策略

（6）数据库策略
　　2. 线下推广策略
　　（1）口碑营销
　　（2）其他线下推广
　　（二）网站中后期的运营策略
　　1. 价格策略
　　2. 客户资源开发策略
　　3. 服务策略
　　4. 事件营销
五、盈利模式
　　价值一：解决城市消费领域"信息不对称问题"
　　价值二：建立导购体系，促进消费者到目标商家消费
　　价值三：推动目标商家的营销网络化
　　价值四：改变行业营销模式，改变行业格局，从而对行业产生影响
六、网站设计框架
七、费用预算
八、附件

目录 5

一、摘要
　　1. 网站介绍
　　2. 宗旨与商业模式
　　3. 营销推广
二、虚拟世界市场分析
　　1. 市场背景分析
　　2. 市场巨大潜力
　　3. 市场发展趋势
　　4. 市场需求预测
三、网站发展目标
　　1. 目标群体
　　2. 发展目标
四、SWOT 分析
　　1. 优势分析
　　2. 劣势分析及对策
　　3. 机遇分析
　　4. 威胁分析及对策
五、盈利模式
　　1. 广告（网页广告、嵌入式广告）
　　2. 商家进驻

3. 远程教育
　　4. 虚拟商品
　　5. VIP 会员制
六、营销推广策略
　　1. 市场策略
　　2. 客户资源开发策略
　　3. 网站推广策略
　　4. 服务策略
　　5. 部门合作策略
七、网站服务导航
　　1. 大学城入口
　　2. 教学园区
　　3. 图书馆
　　4. 学生活动中心
　　5. 餐厅
　　6. 溜溜公寓
　　7. 溜溜广场
　　8. 溜溜竞技场
　　9. 溜溜街
　　10. 大学城服务中心
八、网站设计框架
九、资金预算
十、附件
　　奖励机制
　　调查表
　　调查报表
针对以上 5 个目录，你可以在表 1.2 中写出各个目录的优点、缺点及改良建议。

表1-2　项目分析一览表

项目	优点	缺点	改良建议
目录1			
目录2			
目录3			
目录4			
目录5			

微课学习

训练内容：组建团队，设计网络营销策划过程与策划书结构

训练要求：

1. 根据教学班学生人数，按照自愿方式确定团队小组，每小组以3～5人为宜。
2. 以学习小组为单位组织研讨，在充分讨论的基础上，设计网络营销策划方案。
3. 团队自选主题，设计策划书结构。
4. 形成小组的课题报告，并制作成PPT进行汇报。
5. 小组之间相互评价，提出修改意见；教师点评，教师给出小组训练成绩，团队完善选题。

项目二

网络营销策划选题

教学目标

通过本项目的学习与训练，学生能够熟悉网络营销策划创意开发的基本方法，培养有目的的观察能力，能够应用开发创意的方法，确定鲜明、有创造性的网络营销策划立意，确定团队简明、新颖的网络营销策划主题。

教学要求

1. 熟悉开发网络营销策划的创意的基本方法
2. 学会有目的地观察
3. 掌握选择开发创意的方法，提出鲜明、有创造性的网络营销策划立意

能力目标

1. 具备有目的的观察能力与消费者需求分析能力
2. 创意思维与形成能力
3. 网络营销策划主题的甄选能力

项目导航

网络营销策划需要有一个鲜明、独特的主题和统一的"中心思想"。主题是一个策划成功的灵魂，它统领整个项目策划的创意、构想、方案、形象等各要素，使策划的各个要素有机地组合成一个完整的策划作品。而选题必须代表策划主题、富有魅力，如果选题及主题含义立意偏窄或缺乏社会意义，策划书的结构与分析再有深度，也难以成为优秀的作品。

导入案例

看大家能不能救这位姑娘

甲从乙处借了一笔债，无法偿还，得去坐牢；乙是高利贷者，他想娶甲的女儿 MM 做老婆。MM 宁死不从，乙对 MM 说了个解决的办法："现在我从地上捡起一块白石子、一块黑石子，装进袋里由你来摸。如果你摸出白石子，你父亲的债就一笔勾销；如果你摸出的是黑石子，那你就得和我成亲。"说完，就从地上捡起两块黑石子放进了口袋。

然而，这个动作却被 MM 发现了。如果你就是甲的女儿，你会怎么办？

（1）拒绝摸石子。

（2）揭穿乙捡起两块黑石子的诡计。

（3）不得已，随便抓出一块黑石子，违心地同乙结婚。

办法都不尽如人意。现在我们以水平思维来考虑，就会打破原有的观念。那就是将考虑的焦点移向水平方向：由口袋中的石子移到地上的石子。

当姑娘的眼光从口袋移到地面（也就是说她转移了思维方向），想到乙的两块石子是地上捡起来的。于是她伸手到口袋里抓起一块石子，在她拿出袋口的一刹那，故意将其掉落在地上。这时她对乙说："呀！我真不小心，把石头掉在地上了。我抓出来的那一块是黑是白已经无法知道了。但这也无关紧要，看看你口袋里剩下的那一块吧，肯定与掉地上的那一块不一样……"口袋里无疑是一块黑石子。乙不敢承认自己的欺骗行为，只好无可奈何地认定姑娘取出的是一块白石子。就这样，姑娘巧妙实现了大逆转。

（资料来源：爱德华·德博诺著. 头脑的机制 [M]. 聂晓华，等译. 北京：春秋出版社，1989.）

> **小思考**
>
> 姑娘成功自救的秘诀在哪里？她采取的是什么思维方式？

任务 1 认知网络营销策划的创意

案例分析

互联网 + 营销策划创意

洗衣机网络营销方案：衣服酷爱西门子

"衣服酷爱西门子"是西门子洗衣机产品推广的品牌口号，旨在阐述西门子洗衣机能带来良好的洗衣和烘干效果，给予衣服高质量的呵护。

捆绑新衣、服装购物、B2C和西门子洗衣机这四个概念，为西门子家电创造了一个中国新年网络互动活动（中国春节前后是洗衣机产品的销售旺季，同时也是中国人"新年穿新衣"的购物旺季）。

选择淘宝作为合作伙伴，与25家一线服装品牌合作，推出服装5折优惠，同时进行西门子洗衣机的爱心拍卖。希望用户在新年期间的淘宝服装购物体验中了解到"衣服酷爱西门子"的概念。

营销目标：联合淘宝网，提升品牌形象，加强曝光"衣服酷爱西门子"的概念。

网络营销策略：按照节日的特色，联合25家一线服装品牌淘宝旗舰店节日促销，同时进行洗衣机爱心拍卖，持续加深用户对于"衣服酷爱西门子"概念的理解。

网络营销效果与市场反馈：成本低，曝光力度强，广告质量高并携手淘宝及25个大品牌，建立了一个强大的品牌互动形象。它有效地整合了品牌本身、淘宝平台和服饰品牌三大平台；既聚集了足够的人气，又成功地凸显了产品自身的特色，同时为自己带来了足够人气和好感度。

（资料来源：网络营销策划机构锐洋网络 http://www.ruiyang1980.com）

问题讨论：
1. 西门子的网络营销活动策划的创新点在哪里？
2. 西门子的网络营销活动策划的创意对你有何启发？

小贴士

营销是企业的生命，策划是营销的灵魂，独特的策划与创意是市场营销成功的关键。

课堂活动一

校园网络营销策划立意训练

活动目的：了解学生立意能力基础，帮助学生掌握网络营销策划立意的概念。

活动内容与要求：观察校园现象，发现校园内最需要你利用网络营销解决的问题，并提出解决问题的思路。

结果与检测：提出具有针对性、现实性、创新性的立意。

提示：网络营销策划是一种创新行为，要创新就要把创意贯穿于网络营销策划过程之中，创意成功与否，是网络营销策划是否出新的关键。创意是网络营销策划的灵魂。

背景知识

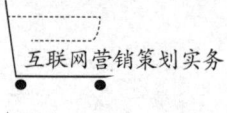

网络营销策划的创意

一、创意

创意就是旧有要素的重新排列与组合（创意大师黄霑）；好的点子就是创意（广告大师奥格威）；创意是一种组合商品、消费者及人性的种种事项（詹姆斯·韦伯·扬）；创意就是想象力（爱因斯坦）。

例如：字典可不可以讲话？

有人构思了一个创意——字典可不可以讲话？得到这个构思之后，就要找一个素材来实现，那就是语言学习机，也可以通过另外一种工具，比如，找一个专业翻译，但关键在于：有益的，创新，产生奇妙、变幻的创意。

课堂讨论

能不能外出旅游时随时获得旅游信息资源？

能不能外出旅游时随时获得旅游信息资源？浙江万里学院电子商务专业学生在这一创意下，开发了"自游e族"网站。它是集互联网络、4G手机、短信平台三者于一体的商务平台。它是针对如何高效地利用手机二维码电子门票，节省成本和时间；如何快速方便地找到完美的自助旅游路线，达到旅游资源的共享；如何在旅途中享受到更加便捷的GPS三维语音地图导游提示等问题，全方位智能立体自助旅游的电子商务服务平台。

问题讨论：

1. 从以上案例体会：创意来源于哪里？
2. 根据"能不能外出旅游时随时获得旅游信息资源"的创意能否策划一个新的项目？

创意是策略的表达，是创造性的思维活动，是以发现并满足消费者需求为前提的。就是说，以事实存在为依据，以市场调研数据为参考，设计出创新的、令竞争者无法模仿的构思。网络营销策划创意就是在市场调研的前提下，以市场策略为依据，经过独特的心智训练后，运用电子商务平台，并有意识地运用新的方法组合旧的要素的过程。通过寻找各要素之间的关系，进行重新组合，使其产生对社会、对人类有益的、奇妙的构思。

二、创意的表现形式

1. 形象思维与抽象思维

形象思维与抽象思维是两种相互关联、互为作用的有机的思维整体。左脑半球的脑细胞在语言、逻辑方面发挥应有功能的时候，右脑半球的脑细胞一样不会"睡大觉"。左右两个脑半球的功能自始至终都在相互"协作"，互为作用。大脑把初步感知来的信息，通过双方内在的加工、转换，把思维推向更深刻的阶段。例如，进行空间、形象思维的训练，右脑半球的脑细胞敏感地获得形象方面的信息，而且通过双方的加工，可转换为抽象思维的信息。左脑半球的抽象思维能力提高了，也可以使右脑半球的形象思维更能集中、概括地进行形象的加工，使创作出来的形象更能反映事物内在的本质属性。

2. 顺向思维与逆向思维

逆向思维是指人们的思维循着事物的结果而逆向追溯事物发生的本源的思维方式。它是一种反常规、反传统的思考方法。在创意中采用顺向思维是一条熟悉顺畅的路，但它往往会使创意思维陷入一种固定的方向，相反，逆向思维往往更能找到出奇制胜的创意思路。

课堂讨论

"劝君切莫饮酒过量"

1989 年，加拿大西格拉姆酿酒公司在美国 150 家报刊同时刊出令人目瞪口呆的广告，"劝君切莫饮酒过量"。刊出一个月后，公司收到 15 万封赞扬信，称赞其对消费者的关心和诚实负责的态度。同时，其酒的销量也增加了一倍。

问题讨论：
（1）为什么酿酒公司会做出"劝君切莫饮酒过量"的广告创意？
（2）逆向思维与顺向思维有什么区别？

3. 垂直思维与水平思维

垂直思维与水平思维显然有区别。垂直思维是以逻辑与数学为代表的思维模式，这种思维模式最根本的特点是：根据前提一步步地推导，既不能逾越，也不能出现步骤上的错误。它当然有合理之处，但如果一个人只会运用垂直思维一种方法，就不可能有较大的创新和成功。水平思维不是过多考虑事物的确定性，而是考虑它的多种选择的可能性；关心的不是修补旧观点，而是去考虑如何提出新的观点；不是一味地追求正确性，而是追求其丰富性。

"导入案例"中垂直思维集中考虑的是姑娘必须取出一块石子；而水平思维却把注意力集中在口袋里剩下的那块石子上。垂直思维对事物进行"最合理"的分析观察，然后利用逻辑推理予以解决，但你可能运用很多美妙的逻辑推理都无法求得理想的解答；水平思维则尽力用各种不同的方法去观察事物，然后用最有希望的方法去处理，化险为夷。

4. 灵感思维与顿悟思维

灵感思维与顿悟思维都是非理想的思维形式，二者在发生作用时存在着较大的相似性和较多的共同性。灵感思维是来自人类心灵的一种智慧，它超越一般常规的逻辑思维和形象思维，以宇宙万物的能量和信息作为载体，以深层潜意识作为工具，以接收信息和发送信息作为获取"灵感"的途径。顿悟思维是人类所特有的一种基于机会的、非因果逻辑的、发散性思维与收敛性思维微妙结合的思维与判断方式,是人类所特有的迅速调整潜意识中的意识资源而转变为显意识判断的潜能资源。

5. 联系思维与倾向思维

创意的本质就是形式多样、丰富多彩的。每个人可以根据环境特征与自己的需要进行选择性应用或组合性应用。所谓联系,就是事物内部诸要素之间和事物之间的相互作用、相互影响的关系。整个世界就是一个普遍联系的统一整体,其中任何一个事物都和周围的其他事物有条件地联系着。倾向思维一般是指通过接触到的某一事物,从一定倾向出发的思维模式。这是一种基本思维方式,因为人们在思维过程中,往往是以一定的目的、倾向而进行思维活动的。

小贴士　　　　　　网站创意的 25 种联想线索

把它颠倒;把它缩小;把颜色换一下;使它更长;使它闪动;把它放到音乐里;结合文字音乐图画;使它成为年轻的;使它重复;使它变成立体;参加竞赛;参加打赌;变更一部分;分裂它;使它罗曼蒂克;使它速度加快;增加香味;使它看起来流行;使它对称;将它向儿童诉求;价格更低;给它起个绰号;把它打包;免费提供;以上各项延伸组合。

三、网络营销策划创意的开发

网络营销策划创意既是一种思维创新,也是一种行为创新。其创新需要一个过程。日本学者江川朗把创意开发过程分为 4 个阶段。

第一个阶段:发现创意对象、选出创意对象、明确认识创意对象、调查掌握创意对象。
第二个阶段:描绘创意的轮廓、设立创意目标、探求创意的出发点、酝酿创意构想。
第三个阶段:整理创意方案、预测结果、选出创意方案。
第四个阶段:准备创意提案、付诸实行、总结。

课堂讨论

2008 年汶川大地震给浙江工贸职业技术学院的大学生带来的创意

2008 年的汶川大地震,给汶川人民、给全中国人民带来了深重的灾难。国民为之痛心。作为当代的大学生,浙江工贸职业技术学院电子商务 0602 班的同学一直想为难民家属、为灾区做点什么。当看电视新闻报道遇难者身首不全甚至尸首不见时,想到能否为难民家属提供一个慰藉心灵的平台?——网祭。

问题讨论：
1. 你认为案例中该同学是怎样想到这一创意的？
2. 结合当前社会环境，尝试一项创意。

> **小贴士**
>
> 创意的对象需要发现，再选出最有意义的对象，并针对其进一步构思。发现有意义的创意对象，必须关心社会、关心民生。

课堂活动二

观察社会现象，发现社会问题

活动目的：培养学生创意思维能力，掌握网络营销创意过程。

活动内容与要求：观察社会现象，发现社会中最需要你利用网络营销解决的问题，并提出解决问题的思路。

结果与检测：提出具有针对性、现实性、创新性的立意。

提示：注意发现的是一定群体的共性问题。

课堂训练

训练内容：聚焦团队问题。

训练要求：
1. 小组讨论各自发现的社会问题，找到问题的焦点。
2. 形成团队的创意点。
3. 制作PPT，进行汇报。
4. 团队间相互点评，教师点评，团队修改。

任务 2 了解网络营销策划的选题

互联网营销策划选题

在提出鲜明、有创造性的策划立意的基础上，确定简明、新颖的主题，是一个创业项目成功的关键。

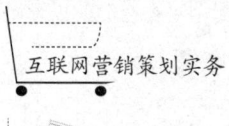

案例分析

从"布袋"到"福袋"的升级

随着电子商务的发展,在线购物开始逐步蚕食实体店购物的市场份额,但是与在线购物相比,实体店购物的乐趣或许在于两个字——"机缘"。购物过程中的"意外新发现"是人们对逛商店乐此不疲的一个重要原因。尤其是在购买创意商品时,很多人脑海中并没有确切的概念,只有到实体店中看到陈列的商品后,才能在比较中发掘自己喜爱的究竟是什么。考虑到这一点,尝试增加在线购物体验的随机性,以便给购物者更多新鲜感,就像线下购物时感受到的那样,是未来电子商务发展的一个重要方面。浙江工贸职业技术学院某创业团队将这一模式套用到网络中,创建了"布袋网"。但在项目策划过程中,总感觉"布袋"过于粗俗,网站没有魅力感,对消费者没有吸引力,于是,经过进一步讨论,最后题目改为"福袋网",题目不仅有新意,更能让消费者感到有新鲜感、幸福感,会对其产生一定吸引力。在这一主题下,项目策划并建站后试运营效果非常好,在浙江省大学生电子商务竞赛中获得一等奖。

> **小思考**
>
> 从案例中可以体会到:怎样的主题才是一个好主题?

课堂活动

确定网祭的主题训练

活动目的:培养学生主题确定选择的兴趣,提高其主题确定选择的能力。

活动内容与要求:在任务1课堂讨论"2008年汶川大地震给浙江工贸职业技术学院的大学生带来的创意"的基础上,提出相应的主题,并进行恰当的选择。

结果与检测:提出具有针对性、新颖性、准确性、吸引力的主题。

提示:网络营销策划选题是一个创业项目的灵魂,它直接关系到创业项目能否为目标顾客所接受。选题是否科学恰当,能否简明扼要地表现项目的特色、能否对目标顾客产生吸引力,也直接关系到创业的成败。

背景知识

网络营销策划的选题

一、网络营销策划名称

网络营销策划名称,也称标题、题目、选题。通过选题,可以大体看出作者的主题思想,要解决的主要问题。选题必须简单明确、立意新颖、画龙点睛、富有魅力。选题要尽量避免一般化,同时要名副其实。策划名称一定要与策划书的主题相吻合,用词要言简意赅、一目了然,也要具有鲜明的倾向性,代表策划的主要意图——策划主题。

课堂讨论

绿谷特产网推广方案

"绿谷特产网"致力于人类健康事业,崇尚绿谷文化、绿色生态农业,应时代潮流、生态经济、环保经济而生,以电子商务为交易平台,以日趋普及的互联网为媒介,为广大的消费者提供了一个方便快捷的网上购物交易场所。网站产品齐全,同时网站提供了多种便捷购物方式。

项目组制订了一份"绿谷特产网"推广方案,旨在利用各种推广工具和方法让"绿谷特产网"在获得访问量的同时,也提高网站实际收益。

问题讨论:
体会项目组为什么将主题定为"绿谷特产",你可否为其设计一个更好的主题?

二、网络营销策划书的题目设计

(1)选题要以市场调查为重要依据。脱离社会,离开市场,闭门造车,不可能设计出好的选题。环境在不断地变化,它既给了我们发展的机遇,也给了我们严峻的挑战,体现在就业、住房、教育、医疗等多方面。确定选题的前提是观察社会、了解人生,甚至要做多次主题调研,发现问题、发现需求,并解决问题、满足需求。在为社会、为地方、为人类排忧解难、提供服务的主导思想上设立多个选题,然后再进行优化选择。

(2)与目标顾客沟通交流,是选题成熟完善的关键。根据立意,在设定多个不同的题目的前提下,往往左右割舍不下,认为哪个都还好,但又不能不选择。因此,通过与目标顾客的沟通交流,了解目标顾客的心理与需求特征,并征求他们的意见,对题目进行选择与完善。

(3)策划选题的调整应贯穿策划的全过程。由于客观实际情况一直在不断地变化,因此策划的选题应适时地进行调整。

课堂讨论

"网祭"的选题训练

在任务1课堂讨论"2008年汶川大地震给浙江工贸职业技术学院的大学生带来的创意"的基础上,相应提出了多个主题,最后在撰写策划书之前,确定主题为"网祭"。它与主题比较贴近，能够反映主题思想与创意本质。在撰写策划书的过程中，总感觉"网祭"这一主题过于悲伤，不能很好地表达"传达生者对亡灵的超度，赋予良好的愿望，减轻生者的心理负担"的理念，于是，借助中国美好传说——"化蝶飞"，重新调整了策划的主题。

问题讨论：
"网祭"比"化蝶飞"更直观地表现主题思想，为什么还改为"化蝶飞"？

小贴士

在撰写策划书的过程中，随时会发现新内容、新思路，会产生对选题的新灵感，原先模糊的东西开始明朗起来，删减或添加后，选题就变得更完善、成熟了。做选题仿佛雕刻一件艺术品，须等到完工后，才能赋予它完整的含义。

课堂训练

训练内容：确定准主题。
训练要求：
1. 在上次讨论的基础上，确定团队的准主题。
2. 制作PPT，进行汇报。
3. 团队间相互点评，教师点评，团队修改。

任务 3 创意与选题训练

通过本任务，能够确定团队简明、新颖的网络营销策划主题，培养网络营销策划主题的甄选能力。

一、观察训练，发现立意

【训练内容与要求】观察温州经济、文化、民生等社会现象，发现最需要你利用网络营销解决的问题，并提出解决问题的思路。

【结果与检测】提出具有针对性、现实性、创新性的立意。

二、主题诊断

【**训练内容与要求**】分析下面给出的选题恰当与否，指出不当之处，并加以修改。

【**结果与检测**】准确诊断、恰当修改与完善。

【**训练素材**】
1. 湖州地区电子商务调查
2. 倾城大学生城市消费网络策划书
3. 某汽车美容店策划书
4. 虚拟大学城网络策划书
5. 中英在线交流学习吧策划书

三、根据主题确定网络营销策划的选题

【**训练内容与要求**】根据训练素材中已有主题思想 1 和 2，分别确定策划的选题。选题必须简单明确、立意新颖、画龙点睛、富有魅力。避免一般化，同时要名副其实。策划名称与策划书的主题相吻合。

【**结果与检测**】选题简单明确、立意新颖、画龙点睛、富有魅力，与策划书的主题吻合。

【**训练素材**】

（1）随着经济的发展，人们的鉴赏能力和消费品位都有了大幅度提高，"轻装修，重装饰"的理念正在迅速蔓延。中国的装饰行业正面临着一次全新的革命。但是纵观我国目前的室内环境设计，虽不乏令人叹为观止的五星级宾馆，但那种由钢筋混凝土和冰冷的玻璃幕墙组成的建筑物，再加上室内"堆金砌银"的室内装饰，虽能给人一种豪华的感受，但大多是一种"拒人于千里之外"的感觉。一尘不染的大厅，除了暖色调的灯光能偶尔给人一丝暖意，很难再找到宾至如归的感觉。室内环境设计师往往偏重室内空间的硬装饰部分，而把室内的另一重要部分"软装饰"给忽视了。设计师们在极认真地装饰着人的栖身之所时，却又把人的精神需要抛之脑后，在无意中制造着要人适应的行为"规范"。最终使生活其间的人没有归宿感。但随着人们环境意识的逐渐觉醒，当人们发现自己的生活已被千篇一律的生活方式和早已被别人设计好的环境不断扭曲时，开始渴望人自身价值的回归，开始寻求"人–空间–环境"的和谐共生。利用软装饰去构筑"自身文明化"的生活方式，把植物、阳光大胆地引进室内以创建自然和生态景致。

在家居装饰方面，"轻装修，重装饰"是一种更为理性的家装消费观念，其意是指基础装修从简，重点在陈设装饰上下功夫。用软装饰打造个性生活正成为一种健康家装新时尚。首先，"重装饰"将为调整家居风格和个性提供方便。无论何时，想换一个心情，只要靠换一套沙发盖布、床单、窗帘就能收到不同效果。其次，"重装饰"还将更加健康环保。因为装修中出现的有毒气体主要来自硬装修。最后，"重装饰"还可省钱。据调查，一般家装中硬装修占总装修支出费用的 81.1%，而用于软装饰的消费占总装修支出的 18.9%。只要将投入比例进行调整还能起到节约整体装修成本的效果。

在个性化与人性化设计日益畅行的今天，人自身价值的回归成为关注的焦点。要营造理想的软环境，就必须处理好软装饰。从满足使用者的需求心理出发，不同的政治、文化背景，不同社会地位的人，都有着不同的消费需求，也就有着不同的理想的"软装饰"，只有对

不同的消费群体做深入研究,才能创造出个性化的室内软装饰;只有把人放在首位、以人为本,才能使设计人性化。

(2)在我国,旅游电子商务前景尤其被看好,不论是线上企业还是线下企业,纷纷涉足其中,携程旅游网、华夏旅游网、青旅在线等不胜枚举。

中国在线旅游预订市场发展迅速,综合调查统计数据显示:将上网查询作为了解旅游信息主要渠道的网民比例已达66.7%。其中,通过互联网预订过酒店的用户占70.2%、预订过机票的用户占70.7%、预订过度假产品的用户占20.3%。随着网上旅游相关业务的多元化,各网上旅行预订服务商推出的综合旅游产品,逐渐受到用户的青睐,还将有更多的网民使用网上旅行预订服务。2007年中国在线旅游预订市场保持健康增长,市场规模达到25.5亿元人民币,较2006年增长65.4%。受奥运因素推动及商旅、私人旅行市场的发展影响,2008年在线旅游市场规模达43.8亿元,同比增长70.9%。

面对旅游市场的巨大潜力,旅游休闲类网站应积极行动,采取相应的发展对策,如改变营销观念,提高服务质量,加强交易的安全性等。旅游网站数量巨大,发展的趋势将是走向收购合并。从发展的角度来说,旅游网站必须做好三个结合:资金、资源、技术和市场的结合,尤其是网站资源与市场的结合还很不够;国际与国内的结合,借助国际资金和技术,启动国内市场,整合国内资源;电子网络和经营网络的结合,要向紧密化结合发展。

未来的工作是使这三个方面结合起来,加大网络技术对旅游发展的影响,更加充分地体现旅游在网络文化中的优势。

团队训练

【训练内容】团队讨论,确立选题。

【训练要求】

1. 团队进行选题,通过互联网、社会观察、实地考察等方式收集相关资料。

2. 以学习小组为单位组织研讨,在充分讨论的基础上,形成小组的课题报告,并制作成PPT进行选题确定过程与选题特色汇报。

3. 小组之间相互评价,提出修改意见;教师点评,教师给出小组训练成绩;团队完善选题。

项目三

网络营销策划调研

教学目标

通过本项目的学习与训练,学生能够熟悉网络营销策划调研的基本方法和基本原则;掌握网络营销策划调研的过程及技巧;学会策划书结构设计与理性分析;学会网络数据检索与应用;通过专题调查,撰写项目调研报告。

教学要求

1. 熟悉网络市场调研的基本方法
2. 掌握网络数据检索的技巧
3. 学会数据分析与处理技巧,能够撰写调研报告

能力目标

1. 项目市场调研能力,网络数据检索与应用能力
2. 数据分析与处理能力,能够撰写调研报告

项目导航

市场调研是企业营销活动的基础。企业通过互联网更能方便地收集到顾客和潜在顾客的信息,有助于更好地理解并服务于顾客。调研员可以通过互联网进行市场调研,可以了解更多的顾客信息。如何更好地利用互联网进行信息获取与数据分析、如何使调研行之有效,直接关系到企业制订营销策略的可行性。

导入案例

安徽特酒集团的网络营销

安徽特酒集团（简称安特集团）是我国特级酒精行业的龙头企业，其全套设备及技术全部从法国引进。其主要产品是伏特加（Vodka）酒及分析级无水乙醇。其无水乙醇的销量占全国的50%以上。伏特加酒通过边境贸易，出口达到1万吨，总销售额超过1亿元。伏特加酒是安特集团利润的主要来源。随着国际环境恶化，出口量逐年减少。安特集团审时度势，决定通过互联网进行网络营销，并在此基础上开辟广阔的欧美市场。安特集团确定了营销调研的三个方向：价格信息，包括生产商报价、批发商报价、零售商报价、进口商报价；关税、贸易政策及国际贸易数据；贸易对象，即潜在客户的详细信息，包括贸易对象的历史、规模、实力、经营范围和品种、联系方法等。

安特集团主要进行了以下工作：①利用搜索引擎搜索厂方站点；②利用搜索引擎搜索生产商协会的站点；③了解生产企业的直接报价。通过以上获得的信息进行分析，安特集团制定了拓展欧美市场的营销方案。

（资料来源：根据raggedrobin168，"安徽特酒集团网络营销市场调研案例分析"改编）

小贴士

市场调查首先是获得市场信息。网络营销市场调查获得市场信息的方式多种多样，除了案例中应用的搜索引擎，最好还要结合Yahoo、Infoseek、HotBot、Lycos、Altavisa、Webcrawler等实施综合调查。

任务 1 网络营销策划调研的认知

案例分析

专项市场调研

教授喜欢喝的咖啡

某日下午，李教授和他的一位朋友来某大宾馆大堂咖啡厅，坐定之后等服务员前来点饮料。两人对坐闲聊了一会儿，此时服务员端来一壶现磨咖啡，外加两茶盅牛奶和数块方糖，朝着李教授说："我送来了您喜欢喝的咖啡。"（李教授是这里的常客，服务员几乎都很熟悉他的爱好）谁知那天是李教授的朋友做东，他从来不喜欢喝现磨咖啡，而习惯雀巢速溶咖啡。

李教授的朋友面露愠色地对服务员说:"今天是我请李教授来此叙谈休息一下,您怎么如此不懂得待客的道理,竟自作主张要我们喝什么就喝什么!"服务员不肯认错,对李教授的朋友说:"我了解李教授平素喜欢喝现磨咖啡,我料想您不会是忌喝咖啡的客人。"

李教授听服务员这样讲,觉得对他的朋友有失尊重,于是批评这位服务员道:"你不应当没有弄清主客之前就主观地下结论,即使今天我是主人,你也应当请问客人需要什么饮料嘛!"李教授的朋友接着讲:"我恰好是向来不喝现磨咖啡的,而是喝惯了雀巢速溶咖啡的人。"服务员讨好不成,反而遭到批评,准备继续争论下去。这时大堂副经理闻声赶来,弄清情况后要服务员赔不是,并答应现磨咖啡按一杯计价,另外补送一杯雀巢咖啡给李教授的朋友才算了结此事。

(资源来源:http://hi.baidu.com/zhoujinglong/profile)

问题讨论:
1. 服务员错在哪里?
2. 市场调研的方法有哪些?本案例涉及了什么方法?
3. 从案例中体会市场调研的重要性。

小贴士

没有调查就没有发言权!

——毛泽东

课堂活动

市场调查训练

活动目的:了解学生对市场的调查能力,引导学生正确地选择调查方法,培养其调查能力。

活动内容与要求:以团队形式调研温州市顾客对地方提供的某特产的需求信息。要求:采用问卷调查法时需要设计调查问卷(含线上与线下),制作PPT,小组代表发言,小组其他同学做补充,其他小组提问。

结果与检测:能够比较科学地设计调查问卷。

提示:注意问卷设计的技巧。

背景知识

网络营销策划调研的认知

市场瞬息万变,不同的客户具有不同的需求。了解市场的过去和现在才能把握其未来发展方向。经营者的所有决策都要建立在掌握必要的信息基础上。随着知识化、全球化营销时代的到来，市场信息量大大增加，经营者的决策难度也随之增加。因此，掌握市场调查研究的科学方法，在科学调研的基础上制订可行的营销策略就显得更为必要。

一、网络市场调研

互联网的普及，标志着我国调查业开始向网络时代迈进。网上调查将逐渐向主流形式发展，并将最终取代传统的入户调查和街头随机访问等调查方式。市场调研是营销链中的重要环节，没有市场调研，就把握不了市场。

网络市场调研就是利用互联网，以科学的方法，系统地、有目的地收集、整理、分析和研究所有与市场有关的信息，发掘和了解顾客需求、购买动机和购买行为等方面的信息，从而把握市场现状和发展态势，有针对性地制订营销策略，取得良好的营销效益。它是制订市场营销策略的前提与基础。

> **小贴士**
> 如何获得市场需求信息？市场调研的方法有哪些？

二、网络市场调研的特点

网络市场调研具有交互性、充分性、及时性、共享性、便捷性和经济性、可靠性和客观性，无时空、地域的限制，调研信息具有可检测性和可控制性。下面就某些特点进行介绍。

（一）交互性和充分性

这种交互性和充分性不仅表现在消费者对现有产品可以发表意见和建议，更表现在消费者对尚处于概念阶段产品的参与，这种参与将能够使企业更好地了解市场的需求，而且可以洞察市场的潜在需求。

（二）及时性

网络的传输速度快，一方面调研的信息传递到用户的速度加快，另一方面用户向调研者传递信息的速度也加快了，这就保证了市场调研的及时性。

（三）便捷性和经济性

无论是对调查者还是被调查者，网络调查的便捷性都是非常明显的。调研者只要在其站点上发布调查问卷，而且在整个调查过程中，调研者还可以对问卷进行及时修改和补充，而被调查者只要有一台计算机、一个Modem、一部电话就可以快速、方便地反馈其意见。同时，对于反馈的数据，调查者也可以快速、便捷地进行整理和分析，因为反馈的数据可以直接形成数据库。这种便捷性大大地降低了开展市场调研的人力和物力耗费。

（四）可靠性和客观性

由于企业站点的访问者大多对企业产品有一定的兴趣，被调查者是在完全自愿的原则下参与调查的，回答问题认真，人为因素干扰弱，所以，调查的客观性强、可靠性高。

（五）无时空、地域的限制

网络市场调研可以 24 小时全天候进行，同时也不会受到区域的限制。

（六）调研信息具有可检验性和可控制性

网络市场调查问卷可以附加全面规范的指标解释，问卷的复核检验由计算机依据设定的检验条件和控制措施自动实施，保证检验与控制的客观公正性，还可以通过对被调查者的身份验证技术有效地防止信息采集过程中的舞弊行为。

网络市场调研的优点很明显，但同时也不应忽视其所存在的问题，主要表现在调查表的设计、样本的数量和质量、个人信息保护等因素的影响。

三、网络市场调研的方法与步骤

网络市场调研有两种方式：一种是利用互联网直接进行问卷调查等收集一手资料，如"我国 Internet 现状与发展调查"就是在网上利用问卷直接进行调查的，这种方式可以称为网上直接调查；另一种方式是利用互联网的媒体功能，从互联网收集二手资料，称为网上间接调查。下面主要介绍网上直接调查。

（一）网上直接调查的方法

1. 网上直接调查分类

根据采用的调查方法的不同，可以分为网上问卷调查法、网上实验法和网上观察法，常用的是网上问卷调查法。按照调查者组织调查样本的行为划分，网上调查可以分为主动调查法和被动调查法。主动调查法，即调查者主动组织调查样本，完成统计调查的方法。

2. 网上问卷调查法

网上问卷调查法是将问卷发布在网上，被调查对象通过 Internet 完成问卷调查。网上问卷调查一般有两种途径：一种是将问卷放置在 Web 站点上，等待访问者访问时填写问卷，如 CNNIC 每半年进行一次的"中国互联网络发展状况调查"采用的就是这种方式。这种方式的好处是填写者一般是自愿性的，缺点是无法核对问卷填写者的真实情况。为达到一定问卷数量，站点还必须进行适当宣传，以吸引大量访问者。另一种是通过 E-mail 的方式将问卷发送给被调查者，被调查者完成后将结果通过 E-mail 返回。这种方式的好处是可以有选择性地筛选被调查者，缺点是容易遭到被调查者的反感，有侵犯个人隐私之嫌。因此，采用该方式时首先应争取被调查者的同意，或者估计被调查者不会反感，并向被调查者提供一定补偿，如有奖问答或赠送小礼物，以降低被调查者的敌意。

（二）网上直接调查的步骤

网上直接调查是企业主动利用 Internet 获取信息的重要手段，与传统调查类似，网上直接调查必须遵循一定的步骤：确定网上直接调查目标→确定调查方法和设计问卷→选择调查方式→分析调查结果→撰写调查报告。

（三）网上直接调查的措施

1. 网上调查问卷的设计

采用网上问卷调查法时，问卷设计的质量直接影响到调查效果。设计不合理的网上调查问卷,网民可能拒绝参与调查,更谈不上调查效果了。因此,在设计问卷时,除了遵循一般问卷设计中的一些要求,还应该注意下面几点:

(1)在网上调查问卷中附加多媒体背景资料。
(2)注意特征标志的重要作用。
(3)进行选择性调查。
(4)注意问卷的合理性。在问卷中设置合理数量的问题和控制填写问卷时间,有助于提高问卷的完整性和有效性。
(5)注意保护调查对象的个人隐私。
(6)调研内容要结合激励措施以吸引访问者。

2. 在线市场调研分类

在线市场调研的方法,可以根据不同的调查方式分为网上搜索、网站跟踪、在线调查表发放、电子邮件调查、在线随机抽样调查等。

课堂讨论

百事可乐实验性调查

1976年,百事可乐在美国的达拉斯市做了如下实验:把可口可乐倒入Q字母杯子,百事可乐倒入M字母杯子,任凭消费者品尝,结果大家都选M杯子。

可口可乐不甘示弱,声称根据芝加哥市场调查顾问的调查理论,Q字母不受人们喜欢,因为很多贬义词是以Q字母开头的。

与此同时,可口可乐也把自己的可乐分别置于M与Q杯中,结果大多数人仍然喜欢M杯中物。

因此,可口可乐称百事可乐的实验是不公平的。

问题讨论:
实验调查法有哪些优缺点?

知识链接

关于市场营销调研

1. 市场营销调研的内容

市场营销调研的内容包括企业经营环境调研(宏观环境与微观环境)、市场需求调研(市场容量、变化、潜力)、企业经营潜力调研、企业经营效果调研、产品调查(与竞争对手对比产品要素)、用户调查(分布、分类、购买力、购买行为)、竞争调查(竞争对手的基本情况)、销售调查(渠道、定价、促销)、企业经营效果调研(市场份额调研、产品线调研、广告效果调研、业务量调研)等。

2. 市场营销调研的类型

根据所研究问题的性质、目的和要求不同，市场营销调研的类型一般可以分为探测性调研、描述性调研、因果性调研和预测性调研四类。

探测性调研是当营销人员对所面临的问题不太清楚，尚未确定具体的调研内容时所进行的试探性的调研，目的是为进行更精确的调研建立假设，从而明确所要探测的问题，为进一步调研建立各种假设或问题的先后顺序，搜集针对某一具体假设的有关信息。

描述性调研要描述特定总体的特点，初步估计和测算本企业的产品的消费者在具有某种行为方式的特定人群中所占的比例。

描述性调研的具体方法主要有两种，即纵向分析法和交叉影响分析法。纵向分析法又称时间序列分析法，它是在一个动态数列中对同一市场属性进行调查分析的方法。它所依赖的分析工具一般是各种动态指标，包括序时平均数、发展速度等。交叉影响分析法是在某一特定的时间里研究两个或两个以上变量之间相互关系的一种描述分析方法，它不但可以用来研究顾客的收入、年龄、职业、社会地位与旅行爱好之间的关系，而且可以被用来研究产品价格与购买行为之间的关系，以及服务水平与满意程度之间的关系。

因果性调研是指为了查明项目不同要素之间的关系，以及查明导致产生一定现象的原因所进行的调研。

预测性调研是指专门为了预测未来一定时期内某一环节因素的变动趋势及其对企业市场营销活动的影响而进行的市场调研。如市场上消费者对某种产品的需求量变化趋势的调研等。这类调研的结果就是对事物未来发展变化的一个预测。

3. 市场调研的程序

市场调研的程序包括市场调研的准备阶段、实施阶段、结果处理阶段。

市场调研的准备阶段任务是确定调研目标和项目、确定搜集资料的范围和方式、确定调查表和抽样设计、制订调研计划。

调研实施阶段的主要任务是组织调研人员按照调研计划的要求，系统地搜集资料和数据，听取被调查者的意见。这个阶段大体可以分为对调研人员进行培训和实地调研。

调研结果处理阶段的主要任务是整理与分析资料、编写调研报告、追踪与反馈。

4. 市场调研的方法

市场调研的方法有文案调研、实地调研、特殊调研三种。文案调研主要是对二手资料的收集、整理和分析。营销调研人员搜集二手资料的方法较为简单，如查阅现有资料，阅读报纸、杂志等。特殊调查有固定样本、零售店销量、消费者调查组等持续性实地调查，投影法、推测试验法、语义区别法等购买动机调查，CATI计算机调查等形式。实地调研主要获得一手资料。实地调研可分为观察法、询问法、实验法和网上调研法。搜集一手资料较为费时费力。

观察法是指营销调研人员通过现场观察而获取所需资料的一种方法。

询问法是通过向被调查对象提出问题而获取所需资料的一种方法。比如，面谈法、电话询问法、函件通信调查法、留置问卷法。面谈法是通过向被访问对象当面提问来搜集信息的一种方法。面谈可以分为个人面谈（Personal Interview）与小组面谈（Group Interview），一次性面谈（Single Interview）与多次面谈（Multiple Interview）等。电话询问法是营销调研人员通过使用电话向被访问对象提问来搜集信息的方法。函件通信调查法是营销调研人员将事先设计好的调查问卷邮寄给被调查对象让其回答后再寄回的一种搜集信息的方法。留置问卷法是营销调研人员将问卷当面交给被调查对象，说明回答方法后，将问卷留置于被调查对象手中，让其自行填写，再由营销调研人员定期收回的办法。

实验法起源于自然科学的实验求证法。这里所说的实验法是指通过在预先确定的与实际遇到的环境条件相同的小范围内进行实验来搜集信息的一种方法。

网上调研法是指在互联网针对特定营销环境进行调查设计、搜集资料和初步分析的活动，为企业的网络营销决策提供数据支持和分析数据。

5. 营销调研中的问卷设计

一份完整的调查问卷由6个部分组成：简明扼要的主题、必要的问卷说明、被调查者基本情况、问卷主体（问题及答案）、编码、作业记载等。其中心是要设计提出的问题及答案。

设计问卷时应注意的问题有：避免多义性问题、避免一般性问题、避免引导性问题、避免困窘性问题、避免假设性问题。

根据具体情况的不同，问卷上的问题可以采用不同的形式，如开放式问题、封闭式问题、态度测量问题等。

6. 营销调研对象的选择方法

营销调研人员要根据营销问题的实质、调研目的及被调查对象的特点与分布情况来选择调研对象。一般来说，调研对象的选择有全面调查和抽样调查两种。

课堂训练

训练目的：引导学生正确选择调查方法，培养其调查能力。

训练内容与要求：以团队形式调研温州市顾客对地方某特产的需求信息。要求：选择正确的市场调研方法。制作PPT，小组代表发言，小组其他同学做补充，其他小组提问。

任务 2 市场营销信息的搜集与整理

案例分析

陈伟的应聘闯关

陈伟在大三时到某公司应聘，公司招聘经理给陈伟一项任务，要求他在三天内找到能够长期供应价格合理的碳素笔芯的厂商。陈伟最初不知所措，但他很快梳理了所学网络营销知识，并按时完成了任务。

问题讨论：
1. 分析陈伟都用到了哪些网络营销知识与技术？
2. 如果你是陈伟，应该如何完成任务？
3. 请指出网上寻找供货商的几种方法，并做必要说明。

课堂活动

市场信息搜集训练

活动目的：了解学生对市场信息的搜集能力，引导学生正确搜集信息。

活动内容与要求：分别用两种以上的网络途径，搜集顾客对某一地方特产的需求信息。学生代表发言，说明基本信息与信息来源，其他同学做补充。

结果与检测：能够比较充分地利用信息搜集方法与途径获得信息并进行归纳整理。

提示：注意方式与途径的多样性。

背景知识

网络数据检索与应用

一、市场营销信息

市场营销信息指在一定时间和条件下，与企业的市场营销活动相关的各种消息、情报、数据、资料和知识的总称。

企业在制订营销战略和策略时，要以及时、充分、准确的信息为基础，尽量保证营销战略和策略在制订和实施时贴近企业实际，进而赢得市场。

（一）市场营销信息的作用

对于企业而言，市场营销信息不但对其营销活动，而且对整个企业的未来发展都有重要的导向作用。其具体作用表现在以下4个方面。

1. 企业制订营销战略的基础

企业在制订营销战略前，首先必须了解有关的市场营销信息，研究市场和顾客的需求。

2. 企业确定营销策略的导向

企业市场营销策略的制订，是建立在特定的市场营销环境基础上的，而要了解市场营销环境条件，就要掌握与市场营销环境及其变化相关的市场营销信息。因此，企业在制订市场营销策略时，必须根据市场营销决策的需要，有计划、有目的地搜集有关的市场营销信息。

3. 营销计划和营销策略进行调控的依据

企业所面对的市场营销环境是不断变化的，而且有些环境因素的变化是企业无法预料和无法控制的。因此，企业即使在制订营销计划与营销策略时进行了认真的市场研究，也很难完全把握市场营销环境的变化。所以，在企业的营销计划和营销策略的执行过程中，适时根据营销环境的变化,对原先制订的营销计划和营销策略进行控制和调整是必要的,而要保证调整后的营销计划和营销策略切实有效,则必须以变化着的市场营销信息为依据。

4. 提高市场竞争能力的重要保证

随着现代科学技术的飞速发展,市场竞争在一定程度上已经表现为市场营销信息的竞争,谁先获得有关的市场营销信息,谁就将获得先机,如果能抓住市场机会,就能在相关的领域取得竞争优势。

企业所有的营销决策,都要以掌握充分而准确的信息资料为基础,然而在企业的实际经营管理中,营销管理人员在决策时常常会碰到一些问题:第一,信息量太少,决策缺乏足够的依据;第二,信息量太大,决策者理不出头绪,无从下手;第三,有用的信息太少;第四,信息不易理解,难以在决策过程中灵活运用。要解决这些问题,就需要企业有一套科学的信息管理办法,建立一套系统的程序来收集、整理、分析信息,使信息真正发挥作用,也就是说,企业需要一套完善的市场营销信息系统。

(二)企业的市场营销信息系统

企业的市场营销信息系统(Marketing Information System, MIS)是指由企业的营销人员、信息处理机器设备和运作程序组成的一个持续的、彼此相互影响的系统,它的任务是准确、及时地对有关的信息进行搜集、分析、评估和分发,供营销决策者使用,以便使营销计划的制订、执行和控制更加准确、有效。它包括内部报告系统与市场营销情报系统。

(1)内部报告系统是市场营销信息系统中最基本的信息系统,也是企业的营销管理者最关心的一个系统,企业的内部信息就是通过这个系统传递给营销管理者的。

(2)市场营销情报系统是指向营销人员提供营销环境中各种情况发展变化情报的一整套信息来源和程序。

企业的营销管理人员可以从各种渠道获得各类营销情报,为了更及时、更系统地得到有关外部环境变化的情报信息,企业通常还会采用以下渠道或途径来获取信息:从本企业营销人员处获取信息、从中间商处获取信息、从专业信息提供机构处购买信息、从企业自建的情报机构处获取信息、从媒体获取信息等。具体来讲,市场营销信息的来源有:①文献信息;②实物信息;③口头信息;④内部信息;⑤电子信息;⑥新闻媒体。市场营销信息的采集步骤有:①分析信息需求;②选择信息源;③确定信息采集方法;④信息采集等。

搜集获得的信息必须进行加工整理方可采用。市场营销信息的加工整理过程主要包括:①鉴别与筛选。利用对象方法对信息的真伪、价值进行鉴别,对有利用价值的信息进行清理、分类、整理,并进行分门别类地编排,使之成为有内在联系的信息体系。②著录、标记。对信息加以描述,并在信息载体上加注释符号。③编目、组织。将拟稿著录、标记编制成简明的目录,以便存储、查询和使用等。

二、调查数据整理

调查数据整理应在研究设计阶段进行,而着手整理是从接收到第一份问卷开始的,一旦发现问题,及时纠正,改进原有计划或实施方案。

(一)资料接收

接收调查数据,从问卷回收及数据收集管理开始。注意作业记载,在数据分析时,有可能对不同日期的问卷进行比对分析，注重资料的收集、核对，并做好编码、录入等工作。

（二）资料检查

资料检查主要是指对回收问卷的完整性、访问质量的检查，以判断问卷的有效性，目的是便于问卷的筛检与选择。

（三）资料的校订

资料的校订主要包括检查不满意的答案和处理不满意的答案两部分内容。

（1）检查不满意的答案。为了增加准确性，需要对初步接收的问卷进行进一步检查。对于字迹模糊、不完整、不一致、模棱两可等答案，应做出适当的处理。

（2）处理不满意的答案。对于不满意的答案，通常处理方式有3种：①退回实施现场重新获取完整的数据（重新调查）；②按缺失处理（难以实现重新调查的情况）；③整个问卷作废（所占比例小于10%、样本量大、缺失关键数据或大部分数据的问卷）。

（四）数据统计与分析

若对缺失的数据进行加权处理，则可以通过百分数、指数、中位数、平均数和方差等统计数据，并利用表格、统计图等表现出来。

常用的统计图有：直方图和饼状图、态度对比图和轮廓形象图、趋势图等常见统计图和散点图、网络图、星座图、雷达图、三位直方图等其他统计图。

课堂训练

训练内容：为当地某中式快餐厅搜集用户资料，并加以分析。

训练要求：

1. 以学习小组为单位设计信息搜集方案，为当地某中式快餐厅搜集用户资料，并加以分析。

2. 形成小组的课题报告，并制作成PPT进行汇报。

3. 小组之间相互评价，提出修改意见，教师点评。

任务 3　市场营销调研报告

互联网市场调查报告

企业进行市场调查的直接目的是进行数据分析，指导企业营销决策。通过专题调研与撰写专题调研报告，可以有针对性地、真实地分析环境，以了解、剖析事物的本质及其发展趋势，对于解决问题具有积极的作用。

案例分析

××地区电子商务调研分析报告

某地区为了了解当地企业电子商务发展状况，进行了专题调研，并撰写了调研报告。调研报告内容如下：

1. 引言
2. 调研目的
3. 调研方法，包括资料来源及调研方法、样本计划、问卷编制、计划的执行
4. 调研基本结论
5. 相关问题分析，包括企业电子商务建设面临的主要问题，企业成功开展电子商务的关键点
6. 发展电子商务的对策与建议

问题讨论：
1. 分析以上调研报告的内容是否科学完整？
2. 一份科学完整的调研报告应该包括哪些内容？

课堂活动

设计市场调研报告

活动目的：掌握调研报告的撰写方法与格式。

活动内容与要求：在活动一的基础上设计地方某一特产的市场需求调研报告；制作PPT各组小组代表发言，其他同学做补充；小组间相互点评；教师点评。

结果与检测：能够对调研数据进行整理，并根据调研数据撰写调研报告。

提示：主题明确、条理清晰、表现简洁、结构合理。

背景知识

专题调研及调研报告

当一切调查和分析工作结束之后，必须将这些工作成果展示给客户，市场调研报告是整个调研工作，包括计划、实施、收集、整理等一系列过程的总结，是调研人员劳动与智慧的结晶，也是客户需要的最重要的书面结果之一。它是一种沟通、交流形式，其目的是将调查结果、战略性的建议及其他结果传递给管理人员或其他担任专门职务的人员。

一、市场调研报告

市场调研报告就是在对调查得到的资料进行分析整理、筛选加工的基础上，记述和反映

市场调研成果的一种文书。它可以是书面形式，也可以是口头形式，或者是其他形式，如电子媒介形式。一份好的市场调研报告，能给企业的市场经营活动提供有效的导向作用，能为企业的决策提供客观依据。

市场调研报告是经济调查报告的一个重要种类，它是以科学的方法对市场的供求关系、购销状况及消费情况等进行深入细致的调查研究后所写成的书面报告。其作用在于帮助企业了解掌握市场的现状和趋势，增强企业在市场经济大潮中的应变能力和竞争能力，从而有效地促进经营管理水平的提高。

（一）调研报告的撰写原则与要求

1. 客观的态度

撰写市场调研报告要用客观的态度反映调研过程，避免主观意识和个人偏见。坚持从客观事实出发，切忌先入为主，为事先已有的主观定论找依据。市场调研报告的内容力求客观、真实地反映实际情况，为企业管理者决策提供可靠的调研材料。

2. 鲜明的观点

撰写市场调研报告要态度明朗，对材料的判断、结论、意见和建议，一是一，二是二，不含糊。

3. 简练的语言

市场调研报告在语言表达上要力求文字简练，数字精确，图表一目了然，不说废话，要开门见山。

4. 严谨的结构

市场调研报告要突出中心，把材料和观点紧密地结合起来。提出观点要有材料分析说明，列举材料要有观点，结构严谨，遵循一定的规则。

（二）调研报告的写作步骤

（1）构思：收集资料—认识事物—判断推理—确立主题。
（2）选材：数据（介绍情况—反映问题—提出建议）。
（3）初稿：写作格式、文字数量、图表和数据。
（4）定稿：征得各方意见进行修改、定稿。

二、市场调研报告的内容

市场调研报告没有固定不变的格式。不同的市场调研报告，主要依据调查的目的、内容、结果及主要用途来写作。但一般来说，各种市场调研报告在结构上都包括封面、标题、导言、主体和结尾几个部分。

（一）封面

封面部分一般包括项目名称（标题）、调查对象、基本情况、报告提出日期等。

（二）标题

市场调研报告的标题即市场调研的题目。标题必须准确揭示调研报告的主题思想。标题要简单明了、高度概括、题文相符、具有吸引力，如《××市城镇居民葡萄酒消费需求调

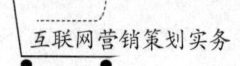

研报告》。

（三）导言

导言是市场调研报告的开头部分，一般说明市场调研的目的和意义，介绍市场调研工作的基本概况，包括市场调研的时间、地点、内容和对象及采用的调研方法、方式。这是比较常见的写法。也有的调研报告在导言中，先写调查的结论是什么，或直接提出问题等，这种写法能增强读者阅读报告的兴趣。

（四）主体

这是市场调研报告中的主要内容，是表现调研报告主题的重要部分。这一部分的写作直接决定调研报告的质量高低和作用大小。主体部分主要包括调研结果及调研体会（可以是对调研结果的分析，也可以是找出结果的原因及应对办法等）。调研结果及调研体会要客观、全面阐述市场调研所获得的材料、数据，用它们来说明有关问题，得出有关结论。要善于运用材料，来表现调研的主题。对有些问题、现象要做深入分析、评论等。

（五）结尾

结尾部分主要是形成市场调研的基本结论，也就是对市场调研的结果做一个小结。有的调研报告还要提出对策措施，供有关决策者参考。

市场调研报告通常还有附录。附录的内容一般是有关调研的统计图表、有关材料的出处、参考文献等。

团队训练

【训练内容】根据各团队的选题，自设调研主题，进行专题调研。注意调研方法的科学性、适用性。

【训练要求】

1. 完成团队项目调研报告。
2. 制作调研情况PPT，进行汇报。
3. 相关附件。例如：调查表、调查网页等。

项目四

网络营销策划背景分析

教 学 目 标

通过本项目的学习与训练，学生能够掌握项目背景分析的基本方法；学会用 SWOT 分析法分析项目环境；能够在项目现状分析、SWOT 分析基础上提出项目策划方案。

教 学 要 求

1. 熟悉项目背景分析的基本方法
2. 掌握策划案的 SWOT 分析法

能 力 目 标

1. 能够对网络营销策划的现状进行主动分析
2. 对不同策划案进行 SWOT 分析的能力

项 目 导 航

背景分析是一切项目设计与开发的基础性工作。企业背景分析是企业项目策划与建设的首要工作。通过背景分析，深入剖析企业项目现状与环境，提出问题，便于找到解决问题的策略；通过背景分析，企业对自身所处的内外环境进行充分认识和评价，以便发现市场机会和威胁，为制定营销战略与策略提供坚实的依据。

导入案例

绿色瓜果项目流产

某青年创业团队,确定建设一个绿色瓜果网站项目,经过市场需求调研,效果很好。产品来源也有保证,市场竞争者极少。于是,该团队认为可行性强,市场大,着手筹建。结果,项目流产。

> **小思考**
>
> 该项目流产的关键问题在哪里?

任务 1 网络营销策划的背景分析

课堂活动一

网络营销策划背景分析训练

活动目的:促进各小组明确策划主题,培养学生的信息搜集和分析能力。

活动内容与要求:收集学生团队的策划书,根据各小组策划书的主题,展开相关项目的背景分析。

结果与检测:进行模拟项目的背景分析。

提示:网络营销策划背景分析应该是围绕具体项目展开的,该背景分析可以协助团队了解大环境下市场对该项目主题的历史需求变化,可作为可行性分析的参考部分。

背景知识

网络营销策划的背景分析

网络营销背景分析是企业整个项目分析的第一步,是企业项目建设的前提。

(一)网络营销策划背景分析的意义

背景分析是非常重要的营销活动,它是所有项目活动的第一步。任何项目的策划都是为了实现一定的目标而做出的谋划,网络营销策划是企业对将要发生的网络营销行为进行超前规划和设计，以提供一套系统的有关企业网络营销的未来方案，这套方案是围绕企业实现某一营销目标或开展网络营销活动的具体行动措施。因此，这个方案就必须基于现有条件与环境，具备项目开发与建设的必要性与可行性。所以，项目背景分析就显得格外重要，不同背景会导致不同的效果。

通过项目的背景分析，从宏观角度、中观角度、微观角度来阐述项目建设的必要性与可行性，但又不同于可行性分析。它主要通过围绕项目的产品、客户、技术指标、质量、服务、成本、交货期等指标所进行的分析，来阐述项目的提出原因、项目环境背景、项目优势分析（资源、技术、人才、管理等方面）、项目运作的可行性、项目的独特与创新分析等，以解决项目提出的原因、基于什么环境下提出的问题。

（二）网络营销策划背景分析的内容

网络营销策划背景分析一般包括行业背景分析、区域背景分析、企业背景分析等。

行业背景指的是这个项目属于哪一行业，以及这个行业所牵扯到的机构、群体、环境、产品及立足于哪些市场。行业背景包括行业的政策、供给、资源等背景。行业的政策背景分析是指分析行业结构、行业组织、行业分布、行业技术、行业投资等对产业具有重大影响的政策法规，以实现国家产业结构优化、经济转型升级的总体要求。行业的供给、资源背景分析是指对行业的供给情况和资源情况进行的分析。

企业背景分析主要考量企业本身背景（历史、现状）、面临的主要挑战、市场调研与分析、国内外环境概况、企业发展状况等因素。

区域背景分析包括项目投资的社会政治环境分析（政治环境、社会意识形态、法律建设）、经济环境分析（社会经济发展水平、物价、涉外经济政策、行业竞争等）、自然环境分析（地理位置、地质、气候、自然资源）、技术环境分析（技术政策、科技发展水平、科技人员素质与数量）、基础设施分析（供水、供电、通信、运输）等。项目所处环境的改变会导致项目在不同时期有不同的决策结果。因此，不同项目在不同时期，甚至同一项目在不同时期都要进行背景分析，并在此基础上进行策划或项目方案调整。

课堂讨论

捕鱼网

授人以鱼不如授人以渔——这是捕鱼网的运营宗旨。捕鱼网是电子商务专业2008级学生的作品。以大学生为目标群体，打造一个为各大院校的同学提供实践和实习的平台，帮助在校大学生寻找企业的实习锻炼机会，同时能够让企业获得需要的人才。大学生就业难，很大程度上是由于工作经验不足，不能够迅速适应企业环境所致。一个面向大学生的实习就业网站，能否在市场上站得住脚呢？

问题讨论：
1. 根据案例分析，你认为"捕鱼网"的创意来源是什么？
2. 根据案例分析，体会背景分析的意义。

知识链接

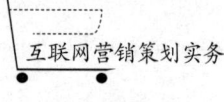

从实物交易市场到虚拟交易市场

传统的市场都是实物交易市场。也就是说，必须有商品的陈列、商品展示空间和实体交易空间，而商品的持续销售必然导致库存和资金的压力。

但在网络环境下，虚拟交易市场只需要提供商品信息，客户就可以进行购买。而虚拟产品甚至可以直接通过网络将产品发送到客户手中，减少了资金和库存的压力。

从卓越网上书城、淘宝网上商城模式的推出，到新华书店网上书城的上线，各大企业都在引领大众通过网络购物的方式来代替出门购物，大大地改变了人们的购物习惯，也影响了企业的市场营销策略。

网络环境下的市场形态发生了很大的变化，实施网络营销的企业所面对的客户群、虚拟市场空间及竞争对手与传统市场都有质的不同。

课堂活动二

个人网络营销背景分析

活动目的：培养学生数据采集和分析的能力。

活动内容与要求：确定一个主题，并就此开展网络营销背景分析，将分析结果记录下来。如果相应的数据分析结果或市场需求显示该主题不符合市场的需要，则仍需记录，之后可选择更换主题。

结果与检测：提出有说服力的数据，强有力地支持项目的开展。

提示：在确定项目主题的基础上，通过相应资料特别是借助调查数据来展开分析。

课堂训练

训练内容：团队主题项目网络营销背景分析。

训练要求：

1. 完成团队选题的网络营销背景分析。注意分工合作，用数据说明问题。
2. 先制作汇报PPT，汇报讨论，然后修改。

任务 2 网络营销策划的现状分析

案例分析

《中国互联网状况》白皮书的启示

2010年6月8日,国务院新闻办发表了《中国互联网状况》白皮书。白皮书指出,中国政府充分认识到互联网对于加快国民经济发展、推动科学技术进步和加速社会服务信息化进程的不可替代作用,高度重视并积极促进互联网的发展与运用。白皮书分为前言、推进互联网发展与普及、促进互联网广泛应用、保障公民互联网言论自由、管理互联网的基本原则与实践、维护互联网安全、积极开展国际交流与合作、结束语等部分,全文约13 000字。白皮书旨在介绍中国互联网发展的基本情况,说明中国政府关于互联网的基本政策及对相关问题的基本观点,帮助公众和国际社会全面了解中国互联网发展与管理的真实状况。

白皮书表示,中国政府将继续致力于推动互联网的发展和普及,努力在未来5年使中国互联网的普及率达到45%,使更多人从互联网中受益。

(资料来源:http://www.sina.com.cn 2010年06月08日新华网)

问题讨论:
1. 根据白皮书的报告,分析电子商务专业学生创业或就业存在的机会与威胁。
2. 白皮书的报告对你有哪些启示?

课堂活动一

中国互联网发展状况分析

活动目的:启发学生现状分析思维。

活动内容与要求:上网搜集资料,进行某创业立项环境的现状分析。

结果与检测:了解学生现有水平及环境的现状分析思维状况。

提示:中国互联网络信息中心发布第47次《中国互联网络发展状况统计报告》,截至2020年12月,中国网民数量已达9.89亿,互联网普及率为70.4%,其中手机网民达9.86亿,网民使用手机上网的比例达99.7%。其中,网络支付用户规模达8.54亿,占网民整体的86.4%。

背景知识

网络营销策划现状分析

一、中国互联网发展状况分析

中国互联网络信息中心(CNNIC)于2021年8月27日,在北京发布第48次《中国互联网络发展状况统计报告》。该报告显示，截至 2021 年 6 月，我国网民规模达 10.11 亿，较 2020 年增长 2 175 万，互联网普及率达 71.6%。

2019 年以来，网络购物市场保持较快发展，下沉市场、跨境电商、模式创新为网络购物市场提供了新的增长动能。在地域方面，以中小城市及农村地区为代表的下沉市场拓展了网络消费增长空间，电商平台加速渠道下沉。在业态方面，跨境电商零售进口额持续增长，利好政策进一步推动行业发展。在模式方面，直播带货、工厂电商、社区零售等新模式蓬勃发展，成为网络消费增长新亮点。

2021 年 8 月 27 日，中国互联网络信息中心（CNNIC）在京发布第 48 次《中国互联网络发展状况统计报告》（以下简称《报告》）。《报告》指出，截至 2021 年 6 月，我国网民规模为 10.11 亿，互联网普及率达 71.6%。其中，农村网民规模为 2.97 亿，较 2020 年 3 月增长 5 471 万；农村地区互联网普及率为 59.2%，较 2020 年 12 月提升 3.3 个百分点，城乡互联网普及率进一步缩小至 19.1 个百分点。《报告》提到，目前行政村通光纤和 4G 的比例均超过了 99%，农村和城市"同网同速"，城乡数字鸿沟明显缩小，年底有望实现未通宽带行政村动态清零。随着数字化应用日趋完善，广袤的下沉市场逐步享受到数字化带来的便利和实惠。截至 2021 年 6 月，农产品网络零售规模达 2 088.2 亿元，全国乡镇快递网点覆盖率达到 98%，有效打通了农村消费升级和农产品上行的末梢循环。《报告》指出，2021 年上半年，农业、工业、服务业三大产业数字化转型持续深入推进，在农业领域体现为智慧农业应用水平提升。物联网、人工智能、5G 等技术加速与农业生产深度融合，无人拖拉机、无人抛秧机、"5G+ 智能大棚"等智能设备推动了农业生产养殖过程的精准感知和智能决策，助力农业发展从信息化走向标准化和智能化。

中国互联网是在改革开放的大潮中发展起来的，它顺应了中国改革开放的要求，推进了改革开放的进程。随着中国经济社会的快速发展及人们精神文化需求的日益增长，互联网在中国将更加普及，人们对互联网应用水平的要求将会更高。

中国电子商务快速发展。大型企业电子商务正在从网上信息发布、采购、销售等基础性应用向上下游企业间网上设计、制造、计划管理等全方位协同方向发展。中小企业电子商务应用意识普遍提高，应用电子商务的中小企业数量保持较高的增长速度。网上零售规模增长迅速，市场逐步规范。电子商务专业化服务体系正在形成，数字认证、电子支付、物流配送等电子商务应用支撑体系正在逐步形成。

二、网络营销在中国的发展

在中国，越来越多的人通过互联网获取信息、丰富知识；越来越多的人通过互联网创业，实现自己的理想；越来越多的人通过互联网交流沟通，保持相互间的密切关系。在四川汶川地震、青海玉树地震、西南地区旱灾等重大自然灾害发生后，中国网民充分利用互联网传递救灾信息，发起救助行动，表达同情关爱，充分展示了互联网不可替代的作用。互联网正在成为一种新的工作和生活方式。

三、网络消费者的特征

（一）消费需求上的变化

在网络时代，互联网上的客户无论是在收入、教育水平，还是购物标准、消费需求上都有了较大的变化。在美国，3 个网民中，有 2 个会进行网络购物；而在中国的网民中，4 个人中有 3 个会采用网络购物。美国的网民人数是 2 亿多，而中国的网民人数达 10 亿。这里的消费增长区间还非常大。

消费者之所以选择网上购物，其心理因素是主要动因。通过研究人们的网络购物行为，来了解网络消费者的心理需求，从而对他们的网络购物需求进行分析和预测。

（二）网络游戏消费者心理分析

借用一下卢泰宏教授在《中国消费者行为报告》中的研究成果，将 E 时代网络消费群体分为如下 5 类。

第一类型：孤寂努力型——低年级大学生

该类型可以破译为低年级大学生，年龄介于 19～21 岁之间，平均每天上网 2～3 小时，男女比例相仿，性格偏内向。渴望激情，然而却只能借助网络舒缓孤独，内心渴望成就，因此非常积极努力，自我丰富，以求个人提升。

第二类型：开心刺激型——大学低年级及低龄社会青年

该类型可以破译为大学低年级学生及刚步入社会的低龄青年，年龄在 19～21 岁之间，平均每天上网 3～5 个小时，男性占绝对优势，性格偏外向。他们的特征是追求开心刺激高于一切，网络在他们成长过程中提供了淡化传统道德、提供物色异性、发展恋情的重要手段。

第三类型：得过且过型——已经工作一段时间的"老油条"

该类型可以破译为已经工作一段时间的"老油条"，年龄介于 21～25 岁之间，平均每天上网 2～3 小时，男女比例相仿，性格偏内向。他们的特征是对什么都不太感兴趣，不追求开心刺激，不追求成就感，不追潮流，没有个性化购物需要等。

第四类型：网络生存型——新一代"IT"新贵

该类型可以破译为新一代"IT"新贵。随着中国信息产业的迅速崛起，成长起来新一代"IT"人士。他们是中国现在"IT"产业的中坚力量，在各大网络公司、软硬件公司，或者跟网络运营有关的行业中任职的年轻人们，也包括需要利用网络获取信息的信息产业相关年轻工作者。年龄在 21～25 岁之间，平均每天上网 5 个小时以上，男女比例相仿，性格外向。他们的特征是反传统，追求成就感，不可以离开网络。

第五类型：传统菜鸟型——低龄中学生

该类型可以破译为在校的中学生团体，年龄在 20 岁以下，平均每天上网不到 2 小时，女性占绝对优势，性格偏内向。他们的特征是还没有深层次接触网络，未接收多方面的文化和思维，暂时还由传统教育价值观控制，学校填鸭式的教育和升学压力令他们没有想入非非，是最传统、最"乖"的一群人。

四、竞争对手分析

（一）竞争者分析

竞争者分析是指企业通过某种分析方法识别出竞争对手，并对它们的目标、资源、市场力量和当前战略等要素进行评价。其目的是准确判断竞争对手的战略定位和发展方向，并在此基础上预测竞争对手未来的战略，准确评价竞争对手对本组织的战略行为的反应，估计竞争对手在实现可持续竞争优势方面的能力。对竞争对手进行分析是确定组织在行业中战略地位的重要方法。竞争要素模型如图 4-1 所示。

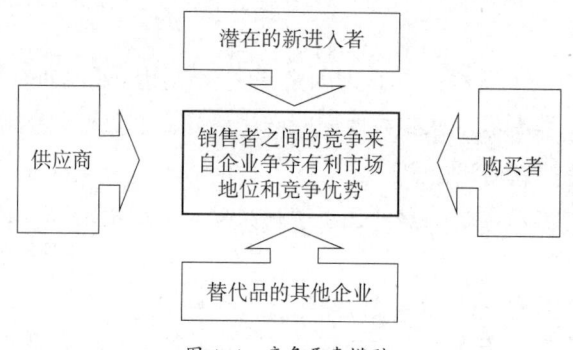

图 4-1　竞争要素模型

（二）竞争者分析的五项内容和步骤

（1）识别企业的竞争者。识别企业竞争者必须从市场和行业两个方面进行分析。
（2）识别竞争者对手的策略。
（3）判断竞争者的目标。
（4）评估竞争者的优势和劣势。
（5）判断竞争者的反应模式。

课堂讨论

ofo 竞争者分析

ofo 小黄车是一个无桩共享单车出行平台，缔造了"无桩单车共享"模式，致力于解决城市出行问题。用户只需在微信公众号或 App 扫一扫车上的二维码或直接输入对应车牌号，即可获得解锁密码，解锁骑行，随取随用，随时随地，也可以共享自己的单车到 ofo 共享平台，获得所有 ofo 小黄车的终身免费使用权。自 2015 年 6 月启动以来，ofo 小黄车已连接了 1 000 万辆共享单车，累计向全球 20 个国家、超 250 座城市、超过 2 亿用户提供了超过 40 亿次的出行服务。

问题讨论：
1. ofo 小黄车有哪些竞争优势？
2. 根据案例分析，请列举 ofo 小黄车的主要竞争者。

小贴士

只有具备了比较竞争优势，企业才能在电子商务的浪潮下生存。

知识链接

马斯洛需求层次理论分析

美国人本主义心理学家马斯洛（Abraham H. Maslow）将人类的需要按由低级到高级的顺序分为5个层次和5种基本类型，即：

（1）生理需要，即维持个体生存和人类繁衍而产生的需要，如对食物、氧气、水、睡眠等的需要。

（2）安全需要，即在生理及心理方面免受伤害，获得保护、照顾和安全感的需要，如要求人身安全、有序的环境、稳定的职业和有保障的生活等。

（3）归属感和爱的需要，即希望给予或接受他人的友谊、关怀和爱护，得到某些群体的承认、接纳和重视。如乐于结识朋友，交流情感，表达和接受爱情，融入某些社会团体，并参加他们的活动等。

（4）自尊的需要，即希望获得荣誉，受到尊敬，博得好评，得到一定社会地位的需要。自尊的需要是与个人的荣辱感密切联系在一起的，它涉及独立、自信、自由、地位、名誉、被人尊重等方面的内容。

（5）自我实现的需要，即希望充分发挥自己的潜能，实现自己的理想抱负的需要。自我实现是人类最高级的需要，它涉及求知、审美、创造和成就等内容。

课堂活动二

网络消费者行为分析

*活动目的：*帮助学生掌握网络消费者行为分析的基本方法。

*活动内容与要求：*自选主题，借助网络进行消费者行为分析。

*结果与检测：*抽查了解分析情况。

*提示：*任何生活消费都离不开群体，不同的群体受其生活环境、接触人员、社会背景等因素的影响，会形成不同的价值观、生活方式、群体规则、行为准则。分析影响消费者的行为因素，对于有针对性地分析企业网络营销活动具有积极意义。

课堂活动三

竞争对手分析

*活动目的：*帮助学生掌握竞争对手分析的方法。

*活动内容与要求：*自选主题，借助网络分析竞争者。

*结果与检测：*抽查了解分析状况。

*提示：*古人云，"同行是冤家"，但是，并不是所有的同行都是竞争者。竞争者分析需要找到企业或项目的竞争者。他们的市场定位、目标受众、商业模式等具有一定的共性。

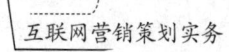

课堂训练

训练内容：团队主题项目网络营销环境分析。

训练要求：

1. 对团队选题进行网络营销环境分析。注意分工合作，统筹兼顾。
2. 制作汇报PPT，汇报讨论，修改。

任务 3 网络营销策划的SWOT分析

案例分析

SWOT 分析

某炼油厂的 SWOT 分析

某炼油厂的 SWOT 分析如表 4-1 所示。

表4-1 某炼油厂SWOT分析

企业外部因素	对策	企业内部因素
	内部实力（S） 1. 研究开发能力强 2. 产品质量高、价格低 3. 通过 ISO9002 认证	内部弱点（W） 1. 营销人员和销售点少 2. 产品小，包装少 3. 缺少品牌意识 4. 无形投资少
外部机会（O） 1. 产品需求增加 2. 产品需求多样化 3. 产品优惠政策	实力+机会（SO） 1. 研发新产品（根据 S1、O2） 2. 继续提高产品质量（根据 S1、S2、O1、O2） 3. 进一步降低产品成本（根据 S1、S2、O3）	弱点+机会（WO） 1. 制定营销战略（根据 W3 和 O1、O2） 2. 增加营销人员与销售点（根据 W1 和 O1） 3. 增加产品小包装（根据 W2 和 O1、O2）
外部威胁（T） 1. 进口油品广告攻势强 2. 进口油品占据很大市场份额	实力+威胁（ST） 1. 通过研发提高竞争力（根据 S1、T1、T2） 2. 发挥产品质量和价格优势（根据 S2、T2） 3. 宣传 ISO9002 认证效果（根据 S3、T1）	弱点+威胁（WT） 1. 实施品牌战略（根据 W3、W4 和 T1、T2） 2. 开展送货上门售后服务（根据 W3、W4 和 T1、T2）

问题讨论：

想一想如何根据现阶段石油市场情况，为某炼油厂提出营销战略调整的合理化建议。

📚 **课堂活动**

关于 SWOT 分析讨论

活动目的：培养意识、训练思维。

活动内容与要求：搜集网络资料，了解 SWOT 分析法，并讨论 SWOT 分析法中的优势与机会、劣势与威胁有什么区别。

结果与检测：充分地运用 SWOT 分析法分析项目的机会与威胁、优势与劣势，并提出项目发展的建议。

提示：机会与威胁是项目的外部环境因素，优势与劣势是项目内部环境因素。任何项目都要抓住机会规避威胁，充分发挥企业优势，改良与弥补劣势。

📚 **背景知识**

网络营销策划的 SWOT 分析

（一）SWOT 分析法基本概念

SWOT 分析法（也称 TOWS 分析法、道斯矩阵），即态势分析，就是分析与研究对象密切相关的各种主要内部优势（Strength）、劣势（Weakness）和外部的机会（Opportunity）、威胁（Threat）等，利用这种方法可以从中找出对自己有利的、值得发扬的因素，以及对自己不利的、要避开的东西，发现存在的问题，找出解决办法，并明确以后的发展方向。SWOT 分析法是 20 世纪 80 年代初由美国旧金山大学的管理学教授韦里克（Heinz Weihrich）提出的。运用这种方法，可以对研究对象所处的情景进行全面、系统、准确的研究，从而根据研究结果制定相应的发展战略、计划及对策等。SWOT 分析法常常被用于制定集团发展战略和分析竞争对手情况，在战略分析中，它是最常用的方法之一。图 4-2 为 SWOT 分析法的概念图。

	优势（S）	劣势（W）
机会（O）	SO 战略（增长型战略）	WO 战略（扭转型战略）
威胁（T）	ST 战略（多种经营战略）	WT 战略（防御型战略）

图 4-2 SWOT 分析概念图

优势与劣势是针对企业内部环境而言的。优势是组织机构的内部因素，具体包括：有利的竞争态势、充足的财政来源、良好的企业形象、技术力量、规模经济、产品质量、市场份额、成本优势、广告攻势等。劣势也是组织机构的内部因素，具体包括：设备老化、管理混乱、缺少关键技术、研究开发落后、资金短缺、经营不善、产品积压、竞争力差等。

机会与威胁是针对企业外部环境而言的。机会是组织机构的外部因素，具体包括：新产品、新市场、新需求、外国市场壁垒解除、竞争对手失误等。威胁也是组织机构的外部因素,具体包括:新的竞争对手、替代产品增多、市场紧缩、行业政策变化、经济衰退、客户偏好改变、突发事件等。

SWOT方法的优点在于考虑问题全面,是一种系统思维,而且可以把对问题的"诊断"和"开处方"紧密结合在一起,条理清楚,便于检验,所以应用比较广泛。

(二)某炼油厂的SWOT分析

某炼油厂是我国最大的炼油厂之一,至今已有50多年的历史,目前已成为具有730万吨/年原油加工能力,能生产120多种石油化工产品的燃料－润滑油－化工原料型的综合性炼油厂。该厂有6种产品获国家金质奖,6种产品获国家银质奖,48种产品获114项优质产品证书,1989年获国家质量管理奖,1995年8月通过国际GB/T19002—ISO9002质量体系认证,成为我国炼油行业首家获此殊荣的企业。

该厂研究开发能力比较强,能自主研制生产各种类型的润滑油。当年德国大众的桑塔纳落户上海,它的发动机油需要用昂贵的外汇进口。1985年公司进行调研,建立实验室,成功地研制出符合德国大众公司标准的油品,拿到了桑塔纳配套用油的认可证。之后,又及时研制出符合标准的新产品,满足了桑塔纳、奥迪的生产和全国特约维修点及市场的用油。

但是,该炼油厂作为一个生产型的国有老厂,在传统体制下,产品的生产、销售都由国家统一配置,负责销售的人员只不过是做些记账、统账之类的工作,没有真正做到面向市场。在向市场经济转型的过程中,作为支柱型产业的大中型企业,主要产品在一定程度上仍受到国家的宏观调控,在产品营销方面难以适应激烈的市场竞争。该厂负责市场销售工作的只有30多人,专门负责润滑油销售的就更少了。

上海市的小包装润滑油市场每年约2.5万吨,其中进口油占65%以上,国产油处于劣势。究其原因,一方面在产品宣传上,进口油全方位大规模的广告攻势可谓是细致入微,并且促销形式多种多样;而国产油在这方面的表现则是苍白无力的,难以应对。另一方面,该厂油品过去大多采用大桶散装,大批量从厂里直接销售了,供应大企业大机构,而很少以小包装上市,加上销售点又少,一般用户难以买到经济实惠的国产油,而只好购买昂贵的进口油。

根据该炼油厂的上述情况,可以利用SWOT法进行分析。根据分析结果,为了扭转该炼油厂在市场营销方面的被动局面,应该考虑采取如下措施:制定营销战略;增加营销人员和销售点;增加产品小包装;实施品牌战略;开展送货上门和售后服务;开发研制新产品;继续提高产品质量和降低产品成本;发挥产品质量和价格优势;宣传ISO9002认证效果;通过研究开发提高竞争能力。

(资料来源:http://blog.ceconlinebbs.com/BLOG_ARTICLE_102511.HTM.)

小思考

如何根据以上案例资料进行矩阵模式分析?

问题讨论:
如何根据现阶段石油市场情况为该炼油厂提出营销战略调整的合理化建议?

> 知识链接

中国电信的 SWOT 分析

在过去的一年里，中国电信的新闻热点、焦点不断。电信资费的调整、中国电信南北大分拆及中国电信将面临入世挑战等让人们瞩目。在新的一年里，中国电信又将上演一场"与狼共舞"的惊险剧目。面对激烈的市场竞争，对中国电信进行 SWOT 分析，也许能让大家对中国电信未来的发展有一个清醒的、客观的认识。

1. 中国电信的优势和劣势分析

自 20 世纪 80 年代中期起，中国电信经历了近 20 年的高速发展，已经形成了规模效益。尽管此间经历了邮电分营、政企分开、移动寻呼剥离、分拆重组等一系列的改革，但在中国的电信业市场上，中国电信仍具有较强的竞争和发展优势，主要表现在客户资源、网络基础设施、人才储备、服务质量等方面。

（1）中国电信市场引入竞争机制后，中国电信与中国移动、中国联通、中国网通等运营商展开激烈竞争。中国电信南北分拆后，在保留原有大部分固定电话网和数据通信业务的同时，继承了绝大部分的客户资源，并与之保持良好的客户关系，在市场上占领了绝对的优势。1.79 亿的固定电话用户，1 500 多万的数据通信用户，为中国电信发展业务、增加收入奠定了良好的基础。

（2）中国电信基础网络设施比较完善。改革开放 30 多年来，中国电信已建成了覆盖全国，以光缆为主，以卫星和微波为辅的高速率、大容量、具有一定规模、技术先进的基础传输网、接入网、交换网、数据通信网和智能网等。同时 DWDM 传输网、宽带接入网相继建设，数据通信网络和智能网不断扩容。中国电信的网络优势已经成为当前企业发展的核心能力，同时具备了向相关专业延伸的基础和实力。

（3）中国电信在发展过程中培养和储备了一大批了解本地市场、熟悉通信设备、能力较强、结构合理的管理和专业人才。同时中国电信还积累了大量丰富的运营管理经验，拥有长期积累的网络管理经验、良好的运营技能和较为完善的服务系统。

（4）中国电信日趋完善的服务质量。中国电信成立了集团客户服务中心，为跨省市的集团客户解决入网需求；中国电信还建立了一点受理、一站购齐的服务体系，最大限度地方便用户；紧接着中国电信推出了首问负责制，解决了企业在向用户提供服务过程中的相互扯皮、相互推诿的问题；另外，中国电信还设立了服务热线（10000）、投诉热线（180）等，建立了与用户之间的沟通桥梁，提供互动式服务。

虽然中国电信具有一定的发展优势，但我们应该辩证地看待这些优势。辩证法告诉我们，优势和劣势都是相对的，即在一定的条件下，优势很可能会转变成劣势。中国电信虽然拥有丰富的客户资源、完善的网络设施及大量的储备人才，但缺乏现代企业发展所必需的战略观念、创新观念、人力资源开发管理、人文环境建设及与此相适应的市场制度环境。业内人士认为，中国电信拥有资源优势，但却缺乏资源运作优势。一旦不慎，优势很可能会转变成劣势。目前，中国电信的劣势主要表现在以下几方面：

（1）企业战略管理与发展的矛盾。一方面是企业决策层只重视当前战术和策略，忽视长远战略，湮没在日常经营性事务中，不能统观大局；另一方面，企业缺乏应对复杂多变环境的企业运作战略策划人才。这个问题是当前实现企业持续发展、保持长久竞争优势的核心问题。

（2）企业内部创新与发展的矛盾。面对计划经济的职能化业务流程，管理模式、组织模式已经表现出与快速发展的不适应，并逐步成为制约电信企业参与全球化竞争的主要因素。ERP、管理和组织模式的改革创新及企业特色人文环境的建设是实施企业发展战略应考虑的焦点问题。

（3）中国电信现有的基础设施不能为用户提供特色服务。中国电信虽然拥有比较完善的网络基础设施，但这大都不是根据市场的实际需要建设的，而是为了满足普遍服务的需要而建设的。

（4）拆分让中国电信由主体电信企业降级为一个区域性的电信企业。新的中国电信的主要阵地将固守在南方市场，而北方市场将由中国网通占领。虽然受到拆分影响，但中国电信的实力仍然最强，只是苦于无全国网络，无法开展全国性的业务。

2. 中国电信的机会和威胁分析

我国国民经济的快速发展及加入WTO，都为我国的信息化建设和通信发展提供了前所未有的发展机遇，同时也为中国电信提供了巨大的机会，主要表现为：

（1）国民经济的持续快速发展，形成了潜力巨大的市场需求，为中国电信提供了更大的发展空间。据有关研究报告测算，到完成加入WTO的各项承诺之后的2005年，中国GDP和社会福利收入分别提高1 955亿元和1 595亿元人民币，占当年GDP的1.5%和1.2%。本地经济比较优势的重新配置资源所带来的巨大收益将进一步增强当地经济实力，而且加入WTO推动了外资的引进和内需的拉动。加入WTO后各地极大地改善了投资环境，法律透明度和国民待遇的提高吸引了大量外来资本，本地企业实力得到了提高和增强，企业电信消费水平随之提高。劳动力市场结构的调整和转移必然带来社会人员的大量流动，同时拉动巨大的通信需求，话务市场将进一步激活。

（2）电信业法律法规不断健全完善，电信业将进入依法管理的新阶段，为中国电信的发展创造了公平、有序的竞争环境。随着电信业法制的健全，政府的经济职能将发生根本的转变，政府会把企业的投资决策权和生产经营权交给企业，让企业经受市场经济的考验。这意味着政府将给中国电信进一步松绑，给予应有的自主权，有利于中国电信按市场经济规律运作。

（3）中国政府大力推进国民经济和社会信息化的战略决策，为中国电信的发展创造了历史性的机会。"三大上网工程"（政府上网、企业上网、家庭上网）造就了我国消费能力强劲的信息产业市场，为我国信息产业市场创造良好环境的同时，使我国成为全球最大的信息产业市场之一。

（4）中国加入WTO后电信市场逐步对外开放，加快了企业的国际化进程，有利于企业的经营管理、运作机制、人才培养与国际接轨。同时可促进中国电信借鉴国外公司的管理经验，积极地推进思维、技术、体制创新，提高产品档次，降低成本，完善服务质量，改进营销策略，增强核心竞争力。

（5）电信市场潜力巨大。首先，我国经济发展不平衡，地区之间、消费层次之间的差异决定了电信需求的多层次和多样化，而通信技术的飞速发展，促进电信企业的网络升级换代和业务的推陈出新，在固定电话网与计算机通信的融合点上开发新业务潜力巨大，激发出新的消费需求。因此，从总体上看，我国电信市场孕育着巨大的需求潜力。其次，从固定电话看，中国电信平均主线普及率只有13.8%，远低于发达国家平均水平。主线收入、盈利水平和市场规模也与发达国家平均水平相差甚远，发展的空间和潜力仍旧巨大。最后，从中国电信的其他业务看，互联网和固网智能网业务的市场规模和盈利能力将随着企业外部环境层次的提高而不断扩大。

（6）移动牌照的发放。工信部前部长吴基传曾经在公众场合说过，中国拥有4个综合电信运营商，他们能够经营固定、移动、数据和其他各种基础电信业务。目前，移动通信领域是潜力最大、竞争最激烈的通信领域，成了各电信企业的必争之地。

正所谓机会与威胁同在。任何事件的影响都是相对的，中国电信在迎接巨大机会的同时也将面临巨大的威胁，具体表现在以下几个方面：

（1）电信市场竞争格局由局部转向全面、由简单转向多元。首先，在竞争趋势方面，国内市场竞争将由价格竞争向核心能力创新竞争过渡。在过渡期间，市场份额的抢夺将成为市场跟随者的发展重点。其次，加入WTO后的国际资本竞争压力也将逐步增大。国外电信运营商将通过兼并、联合和收购等方式实现服务全球化的速度不断加快。中国电信市场的ICP、Email、数据库、传真、视频会议等增值业务首先受到较大冲击，对电信企业的稳定增长产生影响。

（2）中国电信人才流失较为严重。国内外许多公司采用高薪、高福利等政策吸引中国电信人才，造成中国电信人才严重流失。这一问题至今仍未得到解决。人才的流动是竞争的必然结果，是关系到中国电信生存发展的关键问题。因此，如何体现人才价值、发挥人才潜能，是中国电信必须正视的一个问题。

（3）非对称管制对中国电信的影响。中国电信在经营许可、互联互通、电信资费、电信普遍服务等方面受到相对严格的行业管制。在目前的中国电信市场上，管制的不平等已经制约了中国电信的发展，在日趋激烈的电信市场竞争形势下，不尽快进行改革，中国电信只有死路一条。电信公司不久后也将通过上市进行机制转换，进入与中国联通、中国移动相同的机制平台，从而开展有效的公平竞争。

资料来源：http:www.youshang.com/content/2010/12/02/87570.html

团队训练

【训练内容】专题环境分析。

【训练要求】

1. 在调研的基础上，用SWOT分析法完成团队项目网络营销环境分析。
2. 要求制作5分钟的环境分析PPT，进行汇报。
3. 团队间相互点评，教师点评，修改方案。

项目五

网络营销战略策划

教学目标

通过本项目的学习与训练，学生能够深入理解网络营销战略与策略的基本含义；理解网络营销策划战略目标；学会在市场细分的基础上对项目进行目标市场的选择与恰当的定位，并确定企业的战略目标。

教学要求

1. 学会市场细分的基本方法，能够进行完全市场细分
2. 学会目标营销、市场定位的方法和步骤
3. 能够应用目标市场营销解决实际问题

能力目标

能够根据网络营销项目实际情况进行准确定位

项目导航

市场营销战略是企业根据现代市场营销观念，在市场调研的基础上，对一定时期内市场营销发展做出的总体设想和规划。企业市场细分是目标市场选择的基础，目标市场选择的目的是为企业及其产品进行恰当的市场定位。所以，市场细分、目标市场选择、市场定位（简称"STP"）是企业制定市场营销组合策略的前提和依据。企业通过选择和确定目标市场，可以分析和发现市场机会，分析市场竞争状况，开拓新的目标市场，可以有针对性地为目标市场制定市场营销策略，并将企业的定位及相关信息准确地传达给目标顾客。

导入案例

"国货汇"的目标市场

"国货汇"是一个集商城与资讯为一体的综合性网站,主推经典国货品牌中的化妆品,辅推服装、鞋子。化妆品包括百雀羚、谢馥春、孔凤春三大品牌,服装有海魂衫、梅花牌运动服,鞋品牌有回力鞋、飞跃胶鞋等。网站经营的国货产品质量优良,价格合理。

2006年,新裤子乐队《龙虎人丹》专辑的发行引领了一股以梅花运动衣和回力球鞋为代表的国货复兴热潮,至今未衰。2011年,淘宝网推出"80后"童年经典回忆专场,拍拍网推出"国货:60年60品牌"专题,引发了一轮又一轮国货产品网购的热潮。国货热从豆瓣和天涯的论坛里蔓延至现实生活中,不少人都开始重新使用那些已经凝固在记忆中的经典品牌。百雀羚、谢馥春、孔凤春、蜂花护发素、海魂衫、回力鞋等,这些产品在几乎没有广告宣传的情况下在网上又变得抢手起来。

2011年,时尚潮流瞬息万变,经典怀旧的国货时尚,重新回炉,得到了广大"80后""90后"的青睐。"90后"们发现,妈妈们当年使用的那些化妆品原来也很可爱,并且很酷。"这些老牌子吸引我们的是它们身上留存的那个年代的某种精神",网络上流传着这样的时尚宣言。

国货汇网站的目标客户是"60后""70后""80后"的怀旧人群(他们对国货充满爱国情感和怀旧情结)以及"90后"的时尚人群(他们对国货潮表现出了极高的热情)。网站运营的中后期,目标人群逐渐扩大到所有网购人群。

由于项目创意符合市场需求特征、定位合理,且运营效果好,因此在全国大学生电子商务"三创赛"获得一等奖。

思考:"国货汇"市场细分及目标市场选择给你哪些启示?

(资料来源:根据第三届全国大学生电子商务"三创赛"项目——浙江工贸职业技术学院作品介绍资料改编)

小贴士

STP——当代营销战略的核心。

——菲利普·科特勒

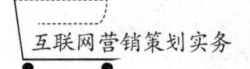

任务 1 细分项目市场

案例分析

"老人俱乐部"的市场细分

中国在今后一个很长的时期内都保持着很高的增长速度，属于老龄化增长速度最快的国家之一。在生活节奏越来越快的今天，作为家中主心骨的夫妇也承受着越来越大的压力：在精神上，现代快节奏的生活使年轻人在事业上疲于奔命、争分夺秒，照顾老人的时间越来越少，在赡养老人的过程中物质所占的比例越来越大，对老年人的精神关怀似乎已经因力不从心而渐渐忽略。由于工作繁忙，一对夫妻无法抽身照顾4个老人，"421"家庭直接导致"空巢老人"的出现。在现代社会，最让独生子女为难的是让子女拿出时间和精力在生活上照料老人，子女和老人在情感上的渐渐疏离使家庭养老所追求的共享天伦之乐的精神照顾也正逐渐缺失。于是成立了"老人俱乐部"项目，通过线下与线上结合，为老年人提供服务，包括对不同级别的会员提供特权服务（装扮空间、珍藏歌曲和照片、同城旅游等）、对不同的老年人进行不同等级的照顾等。

该项目网站将客户分成以下几类：未退休的老年人、退休的老年人、工作忙碌的子女等人群。

问题讨论：
1. 请指出"老人俱乐部"项目是怎么进行市场细分的？细分标准是什么？
2. 市场细分有什么作用？

课堂活动

细分网络快餐市场

活动目的：能够在市场调研的基础上，学会进行正确的市场细分。

活动内容与要求：利用课余时间分组调研；对网络快餐顾客群体进行市场细分；小组代表汇报发言，其他同学做补充。

结果与检测：能够在市场调研基础上科学地对网络快餐市场进行细分。

提示：注意调研的科学性、调研对象的代表性；细分标准的正确性；细分市场的完全性。

背景知识

细分项目市场

一、市场细分的概念

某种产品的市场是它的全部消费者，因而每种产品的消费者数量都是非常巨大的。但一般来说，人们对某种产品的具体需求并不完全相同，甚至差异很大。总之，人们的具体需求是有差异的。所以，即使是规模巨大的企业，也不可能满足全部消费者的需求，只能针对部分消费者的需要予以满足。要做到这一点，就必须进行市场细分。

所谓市场细分，就是营销者通过市场调研，依据消费者或用户的需要与欲望、购买行为和购买习惯等方面的明显的差异性，把某一产品的市场整体划分为若干个消费者群的过程。在这里，每一个消费者群就是一个细分市场，亦称"子市场"或"亚市场"；每一个细分市场都是由具有类似需求倾向的消费者构成的群体。因此，分属不同细分市场的消费者对同一产品的需要与欲望存在着明显差别，而属同一细分市场的消费者的需要与欲望则具有相似性。例如，有的消费者希望产品价格低廉；有的消费者要求质量好，价格适中；还有的消费者则要求环境幽雅，服务上乘。可见，市场细分不是对产品本身进行的分类，而是对同种产品需求各有一定差异的消费者进行的分类，从而识别具有不同需要或欲望的消费者群。

市场细分的客观基础是同一产品的消费需求的多样性。从需求角度来看，各种产品的市场可以分为同质市场和异质市场两类。凡消费者或用户对某一产品的需求、欲望、购买行为及对企业营销策略的反应等方面具有基本相似性，这种产品的市场就是同质市场。显然，同质市场无须细分。但是，绝大多数产品的市场都是异质市场，即消费者或用户对这种市场中的产品的品质、特性、规格、档次、价格等方面的需要与欲望是不相同的，或者在购买行为、购买习惯及对企业营销策略的反应等方面存在着差异性。正是这些差异，使市场细分成为可能。所谓市场细分，也可以说就是把一个异质市场划分为若干个相对来说是同质的子市场的过程。

当然，同质市场和异质市场也是可以相互转化的。在以前是相对的同质市场，但是随着人们生活水平的提高，这个市场愈来愈成为异质市场。这样原来没有必要进行细分的市场，此时却需要进行细分了。

市场细分并不总是意味着把一个整体市场加以分解。实际上，市场细分常常是一个聚集的过程，即依据一种或多种变量把对某种产品的某些特点敏感的消费者或用户集合成群，以使其规模能够达到实现其目标的水平。

二、市场细分的作用

市场细分是未来的潮流，也是为顾客提供更好服务或更高质量产品的一种良好措施，更是为企业自身节约资源的有效途径。当然一家企业要想在未来激烈的市场竞争中不被淘汰，必须发挥自身优势，做好、做大、做强自己的优势项目，摒弃自己的劣势项目，只有这样才能在激烈的市场竞争中集中优势兵力占领市场高地。

（一）为什么要进行细分化

一是为了给顾客提供更好的服务；二是为了节约企业资源、降低成本；三是为了让项目在将来激烈的市场竞争中赢得市场。将来的市场是一个个性化的市场，是一个充满不同需求的市场。所以一个项目或一个企业，不可能满足所有人群的所有需求，即使勉强能全部提供这些服务，但在提供的一些服务上也是粗制滥造的，根本无法达到顾客的要求。所以要想在竞争中立于不败之地，项目组只有根据自身优势选择这个市场的一个细分市场去做大做强，才能在激烈的市场竞争中不被淘汰。

（二）市场细分的作用

市场细分是目标营销的基础，它对于企业经营获得成功具有很大的作用。其作用具体有以下几点：

1. 有利于发掘最佳的营销机会

通过市场细分，企业可找到市场上竞争者现有产品不能满足的需求，从而找到对自己最有利的营销机会。一个未被竞争者注意的较小的子市场，可能比大家激烈争夺的大市场能给企业带来更多的效益。特别是对知名度不高或实力不强的小企业来说，市场细分可以使它们有可能找到适合自己的营销机会，在大企业的空隙中求得生存和发展。

2. 有利于企业及时调整营销策略

市场需求是不断变化的，而在整体市场中，各细分市场的变化情况又是不同的，如在服装市场中，青年服装的需求变化特别快。通过市场细分，企业能发现每个细分市场的变化特点，然后根据各细分市场的变化情况及时地调整企业的营销策略，使企业有较强的应变能力。

3. 有利于把有限的资源集中于目标市场上

正如在战场上全面出击不如集中优势兵力打歼灭战一样，在整体市场上到处开花，也不如集中力量打入目标市场，发展特色产品，更能提高企业知名度和市场占有率。比如，"国货汇"项目，专门针对细分市场的需求，集中企业实力满足"怀旧"目标消费者群的需求。

4. 可帮助企业增加利润或更好地达到其他目标

由于进行了市场细分，企业就不必大量生产、大量分销或大量促销，从而可依靠专门化，以有限的资源和能力获得较大的成功。市场细分策略，通常都不是追求销售量最大化的方法，公司实施这一策略，可以以较少的控制成本有效地吸引一个细分市场中的大部分顾客，获得大部分市场份额。另外，实施市场细分策略，还可使企业在竞争中趋利避害，有较大的回旋余地。因为在当今国内外市场中，虽然总体上竞争非常激烈，但也存在很大的不平衡性，总存在一些空当。通过市场细分，就可找出总体市场中这些竞争不甚激烈的部分，或自己可以发挥竞争优势的领域。企业通过市场细分，找出这一细分市场并选为目标市场，在这一细分市场中，其他竞争者要进攻自己是较困难的，从而可更好地保卫自己。

> **小贴士**
>
> 以创业项目或熟悉的企业为例说明市场细分的含义。
>
> ——菲利普·科特勒

三、市场细分的要求

企业实施市场细分策略,必须注意市场细分的实用性和有效性。事实上,无论是消费者市场,还是组织市场,并非所有的市场细分都有效或有用。例如,如果用 15 个细分变量的组合来细分市场,那么,从理论上讲,这 15 个变量的不同交错组合,就会得出 522547000 个细分市场。显然,这是没有任何实际意义的,无益而有害。成功、有效的市场细分,应当考虑以下 4 个方面的条件,或者说,应当遵循 4 条基本准则。

(一)可衡量性

细分的市场必须是可以识别的和可以衡量的,亦即细分出来的市场范围比较明晰,能大致判断其大小。为此,据以细分市场的各种特征应是可以识别和衡量的。如男女性别的人数、各个年龄组的人数、各个收入组的家庭数,都是可以测量的。然而,也有一些因素是不易测量的,例如,要测量有多少消费者是"爱好家庭生活的人",那就相当困难了。凡是企业难以识别、难以测量的因素或特征,都不能据以细分市场,否则,细分的市场将会因无法界定和度量而难以描述,市场细分也就失去了意义。

(二)效益性

细分出来的市场必须大到足以使企业实现它的利润目标。在进行市场细分时,企业必须考虑细分市场上顾客的数量、他们的购买能力和产品的使用频率。有效益的细分市场,应是那些拥有足够的潜在购买者的市场,并且他们有充足的货币支付能力,使企业能够补偿生产与营销成本,并获得利润。为此,市场细分不能从销售潜力有限的市场起步。比如,汽车制造公司不应该对身高 1.5 米以下的人进行市场细分。

(三)可进入性

细分的市场应是企业的营销活动能够通达的市场,亦即细分出来的市场应是企业能够对顾客发生影响、产品能够展现在顾客面前的市场。这主要表现在两个方面:一是企业能够通过一定的宣传媒体把产品信息传递给该市场的众多消费者;二是产品能够经过一定的销售渠道抵达该市场。考虑细分市场的可进入性,实际上就是考虑企业营销活动的可行性。很明显,对不能进入或难以进入的市场进行细分是没有意义的。

(四)反应差异性

细分出来的各个子市场,对企业营销组合中任何要素的变动都能做出有差异性的反应。如果几个子市场对于一种营销组合的变化按相似的方式做出反应,就不需要为每一个子市场制定一个单独的营销组合。例如,如果所有子市场按同一方式对价格变动做出反应,就无须为每一子市场规定不同的价格策略。这样,也就没有必要进行市场细分。

四、市场细分的程序

进行市场细分没有统一的模式,但下面是一个可供参照的构架。

(一)确定潜在顾客范围

任何企业都应有自己的使命和目标,并以此作为制定发展战略的依据。当其决定了进入哪一个行业,就应考虑选定可能的顾客范围。

潜在顾客范围应根据市场的需求而不是产品特性来定。如对于"国货汇"项目，如果项目组从产品特性来确定潜在顾客范围的话，它可能认为该项目只会是喜爱运动的消费群体或低收入人群，但是从项目特征及市场需求的角度分析，便可看到许多非低收入者也是潜在顾客。比如说，有些人收入并不低，追求的是一种时尚、一种怀旧消费。

（二）列举潜在顾客的基本需求

选定潜在顾客范围后，企业的营销部门可从地理位置、行为和心理变量等方面，大致估算一下潜在的顾客有哪些需求。譬如，一家网络快餐酒店，必须比较清晰地估算潜在的顾客有哪些需求或需求层次等。

（三）分析潜在顾客的不同需求

在上面初步分析的基础上，企业再按人口变量做进一步的调查，向不同的潜在顾客了解上述需求中哪些对他们更为重要。

（四）删去潜在顾客的共同需求

这是指删去各细分市场或各顾客群的共同需求。这些共同需求固然很重要，但只能作为设计营销组合的参考，不能作为市场细分的基础。例如，"国货汇"项目片面追求时尚的人群，在细分市场时则要删去。

（五）进一步认识各细分市场的特点

接下来企业应该更深入地考察各细分市场的特点，以便进一步明确上述各细分市场有没有必要再做细分或重新合并。这也是为以后采取营销措施做准备。对于能同时适合某两类的顾客，针对他们的广告宣传和人员推销的方式可以有所不同。企业要善于发现这些差异。

（六）测量各细分市场大小

以上步骤基本决定了各细分市场的类型。最后，企业就应着手测量每个细分市场潜在顾客的数量。因为企业进行市场细分，是为了寻找获利的机会，这就取决于各细分市场的潜在销售量。如果有的细分市场潜在顾客很少，那么这一细分市场对企业的意义就不大。

五、市场细分的依据

由于居住地区、气候、年龄、性别、收入、家庭状况、生活习惯等因素的影响，不同的消费者群都会有不同的需求与动机。而这些不同的需求与动机，也即所谓的"细分变数"，正是细分消费者市场的标准。具体而言，细分消费者市场所依据的变数可分为地理变数、人口变数、心理变数和行为变数四大类，如表5-1所示。

表5-1　市场细分标准

细分变数	举　例
1.地理变数	
气候区别	热带、温带、寒带
地形区别	山区、平原
国家区别	发达国家、发展中国家
城乡状况区别	大城市、中小城市、乡镇、农村

续表

细分变数	举 例
2. 人口变数	
年龄	老年、中年、青年、少年、儿童、婴幼儿
性别	男性、女性
职业	工人、农民、公务员、教师
收入	高收入、中等收入、低收入
教育	大学以上、大专、中专、高中、初中、小学
家庭规模	5人以上、4人、3人、2人、1人
家庭生命周期	单身、成家
民族	汉族、回族、蒙古族、壮族
宗教	佛教、伊斯兰教、基督教
3. 心理变数	
性格	外向型、内向型、理智型、冲动型、冒险型、守旧型
生活方式	奢侈、豪华、实用、节俭
购买动机	求实、求安、求新、求美、怀旧、慕名、从众
4. 行为变数	
使用动机	日常购买、应急购买、冲动购买、慎重购买
消费利益	主要利益、次要利益
使用者状况	非使用者、曾用者、潜在使用者、初次使用者、经常使用者
使用程度	大量使用、中量使用、少量使用

（一）地理变数

地理状况这一细分变数，主要包括消费者所居住的地区，如东北、华北、西南、华南或山区、平原、内陆、沿海，以及这些地区的自然特点，如人口密度、气候、城市规模等。消费者的需求和欲望常常受到这些地理变数的影响也是显而易见的，因此企业可以分别利用各个地理变数或其组合来细分自己的市场。

1. 按地理位置细分

地区位置不同，首先会反映文化和社会价值观的差异。例如，某一地区可能会比别的地区更保守，另外还会影响促销的难易。正如四川人喜欢辣、上海人喜欢甜、北方人喜欢咸。

2. 按人口数量和密度细分

人口数量和密度意味着该地区是否有足够的居民以产生相当的销售额，以及开展一项营销活动的代价有多大。尤其是以人口密度的不同细分出的城市、郊区、乡村市场，其现实意义更大。人口密度直接决定着项目的规模与层次。

3. 按气候细分

地区气候不同会影响一系列商品的消费，如北方人喜欢穿大衣、南方人喜欢穿短衫，都源于气候的差异。

上述这些按地理状况细分市场的方法虽有不少优点，如可把市场营销准确地集中到潜在顾客居住的地方，提供当地需要的产品，有效地利用当地或地区的广告媒体，合理地设置销售机构和储运设施等，但也存在一些重大缺点：消费者的偏好往往与其居住地没有明显的联系，而经济的、人口统计方面的因素似乎对消费的影响更直接，而且按地理细分的市场都较大，不符合经济工作要愈做愈细的原则。所以，近年来一种把地理细分与人口统计细分结合起来的新方法，即地理人口细分技术得到了广泛的推广。企业可更方便而有效地对这些地区的消费者开展推销和促销活动。

（二）人口变数

按人口统计的市场细分是以描述人口一般性特征的人口统计变数，如年龄、性别、收入、职业、教育、宗教、种族或国籍等，将市场划分为不同群体。由于以人口变数来细分市场比其他变数更容易衡量，且适应范围比较广泛，因此许多消费者市场都可按这一方法进行细分。

1. 按年龄细分

人们在不同年龄阶段，由于生理、性格、爱好的不同，对消费品的需求往往有很大的差别。因此，可按年龄范围细分出许多各具特色的消费者市场，如儿童市场、青年市场、中年市场、老年市场等。

2. 按性别细分

不仅不少商品在用途上有明显的性别差异，如女性喜时尚、男性爱体面大方，而且在购买行为、购买动机、购买角色方面，两性之间也有很大差别。

3. 按收入细分

人们收入水平的不同，不仅决定其购买商品的性质，如收入高的家庭就会比收入低的家庭购买更高价的商品，而且还影响其购买行为和购买习惯。

4. 按民族细分

世界上大部分国家都拥有多种民族。我国更是多民族的国家，这些民族都各自有自己的传统习俗、生活方式，过着不同的社会经济生活，从而呈现出各种不同的商品需求。只有按民族这一细分变数将市场进一步细分，才能充分满足各族人民的不同需求，并进一步扩大企业的产品市场。

5. 按职业及教育状况细分

从事不同职业的人其消费需求是有很大区别的。其主要原因是从事不同职业的人所获的收入不同。另外，不同职业的特点也会引起许多需求上的差异。

至于教育状况的不同会引起不同的需求，也是显而易见的。因为教育程度不同的人，在志趣、生活方式、文化素养、价值观念等方面都会有所不同，因而会影响到他们的购买种类、购买行为和购买习惯。

（三）心理变数

按心理的市场细分是将购买者按其生活方式、性格、态度细分成不同的群体，即同一人口统计变数的人对产品的需求表现出差异性甚大的心理现象。其细分方法主要有：按生活方式细分、按态度细分和按利益追求细分。

1. 按生活方式细分

生活方式是人们生活和花费时间及金钱的模式。可根据消费者的不同生活方式划分出各种明显的细分市场。例如，深居简出者，他们大都在家里度过闲暇时间，是以家庭为中心的人；时髦人物则大都热衷于社交活动；事业心重的人则将大部分闲暇时间用在考虑工作上。这样，就可根据消费者所花时间从事的活动进行市场细分。

2. 按态度细分

它是指根据消费者对公司及其商品的态度进行分类并采取相应的营销措施。如对持中间态度的消费者（"我曾听说过某品牌，但我并不真正了解它"），应大力开展资料丰富的、有说服力的促销活动；对抱积极态度的消费者（"某品牌是市场上最好的产品"），应利用接连发出的广告与消费者签订合同的办法加以巩固；对待消极态度的消费者（"某品牌比另外某品牌大大低劣"），要改变其态度是较困难的，应在广告宣传上具体化，并改进产品质量，提高公司形象。一般说来，公司放弃这一细分市场是合适的，因为公司进行市场细分，并不是要公司利用一种营销努力来满足所有消费者群体的要求。

3. 按利益追求细分

它是指按消费者对所购产品追求的不同利益来分类的。这种方法首先要断定消费者对有关产品所追求的主要利益是什么，追求各种利益的各是什么类型的人，该类品牌的商品提供了什么价值，然后根据这些信息来采取相应的市场营销策略。

（四）行为变数

将购买者按其对产品的理解、态度、使用或反应来细分成不同的群体，具体来说包括下列各种细分。

1. 按使用率细分

使用率是指消费者购买产品或服务的数量，消费者有的可能使用很少，有的使用一些，有的大量使用。由此可细分出产品的轻度、中度和重度使用者市场。重度使用者一般在市场上所占比例不大，但他们的消费量可能在全部消费量中所占比例最大。一般来说，某个产品的重度使用者通常具有共同的人口、心理特征和习惯接触的媒体。根据这种形象特征可制定价格、信息、广告媒体等方面的策略。但在致力于为重度使用者细分市场服务时，不要犯忽视轻度使用者的错误，因为有时轻度使用者会转变为重度使用者，也可能从未使用者中产生出新的使用者。

2. 按使用情况细分

使用情况是指消费者从前是否有使用过某种产品或服务的经历，可细分为未使用者、曾使用者、潜在使用者、初次使用者和经常使用者。市场占有率高的公司特别重视将潜在使用者转变为实际使用者，而小公司则努力将使用竞争者品牌的顾客转为使用本公司的品牌。对潜在使用者和经常使用者应分别采用不同的营销方法。

3. 按使用者忠诚性细分

使用者忠诚性是指一个购买者不得不购买某一品牌商品的一种持续信仰和约束。人们可以对某些实体产品忠诚，如对健力宝饮料、水饺、海鲜的忠诚；也可对一个机构忠诚，如对消费者委员会、工商联合会的忠诚；或对一项事业忠诚，如对希望工程、治安基金的忠诚。为此，企业必须辨别他的忠诚顾客，以便更好地为他们服务。在这一过程中，首先必须弄清忠诚顾客人口统计方面的各种特点。这有时是不容易做到的，因为许多顾客是不愿意提供个人信息的。另有一种办法可提高使用者的忠诚度，就是给忠诚的顾客某种形式的回报或鼓励,如这些顾客每次向企业购物时都给予一定折扣,饭店就经常给予这种折扣。

这里介绍的四大类细分变数各有侧重,各有优劣,而现实中企业多采取多变数综合分析。而且,在进行产品细分时,可以循序渐进,越分越细。每次可以根据消费者对商品的潜在需求,取几个对消费需求影响可能较大的因素作为细分标准。一个理想的细分市场往往是由一连串的因素组合起来的。

> **小思考**
>
> 你认为下列产品主要应以哪些变数(只举出一两个最主要的变数)作为其市场细分的根据?
> (1)饮品 (2)化妆品 (3)数码产品 (4)游戏币

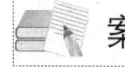

任务 2 目标市场选择

案例分析

"温州助工网"的目标市场选择

温州是全国改革开放的前沿城市、民营企业的主要集中区,中小企业达 13 万家之多,多年来是外来务工人员岗位集中提供区域。但如今,新生代打工群体和用工市场正在发生巨大的变化。温州市职业介绍指导服务中心一天内用工缺口达 2 038 个,很多企业打出了高薪、急招的招牌,整体月薪比去年高 300 元,但仍然难招人、难留人,初步估算温州全市的用工缺口将超 20 万个。某创业团队构建了"温州助工网",针对现存的外来务工人员问题,争取在温州市政府的支持、企业的合作下,通过该平台的建设与运营,给予来温务工人员适当的帮助,从而为温州企业的可持续发展、城市的建设、社会的和谐服务。

该网站提供的模式主要为:助工团队在网站上发布各类信息政策,督促政府进一步出台有利于外来务工人员的政策;外来务工人员也可以在"温州助工网"上发布遇到的问题,直接反馈到企业、政府和相关部门;针对企业招工难的问题,实施岗位技能培训,将合适的工人推荐给企业;为外来务工人员上岗提供技术咨询;倡导学生及社区退休人员利用业余时间协助外来务工人员解决子女学后辅导、小饭桌等问题。

(资料来源:浙江工贸职业技术学院学生创业团队策划作品。)

问题讨论:
1."温州助工网"的目标市场是什么?采取的是何种目标市场营销策略?
2.该项目的目标市场选择是否合理?

> 课堂活动

为某项目选择目标市场

活动目的：能够在市场细分的基础上，学会正确地选择目标市场。

活动内容与要求：分组选择当地某一具体的项目，在对项目顾客群体进行市场细分的基础上，正确地选择目标市场。

结果与检测：小组代表汇报发言，其他同学做补充。

提示：注意调研的目标市场选择应符合项目资源状况、社会竞争状况，符合目标市场选择的原则。

市场细分的目的是进行目标营销，而要进行目标营销，首先必须选择企业准备为之服务的市场，即目标市场。目标市场的选择是建立在对各细分市场的评估之上的。

一、目标市场的概念

企业的一切市场营销活动都是围绕目标市场进行的。企业在进行营销活动时，必须考虑这样一个问题：产品应该卖给谁，或者说企业产品的目标顾客是谁？哪些人会购买企业的产品？企业要搞清楚以上问题，就必须对各种细分市场进行认真的分析，根据企业的资源与能力来选择目标市场，并根据目标市场的需求实施有针对性的营销活动。企业需要评价并确定目标市场策略。因此，这个过程的本质就是寻找目标顾客。如果目标搞错了，那么企业所进行的一系列营销活动就起不到应有的效果。帮助企业寻找目标顾客就是本项目要阐述的内容。

目标市场是指通过市场细分，被企业选定的，并将以相应的产品或服务满足其现实或潜在的消费需求的某一个或某几个细分市场。

二、目标市场的选择要求

目标市场选择是企业从有利可图、有较大发展潜力的几个目标市场中，根据一定的要求和标准，选择其中某一个或某几个目标市场作为可行的经营目标的决策过程。企业市场细分的目的是选择目标市场。目标市场选择必须具备4个条件：具有足够的市场需求；市场上有一定的购买力；企业必须有能力满足目标市场的需求；企业在被选择的目标市场上具有竞争优势。

市场目标化也就是选择目标市场的过程，它是指企业决定进入哪个市场，即企业决定为哪个购买者群服务。可以说，企业的一切营销活动都是围绕着目标市场而进行的，小企业应避开大的细分市场，因为过大的市场通常需要投入较多的资源。一般来说，企业选择目标市场时，应主要考虑以下几个方面的问题。

（一）细分市场的规模

细分市场应该具有适当的规模。所谓适当的规模，是指与企业实力相适应的规模。大的项目（如第三方平台项目）应重视企事业单位等大客户及高消费人群的细分市场，忽视低收入人群的细分市场，而一些小项目应避开规模较大的细分市场。这里的规模不仅是现实规模，还包括未来可能的规模。如果细分市场具备理想的规模和发展特征，那么企业增加销售量和盈利的可能性通常也会增加。但是，它也可能吸引其他竞争者，从而使本企业的利润率下降。

（二）细分市场的利润潜力

一个具有适当规模（现实规模和未来规模）的细分市场，可能还是缺少利润潜力、缺少吸引力的。哈佛大学商学院教授波特曾指出：一个市场的长期盈利性取决于5个因素，即行业竞争者、潜在进入者、替代者、购买者和供应者。如果一个细分市场上已有很多竞争企业，并且颇具实力，那么该细分市场的吸引力就不大，尤其是当该细分市场已趋向饱和或萎缩，市场内产量大幅度上升，固定成本过高，竞争者投资很大，退出市场的障碍过多时，情况更糟。如果一个细分市场的进入障碍较低，也就是说，新加入者比较容易进入，甚至比较容易扩大自己的市场份额，则该细分市场的吸引力也不大。如果一个细分市场上已经有了或即将出现在使用价值上可以替代的产品，则该市场的吸引力就不大，因为替代品是一个细分市场产品价格的上限，限制了该细分市场的潜在收益。替代品的价格越有吸引力，该细分市场增加盈利的可能性就越小，该细分市场的吸引力就越小。购买者和供应者对细分市场的影响表现在他们的议价能力上。如果在某细分市场中，购买者的压价能力很强，或者供应者有能力提高价格或降低所供产品或服务的质量水平，那么该细分市场的吸引力就不大。

（三）项目或企业的目标

即使某个细分市场具有较大的规模，利润潜力也较大，企业仍有可能不选择它作为目标市场，因为企业此时还需将企业的目标结合起来考虑。如果进入一个低收入者的细分市场，就会与企业想树立的高端产品形象的目标不相符合。不符合企业长远目标的细分市场是不能作为目标市场的。

（四）企业的资源

如果某个细分市场符合企业的目标，企业还必须考虑自身是否具备在该细分市场上盈利所必需的各种资源。企业若缺乏这些必要条件，而又无法创造这些条件，就应放弃这个细分市场。即使企业具备在这个市场经营的最基本的能力，如果没有自己的独特优势以压倒竞争对手，还是不应该贸然进入这个细分市场的。

课堂讨论

"沼气生活网"的目标市场选择

"沼气生活网"是一个从人人低碳的意识出发的网站，倡导以低能耗、低污染、低排放为基础的经济模式。该网站的设立旨在推动低碳生活理念的普及，同时让目标人群深刻地了解利用沼气的好处：节约农村能源；改善农村卫生条件；促进养殖业发展；提高肥效、改良土壤等。在社会资源短缺、环境污染严重的21世纪，沼气利用已经成为我国可再生能源利用和环境保护的有效方法。

"沼气生活网"是一个宣传沼气文化和推动农村沼气池建设，以及发展农村经济和提高环保意识并响应低碳生活的网站，目标客户可以成为该网站的注册会员，发布评论信息并对农村沼气池的建设发表看法与建议。同时，注册会员能在该网站咨询沼气安全措施和沼气政策并获得该地区沼气池建设施工队的联系方式。此外，该网站提供沼气的相应产品以便客户群体购买。

问题讨论：
如何为"沼气生活网"选择目标市场？

三、目标市场营销策略

企业的目标市场营销策略应保持相对稳定，但当企业外部环境或内部状况发生重大变化时，也要相应地做出变更。

（一）目标市场营销策略的类型

一般来说，可供企业选择的目标市场营销策略有三种，即无差异市场营销策略、差异性市场营销策略和集中性市场营销策略。

1. 无差异市场营销策略

无差异市场营销策略是一种针对市场共性的、求同存异的营销策略，即以整个市场中的共性部分为目标，不管细分部分的差异性，只求满足大多数顾客的共同性需要。因此，企业所设计的产品和营销方案都是针对大多数顾客的。无差异市场营销策略的出发点是获取规模经济效益。由于大量营销，品种少，批量大，可节省费用，降低成本，提高利润率。

无差异市场营销策略的缺点：如果许多企业同时在一个市场上实行该策略，竞争必然很激烈，那么单个企业获利的机会就会减少，而另一方面，小的细分市场上的需求也得不到满足。这种现象叫作"多数谬误"。因为试图以一种产品和一种营销方案获得不同层次、不同类型的所有顾客的满意，这对企业来说是很难的。对于实力不强、资源有限的小企业来说，如果一味追求规模效益，必然会遭受失败。因此，企业尤其是小企业，不应忽视小的子市场的潜在机会。

但是，美国营销学家西奥多·莱维特（Theodore Levitt）于1983年提出了"全球营销"的概念，呼吁跨国企业向全世界提供统一的产品，并采用统一的促销手段。这一创新性的观点很快引起了学术界和实业界的极大兴趣，随之引发了一场"标准化还是差异化"的争论。争论的最终结论是：标准化和差异化将会共存下去，全球营销和当地营销都有可能是正确的选择。

2. 差异性市场营销策略

差异性市场营销策略是在市场细分的基础上，选择多个子市场作为目标，针对每个目标市场的特点，分别设计不同的产品和营销方案。由于这种营销策略有的放矢，对症下药，因而企业能通过同时满足多种需要而扩大销售，提高市场占有率。

与无差异市场营销策略相比，差异性市场营销策略可为企业带来更高的销售额，但也会使营销成本增加，因为差异营销势必增加设计、制造、管理、仓储和促销等方面的成本，这就有可能得不偿失。因此，企业要根据其在竞争中的地位、实力等来权衡一下究竟差异到什么程度最有利。为了解决这个矛盾，许多企业宁可只经营少数品种，而尽量使每个品种能适应更多消费者的需求。

3. 集中性市场营销策略

集中性市场营销策略是指选择一个或很少几个子市场作为目标市场，制订一套营销方案，集中力量争取在这些子市场上占有大量份额，而不是在整个大市场上占有小量份额。这种战略的优点是：可深入了解特定目标市场的需要，实行专业化经营，从而节省费用，增加盈利，并强化企业及其产品的形象。

集中性市场营销策略特别适用于资源有限、实力不强的小企业，或者试图在某个方面、某种产品上独树一帜的企业。集中性市场营销策略也有其局限性，也就是"鸡蛋都放在一个篮子里"，风险特别大。一旦所选定的目标市场发生突然变化，例如，消费者偏好的突然变化，或者强大竞争者的进入，很可能导致全盘皆输。因此，企业实行集中性市场营销策略必须制定应急措施。

课堂讨论

国内化妆品打入日本市场

国内某化妆品有限责任公司于20世纪80年代初开发出了适合东方女性需求特点的具有独特功效的系列化妆品，并在多个国家注册商标，获得了专利保护。公司营销部经理初步分析了亚洲各国和地区的情况，首选日本作为主攻市场。公司派专门人员直赴日本开展调查，结果显示：日本市场需求潜力大，购买力强，而且没有同类产品竞争者。

该公司在调查基础上，根据年龄层次将日本女性化妆品市场划分为15～18岁、19～25岁（婚前）、26～35岁及36岁以上4个子市场，并选择了其中最大的一个子市场进行重点开发。营销经理对前期工作感到相当满意。

（资料来源：作者根据http://www.worlduc.com/blog2012.aspx?bid=4587111 改编。）

问题讨论：
1. 根据日本市场的特点，该公司选择的最大子市场应该是哪个？为什么？
2. 该化妆品公司已在多个国家注册商标，为什么只选日本的某一子市场推广产品？

（二）选择目标市场营销策略时要考虑的因素

上述三种目标市场营销策略各有利弊，各自适用于不同的情况。一般来说，企业在选择目标市场营销策略时，要考虑以下几个方面的因素。

1. 企业资源

大型企业或大的项目，可实行无差异或差异性市场营销策略；而资源有限、实力不强的创业项目，由于不能覆盖更多的市场，最好实行集中性市场营销策略。

2. 产品性质

有些产品属于同质产品，可实行无差异市场营销策略；而有些产品如保健食品等，差异性很大，属于异质产品，则应实行差异性或集中性市场营销策略。

3. 市场性质

如果市场上所有顾客在同一时期偏好相同、购买的数量相同，并且对营销刺激的反应相同，则该市场为同质市场，可实行无差异市场营销策略；反之，应实行差异性市场营销策略。

4. 产品生命周期

处于导入期和成长期前期的新产品，竞争者稀少，品种比较单一，在此阶段企业营销重点是激发顾客的购买欲望，所以最好实行无差异市场营销策略，或针对某一特定子市场实行集中性市场营销策略。当产品处于成长期后期或达到成熟期时，市场竞争加剧，企业可实行差异性市场营销策略，以维持或扩大销路；或者实行集中性市场营销策略，以设法保持原有市场，延长产品生命周期。

5. 竞争者策略

一般来说，企业应该同竞争者的策略有所区别，反其道而行之。如果对手是强有力的竞争者，实行的是无差异市场营销策略，则本企业实行差异性市场营销策略往往能取得良好的效果；如果对手已经实行差异性市场营销策略，本企业却仍实行无差异市场营销策略，则势必失利。在此情况下，可考虑实行更有效的差异性或集中性市场营销策略。但若竞争对手力量较弱，企业也可考虑采用无差异市场营销策略。

6. 市场供求状况

如果一种产品在未来一段时期内供不应求，消费者或用户的选择性大为弱化，企业就可以采取无差异市场营销策略；相反，则应采取差异性或集中性市场营销策略。应当注意，在某些具体品种供不应求、另一些具体品种供过于求的情况下，企业仍应采用差异性或集中性的市场营销策略。

企业在选择目标市场营销策略时应综合考虑上述因素，权衡利弊进行抉择。

> **小贴士**
>
> 请举出熟悉项目的目标市场选择失败的案例，并说明该项目失败的原因。

任务 3 项目市场定位

案例分析

酒后代驾服务的市场定位

2004 年 5 月，一名深受观众喜爱的明星因酒后驾车导致车祸身亡，再一次把"代驾"一词推入人们的视野。在"人性化"和"安全至上"之间走出一条折中路，难怪创办者何进对此举胜券在握。面对采访，他充满信心地回答："目前北京约有 300 万名汽车驾驶员，其中沾了酒的司机约占总数的 1/3 以上，代驾服务大有可为。"

酒后代驾在各地冷热不均。北京霸王花西域食府自从一个月前和代驾公司签订了合作协议以来，来店里吃饭的客人都会被告知这项服务。该餐厅负责人说："现在新的交通法处罚得这么严厉，代驾服务可以打消他们的顾虑。"

不过，有别于代驾公司在北京受到的热捧，在全国其他地方，酒后代驾的光景似乎要暗淡得多。有着10年驾龄的海口市市民祁永峰兴冲冲地从海口市工商局领取了"代驾车"的营业执照。看好酒后代驾市场的祁师傅，不仅印了名片散发，而且在媒体上刊登了广告，没想到一个月过去了，祁师傅仍没有揽到一个生意。

据了解，武汉、沈阳等地也都出现了代驾公司，但基本上处于"叫好不叫座"的尴尬境地。甚至就在前几天，哈尔滨市一家名叫平安代驾服务中心的公司，在经历了近一年的惨淡经营后，因为"一年才接了十几笔生意"而不得不惨淡关门。

而酒后代驾在国外却办得红红火火，据中国酒店业协会的有关专家介绍，在国内，酒后代驾是新生事物，但在国外却非常普遍。在韩国，尽管汽车业发达，很多人都有下班后去酒馆喝几杯的喜好，但酒后驾驶的行为却很少。这在相当程度上得益于众多代驾公司提供了便利的服务。在汽车销售点、停车场、加油站等场所，经常有代驾公司推销员的身影出没，代驾公司的名片几乎每名驾车者人手一张。一旦驾车者因为喝酒、身体不适、精神状态不佳而不能开车时，只要他们打电话到代驾公司，剩下的一切都可由代驾公司代劳。

所有这些说明，国内代驾市场的竞争还不够激烈、市场潜力很大。于是，某创业团队制定了"酒后代驾"创业计划，有意开发相关网络平台。

该创业团队首先对进入的市场进行了细分，分析每个细分市场的特点、需求趋势和竞争状况，并根据本企业的优势，选择特定的目标市场。酒后代驾的目标市场是为饮酒的有车族提供一个相对安全的选择空间。

（资料来源：http://www.shlzcar.com/news/19.html.）

问题讨论：
1. 什么是市场定位？
2. 请尝试为"酒后代驾"网络平台进行市场定位。

课堂活动

为具体项目进行市场定位

活动目的：能够在确定目标市场的基础上，对项目进行准确的定位。

活动内容与要求：小组选择当地某一具体项目，讨论项目的差异性，找到其独特价值；对项目进行准确定位；小组代表汇报发言，其他同学做补充。

结果与检测：项目个性明显，定位准确。

提示：注意找到所选项目的鲜明个性，首先设计项目卖点，然后定位。

一、市场定位的概念和意义

20世纪80年代初，美国两位资深的广告和营销策划专家发表系列论文，认为现代市场已经进入定位时代。从此，"市场定位"这一新概念及其战略思想，很快被世界各地的营销学者和管理者接受，成为企业营销战略中的一个重要环节。

（一）市场定位的概念

所谓市场定位，就是根据竞争者现有产品在市场上所处的位置和企业自身条件，为企业或其产品在市场上树立一种区别于竞争者产品的、与众不同的、符合消费者需要的个性，从而确定企业的整体形象。

市场定位是以产品为出发点，但定位的对象不是产品，而是针对潜在顾客的思想。也就是说，定位是为产品在潜在顾客的大脑中确定一个合适的位置。

由上述市场定位的概念可以看出，定位始于产品，然后扩展到一系列的商品、服务、某个企业、某个机构甚至是某位员工。实际上，市场定位就是要设法建立一种竞争优势，以使企业在目标市场上吸引更多的潜在顾客。

（二）市场定位的意义

市场定位对项目的经营具有重要的现实意义，主要体现在以下两个方面。

1. 有利于建立企业和产品的市场特色

在现代市场中，普遍存在较为严重的供大于求的现象，使得市场竞争环境恶劣，竞争压力巨大。为了使自己的产品获得稳定的销路，避免竞争乏力而被其他产品取代，企业势必要从各方面为其产品培养一定的特色，树立起鲜明的市场形象，以期在顾客心目中形成一种特殊的偏爱。

2. 为企业制定市场营销组合策略奠定基础

通过产品与市场进行交换并从中获取利益，这是企业经营的基本出发点。换言之，企业经营的基础是产品，没有产品，一切经营活动都将变成纸上谈兵。网络营销项目的产品特点与传统产品有所不同，通常的项目产品为无形产品。由此可以看出，企业市场营销组合受到产品定位的限制，企业必须进行针对性分析，设计和发展与之相适应的市场营销组合。

二、市场定位的依据

一种新产品或新品牌在目标市场上如何定位，即依据什么来定位，是市场定位工作中首先遇到的问题。产品市场定位的依据很多，大致可概括为以下几种类型。

（一）以属性和利益定位

产品本身的属性及由此获得的利益能够使顾客体会到它的定位。例如，网络平台项目能为企业提供全方位、多元的服务；实体产品销售项目则根据产品属性进行定位，比较具体。

（二）以产品质量、价格或服务定位

价格与质量的变化可以创造出产品的不同定位。在通常情况下，质量取决于产品的原材料或生产工艺、技术和服务水平，而价格往往反映其定位。人们常说的"优质优价""劣质低价"便反映了这样的一种产品定位思路。

（三）以产品用途定位

发现同一个产品项目的各个用途并分析各种用途所适用的市场，是这种定位方法的基本出发点。不同的网络营销项目可以根据其不同的用途，在挑选出来的目标市场中，分别树立

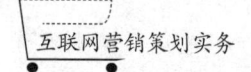

不同的产品个性和形象。

（四）以使用者类型定位

企业将某些产品推荐给适当的使用者或某个目标市场，以便根据这些使用者或目标市场的特点创建这些产品恰当的形象。网络营销项目具有打破时空限制的特点，但目标人群的地域特征不明显，企业可以根据年龄特征，基于相同年龄段的使用者对产品的需求进行定位。

（五）以产品档次定位

这种定位方式是将某一种产品定位为与其相似的另一种类型产品的档次，以便使两者产生对比。这种做法的另一个出发点是为产品寻找一个参照物，在同等档次的条件下通过比较，突出该产品的某种特性。

（六）以竞争属性定位

产品可定位于与竞争直接有关的不同属性或利益。例如，网络平台开设会员专享区，会员专享区意味着产品及服务更加丰富及优惠。这实际上等于间接地暗示顾客非会员不能享受"会员专享"产品及服务。例如，阿里巴巴不仅设立会员区，而且设立普通会员及诚信通会员等级别。

（七）以混合因素定位

产品定位并不是绝对地突出产品的某一个属性或特征，顾客购买产品时不只是为了获得产品的某一项利益，因此，企业可以使用上述多种方法的组合来建立其产品的定位。这样做有利于发掘产品多方面的竞争优势，满足更为广泛的顾客需求。

三、市场定位策略

企业在行业中所处地位不同，其定位策略也不相同。一般来说，企业的市场定位策略有以下几种：

（一）第一位定位策略（首位定位策略）

据西方学者研究，随着竞争的长时间持续，某些产品就会出现由若干个大企业占有绝大部分市场份额的现象。例如，亚马逊、阿里巴巴、百度等。这类企业由于实力雄厚，因此在市场竞争中具有明显的相对优势和主动权，如在价格变动、新产品开发、经销范围及促销的密集度等方面具有主动权。这种地位是非常有利的。对于消费者和用户来说，其产品排在第一位的企业是非常容易被人们记住的，而第二位、第三位企业的知名度相对小一些。

处于第一位的企业倘若有片刻松懈，就有可能丢失其主导地位。例如，美国的福特汽车公司让位于通用汽车公司，美国大部分家电企业对日本企业甘拜下风。因此，处于第一位的企业应该采取第一位定位策略，努力维持其领先地位。这里所说的第一位，不一定是规模上的，也可以是在一些其他有价值的属性上的，也就是在顾客认为比较重要的属性上处于第一位。

（二）固定会员俱乐部定位策略（挑战者定位策略）

如果企业在一些有意义的属性方面不能排在第一位，就可采用这种策略。例如，某平台可以宣称自己是十大网络交易平台之一等。排在市场第一位的公司是不会提出这个概念的，只有处于挑战者地位的企业才有可能对自身的某种优势着力宣传。

（三）迎头定位策略（针锋相对式定位策略）

这也是处于挑战者地位的企业采取的策略。它是与在市场上居支配地位的，即最强的竞争对手采取相反营销措施的定位方式。

迎头定位有时会是一种危险的战术，但不少企业认为这是一种更能激励自己奋发上进的可行的定位尝试，一旦成功就会取得巨大的市场优势。在发达国家，这类事例屡见不鲜。企业实行迎头定位策略，必须知己知彼，认真估计自己和对方的实力。

（四）市场补缺定位策略（拾遗补缺定位策略）

这是避开竞争对手的定位方法，是指企业将自己的产品定位于目标市场上与竞争者不同的市场位置，使自己的产品特征与竞争者有比较明显的区别。这种定位方式能够使企业迅速地在市场上站稳脚跟，并能在消费者或用户心目中迅速树立起良好的形象。由于这种定位方式的市场风险较小，成功率较高，因此常常被大多数企业采用。

四、市场定位策略的实施步骤

一是找出可行的竞争优势以形成定位；二是选择正确的竞争优势；三是有效地沟通及传达选好的定位到该细分市场。

（一）找出可行的竞争优势以形成定位

企业发挥可行的竞争优势的方法有两种：一是提供比竞争者更低的价格；二是提供较多的利益使消费者认为较高的价格是合理的。稳固的定位是不可能建立在空口承诺上的，如果企业将其产品定位为品质高及服务好，就一定要实现其对品质及服务的承诺，因此，真正的定位开始于企业真正将其营销方式差异化，以便使消费者在心目中产生更为信服的印象。

是否有特殊方法可用于将企业提供的价值与竞争者所提供的价值加以差异化呢？当然有，企业可根据产品、服务、人员和形象来加以差异化。

1. 产品差异

企业能够提供高度差异化的产品，例如，汽车接送服务、个性化装饰等，很多情况下这是其他竞争者所没有的优势和特色。企业还可强调其他产品属性，如优越的地理位置、长期性服务业务等差异。

2. 服务差异

除了实体产品的差异外，企业还可提供附带的服务差异，这其中有许多可行的做法，有些企业以快速、准确、谨慎、到位的服务获得竞争优势。

3. 人员差异

在获得竞争优势的方法中，雇用并培训比竞争者素质更佳的员工也是其中之一。例如，企业员工的文化素养、服务质量等差异。

企业在选择与消费者接触的人员时，必须谨慎并给予严格的培训，以增加员工必备的技术及知识，如此才能使其胜任工作。除此以外，员工还必须要有礼貌、友善、敬业和细心，并且能持续、正确地提供这些服务。他们还必须尽力了解消费者，对于消费者的要求和问题能迅速处理。

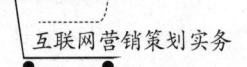

4. 形象差异

即使是相同的产品及附带服务,购买者仍能察觉出品牌的形象差异,因此企业必须建立与竞争者不同的品牌形象。品牌形象能传达与众不同的信息,达到宣传产品主要效益与定位的目的。要传达这样的信息必须依靠创意和辛勤的工作,仅靠广告无法将其品牌形象深植于大众心中。

象征亦能提供关于企业或品牌的认识和形象差异,企业应设计特色鲜明的图案或标记。有的企业以人物头像作为品牌的象征标志,如肯德基以其创立者的头像为品牌标记。

(二)选择正确的竞争优势

假设某家企业幸运地发现许多潜在的竞争优势,下一步就要选出一两个优势用以建立定位策略,并决定要以多少和哪些差异性作为促销重点。

1. 明确促销重点

企业应选择一种属性并将其视为品牌头号属性,在信息过于泛滥的社会,消费者比较容易记得头号属性,包括最优品质、最佳服务、最低价格、最大价值和最先进技术等。如今,市场已被分割成多个小细分市场,故项目所推出的单一定位策略要能吸引更多的细分市场中的顾客。

2. 明确促销差异项目

并非所有品牌差异都具有意义和价值,而且不同点不一定就是差异。然而每项差异都有为企业带来价值、为消费者创造利益的潜力,因此企业须小心选择不同于竞争者的差异方式。某项不同点若可满足下列标准就值得建立差异:

(1)重要性。该不同点会给目标顾客带来高价值的利益。
(2)独特性。竞争者并没有该不同点,或企业能以更独特的方法来提供给消费者。
(3)优越性。能以更优越的方式为消费者提供类似的利益。
(4)可传达性。该不同点易于传达并能为消费者所看到。
(5)独占性。竞争者无法轻易模仿该不同点。
(6)可负担性。购买者买得起具备这项不同点的产品。
(7)盈利性。该不同点必须有利可图。

小贴士

以你熟悉的网络营销项目为例,说明如何为其找到竞争优势。

(三)有效地沟通及传达选好的定位

一旦选好定位,就需采取有力的措施将理想定位传达给目标顾客,并且企业营销组合的努力也要完全支持其定位策略。定位要的是具体行动,而不是纸上谈兵。若决定选择较占优势的品质和服务作为定位,首先要做的就是传达定位,然后设计由产品、价格、渠道、促销所组成的营销组合,重要的是要包括定位策略的战术细节。以高品质作为定位的企业,需生产高品质产品,制定较高的价格,让一流的代理商来经销,并通过受众最多的传播媒介来投放广告。除此之外,企业仍需雇用并培训更多的服务人员,寻求信誉良好的代理商以服务顾客,拟定以其优越服务为内容的广告和推销词。以上这些是建立持久和值得信赖的高品质、高服务定位的唯一方法。

　　拟定良好的定位策略容易,要付诸实践却有一定困难,建立或改变一种定位也相当花费时间。反之,花费数年时间建立的定位可能很快就崩溃,一旦建立理想的定位,企业必须通过一致的表现与沟通来维持此定位。定位必须经常加以监测以随时适应消费者需求和竞争者策略的改变,然而企业应该竭力避免突然改变定位,以免扰乱消费者的印象;相反,在经常变化的营销环境里,产品的定位应当逐渐地加以修正。

> **小思考**
>
> 　　完成本任务后,请分别列举一些你熟悉的项目市场定位成功与失败的案例。想一想它们成功和失败的原因何在?

课堂讨论

"新艺行"项目市场定位训练

　　"新艺行"项目的构思来源于切实的生活所需。现在,生活中废旧物品的堆积迅速增加。据报道,北京每天有1.84万吨生活垃圾等待被运出北京市,现有的垃圾处理设施平均超负荷率达67%,填埋场服务周期缩短一半,剩余寿命仅4年左右。虽然政府有针对性地出台了相关政策,社会人士极力宣传环保,部分企业依托互联网和电子商务的发展,建立了废品回收网站,如中国废品网、南京废品回收网等,但生活资源再利用问题的解决方案仍需要商讨。

　　"新艺行"是一个集商城与资讯为一体的综合性网站,提供废品工艺品的制作方法、创意产品的销售、民间工艺品推荐、废品工艺品的资讯及利废爱好者的交流等服务。"新",即将不起眼的废品通过设计、加工、制作变成具有欣赏价值的创意产品。而透过"艺",用户可以看到"新艺行"的每个产品都具有一定的技术含量,不仅有外观上的美,更有构架上的结实、质量上的保证、珍藏上的价值。"新艺行"诚挚给用户提供帮助,为其解决废品所带来的常见麻烦,也为用户设计的工艺品搭建展示平台。可以将暂无使用价值的物品寄给该网站,并提出需求或者建议与构想,该网站会根据用户的需求与建议帮其设计并制成工艺品,得到用户的满意后回寄给用户。用户也可以将设计的工艺品设计图或成品发给该网站,写上产品的设计理念与相关说明,该网站会用最快、最有效果的传播方式将产品展现在平台上,让每一位"新艺行"的用户都能感受到对生活的那份热爱。在"新艺行",用户还可以了解更多的环保知识、废品工艺制作技巧、国内外最前卫、最快速的行业资讯等。"新艺行"除了有自己的网站外,在淘宝网也开设了店铺。店铺内出售各类由生活废品制成的工艺品,创意新颖独特,质量优良,价格实惠。

　　"新艺行"欢迎每一位对废品重新利用有兴趣、对制成工艺品的创意欣赏的人士,不分性别、不分年龄、不分职业、不分文化程度、不分文化差异。"新艺行"的宗旨是"用我的心意争取您的满意"。总之,只要您有一份兴趣、一份欣赏力、一份责任,"新艺行"欢迎您,竭诚为您服务!

　　(资料来源:浙江工贸职业技术学院学生团队创业策划作品。)

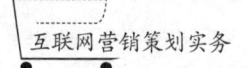

问题讨论：

你认为"新艺行"项目的目标市场选择与市场定位是否合理？如果不合理，那么如何调整？

任务 4 确定项目目标

互联网 + 商业模式

企业战略具有全局性、长远性及纲领性等特点，企业各项目标都要符合企业战略目标。因此，确定项目目标，必须首先确定项目战略目标，再确定项目阶段性目标。

企业目标是指在企业总体战略框架下，为企业及员工所提供的具体方向，以及企业在一定时期内要取得的预期成果。它包括三个层次：首先，社会强加于企业的目标。它是指为保证企业持续性发展而必须考虑到的商业道德、社会责任等目标。其次，企业的整体目标。它是指将企业作为一个利益共同体的目标，如经济利益目标、安全目标等。最后，企业员工目标。例如，提高员工收入与相关待遇目标、培养员工企业文化意识的目标等。

企业战略目标是指通过加强企业战略管理活动，企业所要达到的关于市场竞争地位和管理绩效的目标，包括竞争能力、技术能力、行业地位、总体规模、盈利增长率、投资回收率、企业形象等。战略目标是制定战略方案的依据。总体目标可以分解成一系列具体的、可衡量的、可实现的、带有明确时间标记的阶段性目标。企业制定的目标要切合实际，不要承诺做不到的事情。

长期目标是指在一个相对较长的时期内，企业试图实现的预期生产经营目标，计划期一般为 5 年，小型项目计划期可以为 3 年。长期目标一般包括以下因素：获利能力、竞争地位、生产能力、技术领先、员工发展、社会责任等。

年度目标是指以年度为单位的生产经营目标，是实现企业总体战略目标的一种必要手段。它与企业长期目标有着内在的联系，能够为监督和控制企业的绩效提供具体的衡量依据。企业年度目标必须与企业总体目标之间有明确联系，年度目标应将总体目标的信息传递到主要职能部门，并将长期目标分解为短期具体目标，以便职能部门执行。

项目资助者希望在项目完成报告里看到的是：项目实际上实现了这些既定目标。营销目标是在前面目的任务基础上企业所要实现的具体目标，即营销策划方案执行期间，经济效益目标要达到：总销售量为××万件，预计毛利××万元，市场占有率实现××%。

课堂活动

项目目标的确定

活动目的：能够在 STP 分析的基础上，确定项目目标。

活动内容与要求：小组选择具体的项目，在 STP 分析的基础上，确定企业目标，包括总体战略目标与阶段性目标、营销目标等。

结果与检测：小组代表汇报发言，其他同学做补充。

提示：注意目标与项目特征、实际情况、可行性相结合。

团队训练

【训练内容】

为团队项目选择目标市场并确定项目目标。

【训练要求】

1. 要求学生对团队项目在调研基础上进行市场细分并选择恰当的目标市场。
2. 团队成员组织研讨，撰写团队项目目标。
3. 在充分讨论的基础上，形成小组的课题报告，并制作成PPT进行选题汇报。
4. 小组之间相互评价，提出修改意见，教师点评，团队完善。

项目六

网络营销战术策划

教学目标

通过本项目的学习与训练，学生能够深入理解网络营销战术策划的基本理论和知识；掌握确定项目传统营销与新媒体营销的基本策略；运用合理的网络营销策略组合，进行网络营销策划。

教学要求

1. 理解网络营销战术策划的基本理论和基础
2. 学会制定项目 4P 组合策略
3. 合理设计网络营销项目的推广策略

能力目标

1. 逻辑思维能力
2. 对案例的分析和总结能力
3. 制定推广策略的能力

项目导航

随着互联网的发展，市场状态已从有形市场转向网络市场，企业的目标市场、客户关系、企业组织、竞争态势与营销手段等发生了巨大变化，企业既面临着新的挑战，也面临着无限的市场机会。企业只有制定相应的网络营销战略与策略，提供比竞争者更有价值、更有效率的产品和服务，才能实现企业的营销目标。

导入案例

"封杀王老吉"事件

2008年"5·12"地震后,互联网上一张帖子引发了网民疯狂跟帖和热烈讨论,并且在国内形成了一股购买王老吉的风潮。一夜之间,王老吉成了街知巷闻的国产饮料,这便是"封杀王老吉"事件。

这次经典的网络事件在行动之初就做出了"封杀王老吉"的创意,就是要吸引眼球,让人们知道王老吉为灾民捐献了一亿元,是国内捐款最高的企业之一。然后这个创意被付诸行动,通过最初的论坛启幕,在论坛中发帖,引发网民热议,然后通过QQ群进行疯狂病毒式传播,通过"以后喝王老吉(捐款1亿元),存钱到工商(捐款8 726万元)"等易于传播的文字,让王老吉在多个QQ群之间疯狂传播,再以博客所谓"意见领袖"进行肯定,让王老吉的形象高大,同时让所有的网络舆论特别是网络媒体在"意见领袖"的引导下,走进王老吉挖下的坑。

结果王老吉真的被封杀了,从所有的柜台上被消费者买得精光,彻底封杀掉王老吉在实体店中的销售,"它生产多少,我们就喝掉多少"这种在王老吉主导下的观点被很容易地接受,王老吉付出了一亿元,收获了更多。

(资料来源:张书乐.实战网络营销[M].北京:电子工业出版社,2010)

> **小思考**
>
> 王老吉为何能够引起网友的关注?王老吉运用了何种网络营销战术?

任务 1 认知网络营销战术策划

案例分析

可口可乐的网络营销

"可口可乐"作为世界著名的品牌,饮料份额差不多占据全球市场的50%。可口可乐产品单一,风味百年不变,广告铺天盖地,产品随处可见。人们闭着眼睛也能想象出它的模样,回忆出它的滋味,难道还需上网去找它?可口可乐不这么认为。

首先,可口可乐公司针对人们对其产品早为熟知的特点,拟订了"将可口可乐定义为具有文化内涵的品牌,而不仅是作为饮料来宣传"的营销策略。

其次,在网站表现手法上,出其不意。刻意追求光怪陆离的视觉效果,不惜在页面中使用俏皮话、涂鸦文体和变形文字,甚至是只注重意趣而不讲逻辑的页面链接,取悦年轻人。对于老年人,则缅怀旧事、抚慰沧桑,开设"二战"回眸栏目,讲述可口可乐与美军大兵们在欧洲大陆及太平洋上荣辱与共的铁血历程,激发老人们旧日的荣耀,维系对品牌的忠诚度;对于中年人,主推快餐饮料,彰显社会中坚,在网页上设置了保龄、艳星、电子卡、有奖竞猜、文体和娱乐等五花八门的内容,让他们片刻松弛、意犹未尽,营造出一种热闹纷繁、极具个性的鲜明特色网站形象。

可口可乐并不期望网民通过点击鼠标来购买产品,而是要让大家时刻惦记着这么一个网站,不时来逗趣,天天寻欢"乐",将快餐文化拓展到网上的意图明确。通过互联网的品牌渗透与扩张,利用 Web 网页、电子邮件、新闻组及语音信箱等各种渠道,实现与消费者的相互交流和意见反馈,获得消费者对产品个性化消费欲望的信息并不断加以满足。

(资料来源:http://zhidao.baidu.com/question/42346810.html ; http://www.icoke.cn/#)

问题讨论:
1. 可口可乐采取了哪些网站推广方式?
2. 分析可口可乐网络推广的目标。

课堂活动一

网络营销战术思维训练

活动目的:了解学生对战术概念的理解程度,培养学生的理解能力和思维能力。
活动内容与要求:从上述王老吉案例中,分析王老吉在此次网络营销中运用了哪些战术。
结果与检测:对战术的分析应该与案例相符。
提示:战术是网络营销策划在具体实施过程中能够达到营销目的的关键因素。战术的运用成功与否,将对网络营销策划的效果产生重要影响。

背景知识

网络营销策划

一、战略与战术

(一)战略与战术的关系

"战略"最早是军事用词,用来指代在战时制定作战方针和政策,后来逐渐应用到商业领域。战略与战术主要是全局与局部的关系,战略是指为达到战略目标而使用的途径和手段的总体谋划,而战术是指为达到战略目标所采取的具体行动。战略与战术是目的与手段的关系。一般来讲,先有战略,后有策略,策略必须服从和服务于战略。

网络营销，既是一个战略问题，也是一个战术问题。战略上，它影响到企业的每个方面，小到所谓的办公自动化，大到企业流通环节中的定位；而在战术上，它通常与传播、对话这类沟通方式有关。事实上，网络营销的战术问题涉及的细微环节更多（比如，如何和潜在消费者进行对话，如何进行网络危机管理），打造中心化的一个minisite或者官网，要懂得利用去中心化的网络态势，即充分发动群众。

课堂讨论

可口可乐和联想的奥运营销

可口可乐，作为奥运会的长期合作伙伴，已经连续赞助奥运会长达80年之久，而且与国际奥组委的合作协议签到了2020年，是世界上公认的奥运营销最成功的企业之一。本着将"奥运精神、品牌内涵、消费者"三点连成一线的奥运营销战略，在80年的合作历程中，可口可乐已经成功地将奥运精神全面融入品牌文化中，可口可乐的品牌文化与奥运文化之间的关系越来越紧密。

中国联想集团是第一次进入TOP赞助商的中国企业。联想的成功是从一开始就对赞助奥运会有着十分明确的目标，当借助奥运会实现了品牌的国际化形象转变之后，并没有继续投资奥运，而是退出了奥运TOP赞助商阵营。联想奥运营销战略包括两方面的工作：一是做好奥运服务，提升联想的品牌影响力；二是在全球推广联想的产品。也就是说联想的奥运营销有两条主线：明线是奥运营销，暗线是产品全球营销战略。联想通过奥运营销的战术协助产品全球营销的战略得以实现。

可口可乐把奥运营销当作一种品牌战略来运作；而联想更多的是把奥运营销作为一个战术策略，以服务品牌的长远战略布局。这两家企业涵盖了两个不同出发点的奥运营销成功经验。对于中国企业来说，最大的借鉴意义莫过于两者都明确地知道赞助奥运会的品牌期望，尽管他们的期望值是不一样的，但各自围绕着核心的目标都取得了不菲的成绩，这也使得它们无论是在奥运会前，还是奥运会后，都能做到有的放矢，做到品牌战术和品牌战略的有机统一，从而有效地提升品牌形象和品牌资产。

（资料来源：http://news.cnfol.com/080627/101,1598,4347271,00.shtml）

问题讨论：

1. 可口可乐与联想奥运营销的战略目标分别是什么？
2. 对比可口可乐与联想的奥运营销，体会品牌战术和品牌战略的有机统一的指导思想。

网络营销战术即在网络上进行营销推广的正确方式。战术是网络营销策划在具体实施过程中能够达到营销目的的关键因素。战略与战术是整体与局部的关系，二者是互为影响的。企业在设计营销方案时，需要明确战略与战术的关系。可口可乐把奥运营销作为一项长期战略来执行，而联想把奥运营销作为它们全球化战略中的一项战术。如果有其他更好的方法可以实现联想的全球化，联想很有可能会舍弃奥运营销的机会；而可口可乐是在奥运营销的大战略下开展企业的各项活动。

课堂讨论

夜间使用的感冒药

维克斯的研究人员发明了一种治疗伤风感冒的新药,不幸的是,这种药会使人昏昏欲睡,假如你想继续工作或要开车,这种药可能会帮倒忙。然而他们并没有将这一成果视为无效,而是想出了一个绝妙的主意。既然该产品能使人入睡,那么为什么不把它作为一种夜间使用的感冒药呢?"第一种夜间使用的感冒药"无疑会成为一句最为有效的广告词。正如预想的那样,"奈奎尔"(NyQuil)成为维克斯有史以来最成功的新产品,现在"奈奎尔"在感冒药品中销量位居第一。这无疑是战术(夜间使用的感冒药)支配战略(推出一种名叫"奈奎尔"的感冒新药)的成功范例之一。

(资料来源:http://fund2.jrj.com.cn/news/2006-09-20/000001658908.html)

问题思考:
分析"奈奎尔"本是开发的失败产品,为什么能够成功上市,成为维克斯有史以来最成功的新产品?

战术必须具有竞争优势,这并不意味着必须拥有一种更好的产品或服务,但必须有某种独到之处:或体积小,或重量轻,或价廉物美,或质优价高,或有不同的分销系统。更进一步地说,战术必须在整个市场竞争中具有优势,而不仅仅是在某一两种产品或服务上具有竞争力。

(二)逆向营销

在企业市场营销的运作过程中,普遍接受的理论是先确定总体战略,然后再选择战术。逆向营销侧重的是战术支配战略,以战术上的胜利来影响全局战略的制定。根据具体的情况,在网络营销运作中,不乏战术影响整体战略的例子。战术上的胜利,可以实现战略上的胜利,也可以影响战略的制定。

逆向营销是寻找一个行之有效的战术,并把它演变成战略。逆向营销的重要性在于通过战术上的成功来影响战略,并保证企业经营上的成功。而战略一旦制定,应该保持它的一致性。

二、网络营销战术理论

传统的市场营销策略中,麦卡锡教授的 4P 理论应用最广。随着电子商务的发展,4P 是否也同样适用于网络营销呢? 4P 理论侧重的是追求企业利益,与网络营销中强调将客户的需求放在首要位置的特点不完全符合。因此,在 4P 的基础上,20 世纪 90 年代,劳特朋教授等学者提出了 4C 营销组合理论,郭笑文教授等学者在 4C 理论上进行了扩充,提出了 5C 的理念。21 世纪初,艾登伯格(Euiott Ettenberg)提出了 4R 营销理论,强调企业与顾客在市场变化的动态中应建立长久互动的关系。顺应 Web2.0 的应用,朱海松的 4I 理论又给网络营销带来了新的诠释。

(一)4P 理论

杰罗姆·麦卡锡(McCarthy)于 1960 年在其《基础营销》(*Basic Marketing*)一书中将

市场营销组合概括为4类:产品（Product）、价格（Price）、渠道（Place）、促销（Promotion），即著名的4P。1967年，菲利普·科特勒在其畅销书《营销管理：分析、规划与控制》第一版进一步确认了以4P为核心的营销组合方法，即：

产品（Product）：注重开发的功能，要求产品有独特的卖点，把产品的功能诉求放在第一位。

价格（Price）：根据不同的市场定位，制定不同的价格策略，产品的定价依据是企业的品牌战略，注重品牌的含金量。

渠道（Place）：企业并不直接面对消费者，而是注重经销商的培育和销售网络的建立，企业与消费者的联系是通过分销商来维持的。

促销（Promotion）：企业注重销售行为的改变来刺激消费者，以短期的行为（如让利，买一送一，营销现场气氛等）促进消费的增长，吸引其他品牌的消费者或导致提前消费来促进销售的增长。

用科特勒的话说就是"如果公司生产出适当的产品，定出适当的价格，利用适当的分销渠道，并辅之以适当的促销活动，那么该公司就会获得成功"。所以，市场营销活动的核心就在于制定并实施有效的市场营销组合。

（二）4C理论

网络营销与传统营销相比，顾客参与的主动性和选择的主动性都大大加强了，网络营销更强调从顾客的需求出发来开始网络营销过程。美国学者劳特朋（Robert F. Lauteborn）教授提出了与4P相对应的4C理论。

（1）从Product到Customer needs and wants，即网络营销应该是以研究消费者的需求和欲望为中心，来实现消费者的价值。

（2）从Price到Cost，以顾客能够接受的购买成本来进行定价。

（3）从Place到Convenience，来为顾客提供最大的购买和使用便利。

（4）从Promotion到Communication，从推式促销到互动式交流，增强与顾客的交流与沟通，从而向拉式营销转变。

郭笑文（2006）等学者在此基础上，增加了网络客户界面（Customer Interface）一项，即5C，为顾客创造良好的在线客户体验，从而更好地实现虚拟世界中的一对一营销。

（三）4R理论

4C理论过分强调以顾客的需求为导向，而弱化了企业在竞争上的优势（包括为满足顾客的购买成本而提高企业成本；过分注重以顾客需求为导向而忽略了企业的竞争优势等），如何建立起企业与客户之间的双赢，是4R理论带来的全新诠释。

4R是关联（Relevancy），紧密联系顾客，把顾客与企业联系在一起，减少顾客的流失，以此来提高顾客的忠诚度，赢得长期而稳定的市场；节省（Retrenchment），通过使用技术把商店、品牌或服务带到顾客的家中或办公室里，为用户提供便利，"去接近消费者"，而不是诱使消费者来接近企业；关系（Relationship），获得顾客的满意度和忠诚度，建立客户档案，与顾客建立长期而稳固的互动关系；报酬（Reward），即酬谢顾客，它包含良好的综合能力、"品位"和"时间"。

4R理论强调企业与客户间的互动关系，以及企业如何适应市场的变化，并与客户建立长久稳固的关系，以防止顾客流失，赢得长期而稳定的市场。因此，4R营销在关系营销方

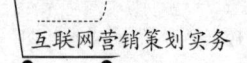

面的加强对网络营销的发展有深远的意义。

（四）4I 理论

随着 Web2.0 的演化，全球网民正经历着社会化网络带来的巨大变革，每一个网民都成为互联网上独立的营销个体。如何在社会化网络时代下，实现精细化的一对一营销，4I 理论也许能指明方向。

朱海松的以"互动"为核心的 Web2.0 时代营销的"4I 模型"是指：

（1）Individual gathering，即"个体的聚集"。利用网络技术，通过对虚拟个体的追踪、采集和挖掘，形成了可为市场营销服务的数据库。

（2）Interactive communication，即"互动的沟通"。互动就是参与，互动就是体验。

（3）Inside 或 in，即"在里面"。网络世界的"柏拉图时空"塑造着一群信徒，通过"精神"在互联网上沟通着。

（4）I，即"我"的个性化。网络的个性化表现为个性化的表达、个性化的需求和交流等。

朱海松的"4I 模式"应用在无线营销的时候，做了一些变动，四点内容为：Individual Identification（分众识别），Instant Message（即时信息），Interactive Communication（互动的沟通），I（"我"的个性化）。这里的"4I"与无线营销的特点更为接近。

课堂讨论

吉利汽车网络营销案例

2011 年 4 月 7 日，中国汽车网购第一店——全球鹰旗舰店在北京举行了开业仪式。作为国内首家在网上开设官方旗舰店的汽车品牌，全球鹰揭开了国内汽车品牌电子商务营销新篇章，全球鹰旗舰店的正式开业，对汽车营销具有里程碑式的意义，它将引领中国汽车营销模式进入新时代。

6 月 17 日—6 月 23 日，淘宝商城全球鹰官方旗舰店推出了"熊猫千人团，团到就是赚到"的熊猫汽车团购活动。活动一推出，熊猫汽车成交数量不断攀升，不几天就成功破百，短短一周成交车辆高达 142 台，再次创造了汽车团购的新纪录。

这已不是吉利第一次试水网络营销。据了解，全球鹰针对年轻人的特点，先后推出了众多新颖的营销方式，从电视购物、网络团购，到全球鹰网络旗舰店成立，其间还创造了 1 分钟 300 辆熊猫汽车一抢而空的惊人纪录，一举超越奔驰 Smart 此前的团购纪录。

目前全球鹰官方旗舰店正在进行的双色熊猫限量抢购活动，同样受到了网民的追捧。值得一提的是，此次上市的双色熊猫汽车仅在全球鹰旗舰店才能购得，当地经销商在接到网购订单后，辅助完成提车及售后服务，并不直接对非网购者销售双色熊猫汽车。

（资料来源：http://auto.sina.com.cn/news/2011-04-07/1950749367.shtml.）

问题讨论：
1. 全球鹰官方旗舰店采取了哪些网络营销策略？
2. 为什么全球鹰官方旗舰店不直接对非网购者销售双色熊猫汽车？

本任务对这四大营销理论进行归纳，提炼其中的核心理论，4C 中的客户价值策略，4R 中的关系策略和 4I 中的个性化策略，从另外一个角度来看，是对 4P 理论的深化，即企业如何从消费者需求的角度出发，来更大限度地达到满足消费者和企业利润最大化的战略目标。因此，本项目将在传统 4P 理论的基础上，结合几种学者的理论，对网络营销战术进行分析。网络营销理论的演变如表 6-1 所示。

表6-1　网络营销理论的演变

营销理论的演变			
4P	4C	4R	4I
产品 -Product	客户 -Customer	关联 -Relevancy	个体的聚集 - Individual gathering
价格 -Price	成本 -Cost	节省 -Retrenchment	互动的沟通 -Interactive communication
渠道 -Place	便利 -Convenience	关系 -Relationship	在里面 - Inside 或 in
促销 -Promotion	沟通 -Communication	报酬 -Reward	"我" 的个性化 - I

课堂活动二

公益活动的网络营销策略

活动目的：培养学生的思维能力，掌握网络营销战术的基本分析能力。

活动内容与要求：根据以上例子，针对某一项特定的公益活动（如慈善募捐），思考如何通过网络营销来推动它。

结果与检测：提出有针对性的战术方案。

提示：公益活动营销是指通过公益活动，树立良好的社会形象，从而赢得社会公众的好感，继而对消费者形成正面影响。公益活动可以提高企业的知名度，使消费者对其产品和服务产生偏好。但是企业公益营销中的公益活动并不只是单纯的慈善事业，而是能够使消费者在公益活动中感受到企业的品牌，触摸到产品。公益活动需要贯穿于整个营销环节。

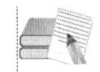

知识链接

公益营销的作用

1. 公益营销的定义

公益营销，并不是一个全新的概念，因为国外早已有人使用，许多营销专家将企业的营销战略与非营利组织或者公益活动联系在一起。这是一种非常有效的市场营销形式。

"公益营销" 这一概念首先是由美国运通公司于 1981 年使用的。美国运通公司是在全国性的营销活动中利用与公益事业相结合的市场营销，将信用卡的使用与公司捐赠相对应的第一家公司。1983 年该公司捐赠了 170 万美元修复自由女神像。

然而公益营销的拓展与深入并不是一件容易的事情，营销是个大工程，其中涉及许多要素，如市场环境、消费者、产品、渠道等。公益营销作为一种营销模式，也必然牵涉市场环境、消费者、产品、渠道等诸多要素。

到底什么是公益营销呢？

可以认为，公益营销就是以关心人的生存发展、社会进步为出发点，借助公益活动与消费者沟通，在产生公益效益的同时，使消费者对企业的产品或服务产生偏好，在做购买决策时优先选择该企业的产品的一种营销行为。

社会责任可以说是公益营销的前提条件。在现代社会，片面追求企业利润最大化是极其不可行的，实质上是以对社会资源和自然资源的掠夺为代价，是以牺牲社会公共利益为代价的。

众所周知，企业的发展离不开社会的发展，没有社会的发展也就没有企业的发展。责任是指企业对投资者以外的利益相关者群体所承担的法律责任和道义责任，包括员工享有的工作条件、劳动报酬、安全保障、教育培训，以及是否造成环境污染、资源浪费等。遵守社会责任的企业通常具有长期效益。

企业在自身发展的同时，必须以符合伦理道德的行动回报社会。企业在市场竞争中自觉承担相应的社会责任，就容易在公众中获得更高的信任度，这将形成一笔可观的无形资产，使其产品和服务对消费者具有更大的吸引力。

公益营销的基础就是公益活动，企业从事公益活动，进行捐赠性质的慈善事业早已不是新鲜事，但是很多企业并没有把公益活动与企业的营销相结合，通过公益活动增加企业的知名度，使消费者对其产品和服务产生偏好。因此，公益营销中的公益活动并不只是单纯的慈善事业，公益活动只有被设计，消费者才能够在公益活动中感受到企业的品牌，触摸到产品。

同时，公益营销并不是一个个单纯的公益活动的叠加，而是通过一个个公益活动的持续，产生1+1＞2的效果，是一个整体系统工程，贯穿整个营销过程。

消费者是公益营销的对象，公益营销的最终目标是消费者。消费者为什么会持续不断地购买某一个品牌的产品？那是因为消费者对于该品牌具有品牌忠诚度。品牌忠诚度是品牌资产的核心，有了品牌忠诚度，就意味着企业可以降低营销成本，易于铺货，吸引新的消费者，面对竞争者具有更大的弹性等。品牌忠诚度同时也意味着消费者信任该品牌，如果消费者信任该品牌，就会矢志不渝地追随该品牌。因此，销售产品同时也在销售信任。公益营销的核心就是信任营销，公益营销的目的实质上就是与消费者建立信任的纽带。

2. 公益营销解决的问题

公益营销到底解决什么问题呢？换句话说，公益营销可以为企业带来什么样的利益呢？

（1）提高品牌形象。公益营销的基础是从事公益活动。公益活动是指旨在提供人类福利和增进公共利益的活动，它包括提供有形的财物或无形的劳务，对他人表达善意，对社会做有意义的贡献等。企业资助公益活动是指以企业名义，用提供金钱、实物或实务等方式，主办、参与或协办公益活动。

企业通过这些活动，不仅能够增加社会的公共利益，而且能够增强企业的形象，很多大企业在制定长远战略时都将公益事业作为一项重要内容来考虑。从这一点来看，公益事业应作为企业经营策略的一个不可忽视的组成部分，作为树立企业品牌形象的一项重要举措。

（2）提高企业的经济效益。企业开展公益活动应该从利人与利己两方面考虑。企业不仅要对社会做出回馈，也要考虑自身的利益。企业获取利润对社会是有贡献的，有了利润企业才能回馈投资人、员工，向政府缴纳税金，供应商才能从企业那里获取他们的利益。也就是说，获取利润是企业作为一个组织存在于社会的理由。所以，企业在开展公益活动时不仅要考虑社会效益，也要考虑企业自身的效益。而开展公益营销的目的之一也是增加企业的效益。

一个良好的企业需要有出色的利润与良好的公众形象，不能只顾自身利益而忽视社会效益，也不能不顾自身利益用企业的钱去盲目回馈社会。总之，社会公益活动、促销活动都是企业发展中必不可少的活动，两者不能相互替代，企业要根据自身情况找到两者之间的平衡点。

（3）拉近与消费者的关系。企业对社会公益的投入，也常常可以帮助维持老顾客的支持，以及加强与老顾客的联系，同时在竞争激烈的市场中，企业的产品也可能脱颖而出，企业与整个社区的联系也因此更密切。

若企业的产品或服务是广大的消费者都会用得着的类别，企业就需要运用有广泛影响的公益项目，吸引消费者的注意和支持，在竞争激烈的市场中获取显著的地位。跨国公司从事的公益活动作为大范畴公关中的一部分，出发点并不是单一的。与本地企业不同的是，跨国公司要在当地站稳脚跟，必须逾越民族、文化等方面的鸿沟。从事公益活动是跨国公司融入东道国，在当地获得发展的重要举措。无论是对于政府、消费者、潜在消费者或者其他公众，公益活动都能极大地拉近企业与他们的距离。

（4）提高社会效益。在早期，很多跨国公司比较注重经济效益，忽视社会效益、生态效益，而现在，跨国公司开始采取比较"文明"的活动方式，强调社会效益和生态效益，把眼光放得更加长远，期望将正确的理念和价值观传输给社会，以此来积极影响社会，同时也给自己营造一个更加广阔的发展空间。

原英特尔全球副总裁简睿杰认为："企业开展的公益活动与促销活动一般都会给社会带来利益。企业应将自己的一部分利益回馈社会。开展各种公益活动不仅满足了社会公益活动对资金的需求，同时企业又传播了良好的企业道德伦理思想与观念，提高了社会道德水平。"

总之，企业从事公益营销，虽然不能代替产品或服务的高质量和有竞争力的价格，但是当两种产品或服务有同样竞争力的时候，企业的公益成绩就会成为消费者选择的根据。在产品众多、竞争激烈的市场上，企业参与社会公益，进行公益营销，就成为一个重要的战略优势。

（资料来源：http://cn.sonhoo.com/info/637709.html.）

课堂训练

训练内容：网络营销战术的制定。

训练要求：

1. 小组讨论选择一个公益活动。
2. 形成团队的创意点。
3. 制作PPT，进行汇报。
4. 团队间相互点评，教师点评，团队修改。

任务 2　网络营销产品策略

案例分析

海尔集团的传统营销与网络营销

1984年，经青岛市经贸委批准，青岛电冰箱总厂正式成立。1985年，该厂生产出我国第一台四星级电冰箱。1988年，"琴岛利勃海尔"牌BCD212型电冰箱荣获中国冰箱史上第一枚国优金牌。1991年，经青岛市政府决定，青岛电冰箱总厂、青岛冰柜总厂、青岛空调器厂组建海尔集团。1992年4月，青岛电冰箱总厂通过ISO9001认证，成为中国家电行业第一家通过此项认证的厂家。1992年11月，海尔集团在青岛高科园内征地800亩，建造中国最大的家电生产基地——海尔工业园。1993年，青岛海尔电冰箱股份有限公司在上海证券交易所挂牌上市。1996年，海尔莎只罗（印尼）有限公司在雅加达正式成立，海尔首次涉足跨国经营。海尔大型家用电器2012年品牌零售量占全球市场的80%，居全球第一。

海尔集团以优质的服务闻名，所以在网站建设上也突出了这一点：时刻把客户的需要与利益放在第一位。在其网络商城中，除了常规的推荐产品，还提供产品定制服务。"您的难题就是我们的开发课题"是海尔一直秉承的宗旨，处处体现以服务为本的理念。海尔集团的决策者大概也不会想到，公司推出的"网上定制"冰箱业务获得了巨大的成功。网上定制冰箱就是冰箱由消费者自己来设计，企业则根据消费者提出的设计要求来定做冰箱。例如，消费者可根据自己家具的颜色或自己的喜好，定制自己喜欢的外观色彩或内部设计的冰箱。

这对生产厂家意味着什么？业内人士说，过去的"我生产你购买"变成了现在的"你设计我生产"。虽然这两种方式都是生产冰箱，但前者是典型的制造业，后者则有了服务业的概念。海尔表示，只要用户提出定制冰箱的要求，在一周时间内就可投入生产。这是一个了不起的承诺。

济南银座商城是第一家与海尔进行定制冰箱交易的商家，首批1 000台定制冰箱从定货到交货只用了两天时间，销售也只用了7天时间。店家说，海尔值得依赖。

企业的生命在于创新，海尔集团将以更新、更高、更好的产品满足广大顾客的要求。"只要是您能想到的，我们都能做到"，这是海尔的承诺。海尔网站设有友情链接，这在其他企业网站中并不多见，这些链接包括知名的门户网、网上商城、著名的搜索引擎，还有人民日报网络版等。海尔透彻地理解了互联网运作与成功的真谛：一切有为之举，均在融合之中。所以海尔会在网站页面设置友情链接，这样的营销策略既显得主动大方，也为这些网站做了标志广告，并可以方便访问者。

目前，有几十家国内外网络公司正在就网站的改造和建设方案进行投标工作，以适应下一步电子商务运作。通过业务流程再造，将整个公司业务过程重新进行组合，通过网络真正实现生产、销售和服务的个性化。

在 CNNIC 最新的网站排名中，海尔网站名列中国工业网站第一名。以高科技、高质量产品而闻名的海尔集团，一贯重视科学研究与开发，不断推出高科技新产品以满足用户的需要，推动冰箱业的发展。为了跟踪国际最新节能技术，海尔在美国洛杉矶、日本东京等地设立了 6 个设计分部、11 个信息中心，并依托海尔中央研究院开发出了多项国际领先的节能技术。新产品的不断开发需要有雄厚的科技力量作为后盾，社会的不断发展更离不开科学家的创新与奉献。海尔还建立了企业间的 B2B 电子商务合作模式，通过 BBP 交易平台，每月接到 6 000 多个销售订单，通过新物流体系，向三零（零库存、零距离、零运营资本）目标进军，这不是简单的"水泥＋鼠标"进军电子商务的姿态，而是行动，"率先整合"的强劲信号着实意味深长，这是中国互联网发展历史上较大的动作之一。海尔正以自己的实力与真诚最大限度地满足用户的需要，为世人创造美好的新生活，创造新的互联网神话。

（资料来源：改编自 http://abc.wm23.com/ybx006/34944.html。）

问题讨论：
1. 通过案例体会网络营销策略与传统营销策略的区别。
2. 分析海尔集团是如何适应并利用网络经济环境的。

课堂活动

产品定位的主题训练

活动目的：培养学生产品定位的分析能力。

活动内容与要求：结合所在城市区域特色，为淘宝实训基地的网店产品选择提出建议。

结果与检测：提出具有针对性、现实性、可行性的产品选择方案。

提示：在网络营销活动中，消费者的个性化需求更加突出，消费者购物的主动性、选择性大大加强，在网络产品的定位上，更要选择符合消费者个性化需求的产品。

背景知识

网络营销产品策略

一、网络营销新产品开发策略

（一）新问世的产品

新问世的产品即开创了一个全新市场的产品。这种策略一般主要是创新公司所采用的策略。网络时代使得市场需求发生根本性变化，消费者的需求和消费心理也发生重大变化。因此，如果有很好的产品构思和服务概念，即使没有资本也可以凭借这些产品构思和服务概念获得成功，因为许多风险投资愿意投入互联网市场。

阿里巴巴网站（http://www.alibaba.com），凭借其独到的为商人提供网上免费中介服务的

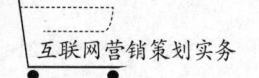

概念，使公司迅速成长起来。

这种策略是网络时代中最有效的策略，因为网络市场中只有第一没有第二，以及"The Winner Take All（赢者通吃）"。

（二）新产品线

新产品线即公司首次进入现有市场的新产品。互联网的技术使产品的扩散速度非常快，利用互联网迅速模仿和研制开发出已有产品是一条捷径，但在互联网竞争中一招领先招招领先，因为新产品开发速度非常快。这种策略只能是作为一种对抗的防御性策略。

（三）现有产品线外新增加的产品

现有产品线外新增加的产品即补充公司现有产品线的新产品。由于市场不断细分，市场需求差异性增大，这种新产品策略是一种比较有效的策略。一方面，它能满足不同层次的差异性需求；另一方面，它能以较低的风险进行新产品开发，因为它是在已经成功的产品上进行的再开发。

（四）现有产品的改良或更新

现有产品的改良或更新即提供改善功能或较大感知价值并且替换现有产品的新产品。在网络营销市场中，由于消费者可以在很大范围内挑选商品，消费者具有很大的选择权利。企业在面对消费者需求品质日益提高的驱动下，必须不断改进产品和进行升级换代，否则很容易被市场抛弃。目前，产品的信息化、智能化和网络化是必须考虑的。

（五）降低成本的产品

降低成本的产品即提供同样功能但成本较低的新产品。网络时代的消费者虽然注重个性化消费，但个性化消费不等于是高档次消费。个性化消费意味着消费者根据自己的个人情况包括收入、地位、家庭及爱好等来确定自己的需要，因此消费者的消费意识更趋于理性化，消费者更强调产品给消费者带来的价值，同时包括所花费的代价。在网络营销中，产品的价格总是呈下降趋势的，因此提供相同功能但成本更低的产品更能满足日益成熟的市场需求。

（六）重新定位产品

重新定位产品即以新的市场或细分市场为目标市场的现有产品。

这种策略是网络营销初期可以考虑的，因为网络营销面对的是更加广泛的市场空间，企业可以突破时空限制以有限的营销费用去占领更多的市场。

在全球的广大市场上，企业重新定位产品，可以取得更多的市场机会。如：在国内中档家电产品通过互联网进入国际其他发展地区市场，可以将产品重新定位为高档产品。

课堂讨论

可口可乐新产品上市决策

有"清凉饮料之王"之称的可口可乐，诞生于1886年。经过100多年的发展，可口可乐公司已成为全球性的饮料公司。而正是仅占饮料1%的神秘配方——"类汉帝司—7x"使可口可乐公司发展成为全球著名的跨国公司。

可就在1985年4月，可口可乐公司却宣布改变沿用99年之久的老配方，采用刚研制成功的新配方。在此之前，该公司用了3年时间耗资500万美元，进行了20余万人次的口味调查和饮用实验，调查结果是55%的人认为新配方味道更好。

可是，当新产品问世之后，却引起了一场轩然大波。公司每天都能收到无数封抗议信件和多达1 500次以上的抗议性电话。

与此同时，可口可乐的竞争对手百事可乐认为，击败可口可乐的时候到了。正如百事可乐广告部主任所说："这个机会对我们来说，就像一个大窗口，通过它我们可以争取那些铁杆的嗜饮可口可乐者。"这样，可口可乐公司不得不宣布，为了尊重老顾客的意见，公司决定恢复老配方的生产，同时考虑消费者新的需要，新配方继续生产。这个改变，使可口可乐从不利的阴影中走了出来。

（资料来源：http://151.fosu.edu.cn/manangement/gl-al/glal-2.htm）

问题讨论：
1. 为什么进行了20余万人次的口味调查和饮用实验看好的新配方会失败？
2. 可口可乐面对危机是怎样改变产品策略的？为什么？

可口可乐公司的本意是开拓新产品以加强竞争力，但错就错在，它冒险地取消了原有的成熟产品。原有的成熟产品已经与老顾客形成了一种比较稳定的交流性关系，这是一个企业得以维持的基础，贸然取消它，让老顾客去使用或消费他们并不习惯的新产品，显然是违反了消费心理的做法。而后来可口可乐及时地修补，所取得的成功又恰恰说明了贸然行动的错误性。所以，不断勇于开发、生产新产品，同时淘汰已不再受欢迎的旧产品，并要同样重视依然拥有市场的旧产品的方法是值得借鉴的。

二、网络营销新产品构思与概念形成

新产品的构思可以有多种来源，比如竞争者、专家、营销人员、消费者等。在历史上每一个阶段，许多伟大发明、新产品构思和概念的形成，主要是依靠科研人员的创造性推动的，而科研人员的创造性最主要的是依靠顾客来引导产品的构思。如：美国波音公司通过其内部网络CAD系统将所有零件供应商联系在一起，加快新产品777的研制与开发。而现今，利用网络营销数据库，企业可以很方便地发现顾客的现实需求和潜在需求，从而形成产品构思。通过对数据库的分析，可以对产品构思进行筛选，并形成产品的概念。

> **小思考**
>
> 网络营销新产品开发的首要情况是新产品构思和概念形成。

三、网络营销新产品的研制

与过去新产品研制和试销不一样，顾客可以全程参与概念形成后的产品研制和开发工作。在生活中，越来越多的个性化口号涌现出来，例如"让我做主！""我有我主张""我的地盘我做主""我运动我快乐""我有，我可以""我能！"，这种消费诉求要求市场的营销活动也具有个性化，所传递的信息也要具有个性化。个性化诉求成为引起消费者共鸣的有力武器。

许多产品并不能直接提供给顾客使用，它需要许多企业共同配合才能满足顾客的最终需要，这就更需要在新产品开发的同时，加强与以产品为纽带的协同企业的合作。

课堂讨论

Intel 公司公开 CPU 新产品研发技术指标

计算机的硬件和软件是需要许多公司配合才能满足市场需要的，为提高新产品研究开发速度，提供 CPU 的 Intel 公司在研究新产品的同时就将其技术指标向协同企业公开，以使其能配套开发新产品。提供操作系统的微软公司，也是在开发新操作系统的同时就将操作系统的标准和规范公开，在产品上市前先与硬件制造商合作测试操作系统稳定性，以及配合硬件制造商的硬件设计和制造，使得操作系统与计算机上市时能保持同步。这些相互协作和支持都可以很容易通过互联网实现，而且费用非常低廉。

问题讨论：
体会顾客参与新产品研发的作用。

课堂讨论

沼气生活网网站策划

沼气是一种能源产品，在我国农村有一定的普及性。沼气生活网创新点在于利用农村生态家园富民沼气工程的已有基础，积聚资源，服务于新农村建设。沼气生活网目标客户是以已使用沼气的浙江农村地区规模化养殖场或养殖大户为主，兼顾服务于普通农户家庭，同时配合当地政府为目标客户提供沼气政策、技术等相关咨询服务。

沼气生活网团队在选择产品上切合 2010 年低碳经济的精神，虽然沼气不是一种新产品，却可以以沼气为基础能源，开发新的产品。

问题讨论：
1. 你认为沼气生活网团队产品开发有哪些优点与不足？
2. 请为沼气生活网团队设置产品组合。

四、长尾产品

在安德森（Chris Anderson，2009 年）的长尾理论中，由于成本和效率的因素，当商品储存流通展示的场地和渠道足够宽广，商品生产成本急剧下降以至于个人都可以进行生产，并且商品的销售成本急剧降低时，几乎任何以前看似需求极低的产品，只要有卖的，都会有人买。这些需求和销量不高的产品所占据的共同市场份额，可以和主流产品的市场份额相比，甚至更大。传统的二八法则在网络营销时代被彻底颠覆，长尾理论中提倡的是98%法则，即所有的利基产品一旦集合起来，可以创造一个客观的大市场。

课堂讨论

死蚊子都可以卖，还有什么不可以卖的呢

24岁的宁楠（网名"范泥泥的润"）打算在网上专门销售价值百万元的缅甸翡翠。为了提高自己网店的名气，他想出了在网店上卖蚊子尸体的点子，自从2010年6月19日他在网络上发出第一条"蚊子尸体"的出售信息后，48小时内这件商品已经有了20万的浏览量，有上万人拍下了他亲手打死的"蚊子"。

6月21日，宁楠在网上发表了一篇《我承认，卖蚊子，是一场策划》，再次引起关注。"这彻头彻尾是一场策划，一个人的策划。"而这次策划的成功，已经直接给他带来经济利益。

问题讨论：
1. 为什么做一条"蚊子尸体"的销售信息居然能够直接给他带来经济利益？
2. 该案例的成功给你带来什么启发？

在传统的实体店中销售"死蚊子"这种产品，6元一只的蚊子，想要卖出去，难度可想而知。店主运用了长尾理论，即通过互联网搜索引擎和口碑营销，将非热门产品和分散的需求结合起来，聚沙成塔，达到营销的目的。因此，只要运用了合适的推广策略，即使非热门商品也能够在网上卖得不错。

网络营销需要明确一点，通过网络恶搞或恶性炒作的方式进行网络推广，在短期内可以赢得大量的关注，但从长期的品牌营销层面上来看，还是要把握好尺度，最好运用一些良性的方式来进行推广。

五、网络营销中的产品战术

在线上营销时代，网络营销已成为中小企业发展的一种趋势。中小企业应该如何开展网络营销，制定出适合自己的发展策略，设计出科学有效的战术，对企业营销效果至关重要。

课堂讨论

销售相关产品

啤酒加尿布是这类营销战术的经典案例。而网络营销中的经典案例当属亚马逊。用户在选定一本书时，亚马逊会提示用户是否愿意购买组合商品；提示用户购买这本书的其

他读者还买了其他的书，要不要一起购买；这本书的作者的其他作品是否需要购买等。每个产品页面上还有已购买此产品的读者所做的评论。这种结合长尾理论和数据挖掘的营销战术使得亚马逊成为全球最大的网络电子商务公司之一。

问题讨论：
浏览亚马逊网站，指出亚马逊采取了哪些相关产品网络营销战术？

知识链接

网络营销数据库系统的特点

网络营销数据库系统一般有以下特点：

（1）在营销数据库中每个现在或潜在顾客都要作为一个单独记录存储起来，只有了解每个个体的信息才能细分市场，并可通过汇总数据发现市场总体特征。

（2）每个顾客记录不但要包含顾客的一般信息，如姓名、地址、电话等，还要包含一定范围的市场营销信息，即顾客需求和需求特点，以及有关的人口统计和心理测试统计信息。

（3）每个顾客记录还要包含顾客是否能接触到针对特定市场开展的营销活动信息，以及顾客与公司或竞争对手的交易信息。

（4）数据库中应包含顾客对公司采取的营销沟通或销售活动所做反应的信息。

（5）存储的信息有助于营销策略制定者制定营销政策，如针对目标市场或细分市场提供何种合适的产品或服务，以及每个产品在目标市场中采用何种营销策略组合。

（6）在对顾客推销产品时，数据库可以用来保证与顾客进行协调一致的业务关系发展。

（7）数据库建设好后可以代替市场研究，无须通过专门的市场调研来测试顾客对所进行的营销活动的响应程度。

（8）随着大型数据库可以自动记录顾客信息和自动控制与顾客的交易，自动营销管理已成为可能，但这要求有处理大批量数据的能力，在发现市场机会的同时对市场威胁提出分析和警告。大型数据库提供的高质量的信息使得高级经理能有效进行市场决策和合理分配有限的资源。

（资料来源：http://www.wm23.com/）

课堂训练

训练内容：浙江工贸职业技术学院电子商务专业同学以"国货汇"为题做了一份策划书参加全国大学生电子商务"三创"大赛。请帮助国货汇团队进行产品定位。

训练要求：
1. 满足目标顾客的需求。
2. 产品安全、健康。
3. 先制作PPT，然后汇报。
4. 团队间相互点评，教师点评，团队修改。

任务 3　网络营销价格策略

案例分析

The Bodyshop 产品的价格定位

互联网的高速发展突破了地域限制，并且使得传统产品的价格越来越透明。一款英国化妆品牌 The Bodyshop 的茶树精油，同样的容量，淘宝网上最低价 35 元，最高价 159 元。这个品牌尚未向中国市场开放代理权，但该品牌产品已经在中国风靡并且销售了好几年。撇开这些网上卖家的合法性，产品的网络定价只能由卖家单方面根据成本优势来确定。所以，低价的茶树精油未必是假货，高价的也未必是真货。

问题讨论：
1. 网络营销产品定价与传统营销产品定价有何区别？
2. 根据案例思考网络营销产品定价的影响因素有哪些？

课堂活动

The Bodyshop 产品定价分析

活动目的：培养学生的市场分析能力和对特定产品定价的分析能力。

活动内容与要求：上网比较官网和国内销售网站的价格，查找 The Bodyshop 产品的网上销售情况，寻找合理定价。

结果与检测：分析合理的产品定价。

提示：产品的价格由营销策略决定，与产品本身无关，这就是价格策略。

背景知识

网络营销价格策略

一、从产品到客户价值

互联网产品的销售应该是迎合网络消费者的需求的，同样，在定价方面，网络消费者也从传统的被动选择到主动筛选，主动权十分明显。而网络营销策略理论从 4P 到 4C 的演变，就体现出以用户为中心、客户价值最大化的营销理念。因而，产品的定价也体现在产品所创造的客户价值上。

（1）顾客参与产品设计。网络营销不再是预测消费者的偏好而进行的设计，而是把顾客当作伙伴，利用网络上的互动，直接了解顾客的需求意图，最大化满足顾客的多样化需求。

（2）顾客需求迅速得到满足。企业可以根据顾客的要求及时进行生产和提供服务，这使得顾客可跨时空得到满足所要求的产品和服务，从而使客户价值最大化。

（3）实现大规模定制。在制造系统中加入网络信息技术，实现智能和快速化。一方面提高顾客的满意度；另一方面，使企业能够根据市场变化灵活地调整经营战略。

二、网络产品价格策略

网络营销产品的价格就是指企业在营销过程中买卖双方成交的价格。传统的定价理论部分可以适用在网络营销中，而网络营销在定价过程中更强调以消费者的需求为起点和个性化。

基于网络营销环境的开放性，网络营销产品定价一般具有低价位、全球化、价格趋同化、顾客主导化和弹性化等特点。因此，网络营销产品定价策略有其独特属性。

（一）低价策略

互联网给消费者带来的一大好处就是大大降低了用户的购买成本。消费者可以通过互联网了解产品供应者的相关信息，因而，低价策略便成为网络营销产品定价的重要策略之一。低价策略指以一个较低的产品价格打入市场，目的是在短期内迅速占有市场容量（刘芸，2011年）。网络上的产品由于省去了传统店铺的成本，其销售成本大大降低。而互联网上应运而生的比价网站，如有道购物搜索，更是为网络消费者提供了透明的互联网价格信息。

课堂讨论

哈尔滨市洗衣机商场的错时降价

哈尔滨市洗衣机商场规定，商场的商品从早上9点开始，每一小时降价10%。特别是在午休时间及晚上下班时间商品降价幅度较大，吸引了大量上班族消费者，在未延长商场营业时间的情况下，带来了销售额大幅度增加的良好效果。

（资料来源：https://www.docin.com/p-1998082279.html）

问题讨论：
1. 哈尔滨市洗衣机商场营销采取了什么样的定价策略？
2. 体会哈尔滨市洗衣机商场定价的成功经验。

（二）"口红效应"

所谓"口红效应"，是指一种有趣的经济现象，即在经济不景气的情况下，一些廉价的商品如口红反而销量大增。"口红效应"很好地体现出了经济萧条时消费者的特殊消费心理。这种效应同样适用于网络购物。2020年新冠疫情肆虐，线下经济危机席卷全球，在众多商家倒闭的情况下，网络购物却逆行直上，形成了买菜足不出户、工作足不出户、购物足不出户、发货足不出户的特殊现象。

"口红效应"也同样适用于奢侈品的网上销售。世界奢侈品协会于2019年7月30日发布的报告称,2018年,我国已经成为全球第一大奢侈品购买国,中国人奢侈品消费金额达到7 700亿元人民币,约占全球33%;2012年至2018年,全球奢侈品市场超过一半的增幅来自于中国。如此炫目夺人的景象也激发了一批专门售卖奢侈品的电子商务网站投身其中。欧洲的Vente-privee.com拥有1 300万会员,年销售额逾11亿欧元。唯品会CEO洪晓波正是这一模式的追随者。唯品会于2008年12月上线,2019年全年,唯品会实现净营收930亿元人民币,同比增长10%,活跃用户达3 860万。

(资料来源:https://www.ebrun.com/20200306/376646.shtml)

课堂讨论

奢侈品的"口红效应"

一家销售昂贵皮具的奢侈品公司从2008年起就将产品的丝带礼盒改成了可循环的牛皮纸袋,并且在网上到处做广告,告知消费者,选择丝带礼盒可以享受线下消费的九折优惠,但如果用牛皮纸袋包装,公司将以用户的名义把盈利所得的10%捐赠给环保机构。很快,公司的网上销售就达到了和实体店一样的水平。

问题讨论:
1. 为什么奢侈品也能做网络营销?
2. 销售昂贵皮具的奢侈品公司如何实现"口红效应"?

(三)个性化定制策略

个性化定制是根据互联网的互动性,商家根据消费者的需要进行个性化产品定制。戴尔公司曾是把网上直销做得最成功的企业。用户可以在戴尔的网站上选择PC的不同配置,戴尔公司立即进行订货、组装,并在7~10个工作日内发货。戴尔模式演化成电子商务网购的消费者个性化订购模式。个性化定制给了消费者更大的选择空间,即使需要个性化的消费者属于小众群体,即长尾群体,这些小众通过互联网的集合形成一股集中的需求力,而这种需求往往使消费者把价格放在第二位。

课堂讨论

淘宝的聚划算"定制"效应

2011年5月26日,淘宝商城电器城联合淘宝团购聚划算平台,发起"空调玩定制,万人大团购"的大型团购活动。将产品的定制权完全交给了消费者。消费者可以根据自己的喜好,DIY定制空调的功率、面板外观、功能等。获得选票最高的两款机型将在聚划算上接受预定,团购总数为一万台,并且,此次活动将采取"人越多越便宜"的模式进行团购。淘宝商城最高能返还300元支付宝现金及获得100元支付宝红包。据悉,此次团购将是国内体量最大的 DIY 定制团。

另外,淘宝商城设计师频道和淘宝团购聚划算联手,推出了一家被称为设计师平台的 D2C 旗舰店,全国十佳服装设计师中的吴海燕、邓力夫、钱峰等领衔,通过设计稿+模特 T 台秀的方式进行新品团购预售。

据悉,在这次尝试中,设计师直接面向消费者,通过淘宝聚划算强大的营销平台,通过设计草图等相关设计产品阐述、传达自己的设计理念,并直接聆听消费者的意向和需求;而另一端的消费者,一改以往被动接受库存商品的弱势,前所未有地尝试与大牌设计师互动。

这种互动模式是设计师先把设计稿拿出来,让消费者可以去寻找设计师,再根据团购情况下单制造衣服。这是一种完全的预售模式。知名设计师吴海燕一件标价 688 元的衣服,在价格高于淘宝女装平均 2.5 倍的情况下,销售了 2 267 件。

(资料来源:http://www.100ec.cn,2011 年 05 月 27 日 08:19,中国电子商务研究中心发表评论"电商服务")

问题讨论:
1. DIY 定制有哪些优势?
2. 进入聚划算团购网,体会淘宝的聚划算"定制"效应。

聚划算团购网是一种线上团购。淘宝聚划算是团购的一种形式,又叫聚划算团购每一天。与其他团购网站相比,"聚划算"的优势不仅在于有淘宝网庞大的购物群体,而且还有淘宝网平台的商家支持。

(四)拍卖定价策略

网上拍卖的主要群体还是网络消费者,拍卖的物品包括二手货、收藏品等。典型的网站是美国的 eBay.com 和淘宝网。当然也有拍卖行在网上进行拍卖的,但是,拍卖的过程中还是会涉及线下交易的部分。网上拍卖的主要形式有英式拍卖和荷式拍卖。

(五)免费策略

免费策略就是将企业的产品和服务以零价格的形式提供给顾客使用,满足顾客的需求。免费策略具有这样几类形式:第一类是产品和服务完全免费,即产品(服务)在购买、使用和售后服务所有环节都实行免费服务;第二类是对产品和服务实行限制免费,即产品(服务)可以被有限次使用,超过一定期限或者次数后,取消这种免费服务;第三类是对产品和服务实行部分免费,如一些著名研究公司的网站公布部分研究成果,如果要获取全部成果必须付款并成为公司客户;第四类是对产品和服务实行捆绑式免费,即购买某产品或者服务时赠送其他产品和服务。

免费策略是一种深入人心的策略。企业在网络营销中采用免费策略的目的,在于使消费者形成使用习惯以后,再开始逐步过渡到收费阶段。如金山公司允许消费者在互联网上免费下载限使用次数的 WPS 软件,其目的是想让消费者先养成使用习惯,然后再掏钱购买正式软件,这种免费策略主要是一种促销策略,与传统营销策略类似。杀毒软件产品、免费软件、免费试用品在线申请等都属于这种情况。

课堂讨论

腾讯QQ的收费模式

腾讯在中国有数亿QQ用户，其早期的免费模式逐渐地融入了很多收费的项目。2005年，腾讯拍拍购物网上线运营，其强大的用户群体让拍拍网超越易趣网，在中国C2C平台中占有一席之地。有人对腾讯的收费项目做了一个统计。

[QQ群]：当人员超限时收费。
[QQ卡]：10元1张。
[QQ币]：1元1个。
[QQ会员]：开通会员服务即可（10元/月）。
[QQ红/黄/蓝/紫/粉/绿/黑钻会员]：10～20元/月。
[超级QQ]：(包括飞信QQ)，服务费分为10元/月的标准版与15元/月的高级版。
[短信超人]：开通短信超人服务即可（10元/月）。
[WAPQQ]：只要登录一次WAPQQ业务，即成为WAPQQ的尊贵用户，小图标则会在接下来的三个月中点亮（5元/月）。
[腾讯图书VIP]：开通腾讯图书VIP服务即可（10元/月）。
[QQ音信]：使用1次或多次QQ音信业务（1元/次）。
[腾讯公益]：选择想要捐赠的项目，然后每月支付10元，即可开通。
[QQ宠物]：宠物所需食物用Q币支付。
[QQ农场]：狗粮需要Q币支付。

（资料来源：http://aoyou124.blog.163.com/blog/static/162355522201031634015100/）

问题讨论：
1. 分析腾讯QQ的收费模式是什么模式？
2. 免费价格策略有什么优势？为什么免费价格策略特别适合于网络营销？

在网络营销实践中，免费策略不仅仅是一种促销策略，而且还是一种有效的产品和服务定价策略。由于互联网的发展得力于免费策略的实施，因此作为20世纪末最伟大的发明，互联网的发展速度和增长潜力令人生畏，任何有眼光的人都不会放弃发展成长的机会。免费策略是最有效的市场占领手段。企业通过免费策略，吸引顾客兴趣，拉动顾客试用的主动性，培养顾客的忠诚性，进而挖掘后续商业价值。

课堂训练

◎ 训练一

训练内容：结合团队项目或者本节导入案例，再次分析产品的定价策略。
训练要求：
1. 基于团队项目的产品特色，确定定价策略。

2. 制作PPT，然后汇报。
3. 团队间相互点评，教师点评，团队修改。

◎ 训练二

怎样看待近期国美－苏宁电器网上商城低价竞争

作为中国最大的家电网购平台，国美网上商城自3月投入20亿元促销资源，4月周年庆，5月全面引发全网低价大战，举行"刷新全网低价"五月大型促销活动。国美网上商城总经理韩德鹏表示，5~7月投入促销让利总额将超过5亿元。随后京东、淘宝等持续跟进，五月低价大战已经全面爆发。

国美网上商城：低价永远是电商核心

京东副总裁吴声表示，京东已经不把低价当核心，对于国美等电商企业的低价战，京东容易走入价格壁垒，没有供应链优势就很难突围。

由家电大佬国美网上商城发起的低价大战，随即引发了市场热议，这场号称史上最大规模电商价格战，还将持续多久？国美网上商城采销总监张冰表示，将持续采取低价策略，将大部分畅销商品价格拉至最低。目前一淘网价格对比显示，国美电器网上商城的大部分商品，例如家电和手机、单反相机及笔记本等热销商品保持在15%~30%的市场价格优势。

业内人士表示，这对于有着先天优势的传统企业电商来说，自然不会错过快速抢占家电线上市场份额的机会，因此目前国内出现了一次罕见的纯电商和以国美为代表的传统企业电商正面低价交锋的局面。

分析认为，在家电网购市场，国美杀入进来之后，市场格局已经明显发生变化，目前一线B2C阵营中，他们必须要通过价格战把京东拉进来，纯电商容易走入国美在电商发起的价格战局。

行业洗牌加速

业内分析人士认为，尽管消费者乐于见到电商企业之间开打价格战，但对于不具备采购规模优势的纯电商来说，一味跟进就容易迷失在低价战中，从而继续扩大亏损面，最终陷入资金链压力。

电商观察人士指出，家电网商价格战的后果就是加剧垄断的速度，也为后来者树立了一个极高的进入门槛，最终会促使行业洗牌加速。国美电器网上商城等传统企业电商通过价格战策略，在短短一年时间内发挥黑马效应，迅速成为中国最大的家电网购平台，3月结盟当当网，将线上低价优势进一步扩大。

决胜价格战背后：供应链与物流是核心

面对激烈的价格大战，分析人士认为，相对于百货商品，家电数码类是专业化比较强的领域，需要极强的售后安装等配套专业服务体验。

"低价只是表面现象，比拼的还是供应链和物流。"国美网上商城总经理韩德鹏表示，"家电网购市场竞争门槛是电商行业中最高的，需要依靠强大的供应链优势和覆盖全国的本地化物流优势，小件商品淘宝小店采用第三方物流，但空调、冰箱、彩电、洗衣机等大家电必须拥有本地化物流才能形成销售规模。国美电器发展25年，实际上也是默默铺就了一条中国最大的电商物流网络。"

据相关数据统计，截至2020年12月，中国网民人数已达9.89亿，较2020年3月增长8 540万，网络支付用户规模达8.54亿，较2020年3月增长8 636万。随着网络购物的兴起，家电网购市场也迎来了空前繁荣的时期，同时家电网购市场的竞争也进入了白热化阶段。

国美电器网上商城能在众多的家电网购商城中脱颖而出，取得这样的业绩，和国美电器网上商城能保持自己的核心竞争力是密不可分的。

国美电器网上商城作为国美电器的唯一官方网上商城，依托集团强大的品牌优势，已经成为中国最大的家电及消费电子网上商城。并且，凭借着每年近千亿元巨额订单和畅销型号包销定制协议的签署，国美电器网上商城在众多家电及消费电子商品中，具备独家、低价、可持续放量销售的能力和售后服务保障能力，保证了国美电器网上商城低价的核心竞争力。

除了价格优势，国美网上商城将消费者的购物体验放在首位，提出"成就品质生活"的口号，为消费者提供优质的生活。

国美网上商城的竞争力还有强大的信息系统的支持。国美电器网上商城通过与德国SAP、埃森哲、惠普、毕博咨询等国际知名机构紧密合作，采用全球顶级的信息化系统建设，通过数据化的需求推动供应商逐步实现标准化和模块化，实现订单过程的可视可控，降低整条供需链的成本。

业内人士认为，随着家电网购市场竞争的激烈化，价格战不再是唯一的竞争手段，品牌、低价、服务、商品、物流、信息化系统等综合性的核心竞争力，将成为家电网购商竞争的主要手段和制胜的关键因素。

（资料来源：http://dh.yesky.com/7/31104007.shtml）

任务 4　网络营销渠道和沟通策略

案例分析

李宁的网络渠道建设

微信推广

2007年8月，林砺加盟李宁，李宁决定开始做电子商务；2008年1月，李宁电子商务部正式成立；2008年4月，李宁在淘宝商城开设第一家直营网店，其新浪商城、逛街网、拍拍网、易趣网的直营和授权网店也相继开设。2008年6月，李宁官方商城推出。在进入电子商务之前，李宁公司的调研结果显示：淘宝网上的李宁产品网店已达700余家，而2007

年仅淘宝的销售额已达5 000万元。随后,李宁又自建了官方商城。

开设网络直销+官方网络商城的同时,李宁还通过和门户网站合作、搜索引擎推广、举办主题活动等方式开展网络渠道推广。如通过在网易投放的广告链接到官网,Google关键字广告链接等,李宁的官网还会不定期地举办一些活动。

在传统渠道和网络渠道的协调方面,李宁对销售的商品做了区别;在定价上确保网络渠道和传统渠道一致,不仅在B2C方面保持一致的价格体系,而且把400余家C2C网店也纳入了它的管理体系。

(资料来源:http://www.ebrun.com/online_marketing/9878.html)

问题讨论:
1. 李宁为什么从网络商城的模式改为网络直销+官方网络商城的模式?
2. 借助网络资源分析:李宁的线上与线下推广问题是怎么处理的?

课堂活动

网络销售渠道分析

活动目的:培养学生对渠道的理解程度和对案例的分析能力。
活动内容与要求:对上述案例进行分解,说明李宁运用了哪些网络营销渠道。
结果与检测:给出合理的分析结果。
提示:互联网分销渠道是借助互联网将产品从生产者转移到消费者的中间环节。

背景知识

网络营销渠道和沟通策略

渠道一度是区别品牌的关键。从上述李宁的案例中可以看出,李宁采用的网络营销直销和分销策略,与其用户沟通策略是分不开的。互联网分销渠道是借助互联网将产品从生产者转移到消费者的中间环节。而互联网的特殊之处在于商家要通过尽可能地减少中间环节的方式来降低成本,并令消费者满意。

一、网络营销渠道策略

网络营销渠道策略指在企业将产品所有权从生产者向消费者转移过程中所经过的所有环节和中介机构的策略选择。合理的分销渠道,一方面可以最有效地把产品及时提供给消费者,满足用户的需要;另一方面也有利于扩大销售,加速物资和资金的流转速度,降低营销费用。对于从事网络营销的企业来说,熟悉网络分销渠道的结果,分析、研究不同网络分销渠道的特点,合理地选择网络分销渠道,不仅有利于企业的产品顺利完成从生产领域到消费领域的转移,促进产品销售,而且有利于企业获得整体网络营销上的成功。网络营销渠道策略主要分为网络直销渠道策略和网络中间商渠道策略。

（一）网络直销渠道策略

网络直销渠道是生产商借助互联网，不通过其他中间商，直接将产品卖给消费者的过程。开展网络直销的方式主要有两种：一种是企业自建网站，申请域名，制作网站，直接向消费者销售；第二种是在第三方平台上开设网上商店，发布信息，直接销售产品。

凡客诚品是服装网上直销的行业龙头。2007年，中国服装网上直销还是PPG的天下。2008年，PPG已然销声匿迹，凡客诚品脱颖而出。凡客诚品以大牌衬衫的品质，不到大牌产品1/5的价格，以及便利的购物模式，迅速赢得了网络消费者的心。

（二）网络中间商渠道策略

网络直销的经典案例是戴尔的直销模式。戴尔的网上直销曾经一度成为营销界的神话。但自2006年起，戴尔的市场份额不断下降。直销模式在一定程度上限制了戴尔在某些市场的开发。2009年10月，戴尔CEO迈克尔·戴尔（Michael Dell）表示，到目前为止自己犯过的最大错误是坚持直销太久了，没能及时引进中间商渠道模式。目前，在京东商城、绿森商城、卓越网、当当网等网络销售平台均能见到戴尔产品的销售目录。

二、网络营销的沟通理论

今天的营销不能再以单独的交易为中心，而应以在企业和最佳顾客之间建立坚固的、强大的关系为中心。艾登伯格的4R理论很好地解释了网络营销的沟通方式。其中包含了8种核心能力，为后经济时代的企业提供建立品牌价值的8种营销方法。4R具体是指关系（Relationship）、节省（Retrenchment）、关联（Relevancy）、报酬（Reward）。

（一）关系

艾登伯格认为，建立品牌价值的关键策略就是要在你和你的目标市场之间构筑一种独特的关系。在这里，有两种核心能力可以达到这种目的：服务和经历。

课堂讨论

马克的派克钢笔摔坏了

马克有一支非常漂亮的钢笔，笔尖是纯银的，是派克公司的赠品，他已经使用了很多年。可是，一天由于不小心掉到地上，笔摔坏了。马克拨通了派克公司的电话，派克公司的员工获悉情况之后，让他把笔寄回来修复，他照做了，并以为他们会收取一点服务费，而出乎意料的是，他不仅在一星期之内收到了修好的钢笔而且根本不收取费用。除此之外，他还发现笔尖中的凹槽已被彻底清洗干净，并且笔囊中还装满了新的墨水。实际上，马克还从来没有购买过派克公司的产品，他的钢笔只是赠品。但是自从经历了这件小事之后，他就不停地讲述这个故事，并且向每个他认识的人推荐派克笔。

问题讨论：
1. 派克公司为什么不收马克的服务费甚至配件费？
2. 派克公司是怎样实现关系营销渠道建立的？

传统意义上的服务发生在交易之前或之中，但是，如今越来越多的服务发生在交易之后。持久的顾客关系不是在售出后就结束而是在此时开始。这就是为什么售后服务至关重要的原因。

课堂讨论

eBay 提供聚集地

eBay 是非常受欢迎的拍卖网站。成千上万的收藏者来到 eBay 并不只是为了交易，还因为在这儿可以遇到很多志趣相投的爱好者。eBay 为这些人提供了聚集地，无论是印象派油画的爱好者，还是老电影海报、古代的手工用具的爱好者，都可以聚集在这里进行交流。

问题讨论：
体会 eBay 的网络沟通策略。

如果品牌能够传递一种独特的购买或消费经历，那么就使用这种经历。如果不能，那就把它与那些难忘的、容易联想到品牌的经历建立关联。如 Special K 把早餐与减肥、健康，甚至是性感联系在一起。

（二）节省

节省策略是通过使用技术把商店、品牌或服务带到顾客的家中或办公室里，来为顾客节省时间。这里的两个核心能力是技术和便利。

课堂讨论

戴尔的节省策略

在戴尔这家计算机生产公司中，主管专注研究着厂内每一个组装流程，他们引进录像设备来研究工作小组的一举一动，看看有没有多余或者浪费的步骤。十几年前，戴尔会有大约 30 天的零件库存期，比如外壳、主机板、英特尔处理器等零件，这些零件都存放在 Austin 附近的仓库中。而现在，戴尔在 Austin 这一带已经没有任何仓库，戴尔要求供货商必须在工厂 90 分钟车距的范围内存放 8 至 10 天的零件供应。事实上，戴尔 48 部卡车运输车队就是它的仓库。Myhand 说："如果送货的卡车晚来 4 分钟，那么我们的整个生产线就会停下来等待。"

从技术角度讲，库存最小化大幅节省了戴尔的成本，这还意味着，当戴尔进行产品机种转型时，他们不需要再消化旧零件。

戴尔使用这种策略，只在有订单时才定制生产产品，然后迅速发货，而不是持有满仓库的存货等待它们日渐贬值。戴尔取得了神话般的成功。2008 年 12 月 16 日，在美国德克萨斯州圆石城，戴尔正在实施一项计划，希望借此简化和改革计算机的包装，预期在今后 4 年内节省超过 800 万美元的成本。

（资料来源：http://www.soft6.com/v9/2007/pldj_0810/7778.html）

问题讨论：
1. 戴尔是怎样实现节约策略的？
2. 戴尔节约策略的制定依据是什么？

节省的出现不是由于规模经济和成本节约的需要，而是因为消费者的需求。此时，消费者比以往任何时候都更聪明、受过更良好的教育，他们知道自己想要什么，并且技术给了他们使用这种新的消费权利的机会。营销也从推式营销转变为拉式营销。

（三）关联

关联关系，是指公司控股股东、实际控制人、董事、监事、高级管理人员与其直接或者间接控制的企业之间的关系，以及可能导致公司利益转移的其他关系。如果采取关联型多元化经营战略，可以充分发挥整体协同效果以实现效益最大化，同时有利于提高管理效率。在网络营销中，关联是个至关重要的战略。

关联网站，是指具有互相推广关联关系的同一个机构所拥有或控制的各个独立的网站（包括二级域名的网站）。关联网站推广是很多互联网公司或者以互联网为主要营销手段的企业的成功"秘诀"，当然也有一些网站过分依赖关联网站推广，甚至采用搜索引擎定义作为作弊手段的关联链接，结果可能受到搜索引擎的惩罚；有些网站则仅仅出于提高流量（而不是有效的用户访问量）的目的，让关联网站成为互相提高网站流量排名的工具。在网络时代，顾客很容易受到竞争者的诱惑。关联战略的目标就是把你的品牌资产直接与主要的购买动机关联。这里可以通过专业和商品做到。

课堂讨论

新年的第一杯可乐

2009年春节，可口可乐深入地了解到消费者在不平凡的2008年到2009年的情感交集，抓准了受众微妙的心态，倡导可口可乐积极乐观的品牌理念，推出"新年第一瓶可口可乐，你想与谁分享？"这个新年期间的整合营销概念，鼓励人们跨越过去，展望未来，以感恩与分享的情愫，营造2009年新年伊始的温情。

活动充分整合了目前国内年轻人热衷的大部分网络资源，利用了社交型网站、视频等途径，让数以万计的消费者了解了"新年第一瓶可口可乐"的特殊含义，并积极参加了分享活动，分享了自己的故事和自己想说的话。

除了使用在新年节日时最广为应用的短信拜年，还向iCoke会员发出"新年第一瓶可口可乐"新年祝福短信，同时也在iCoke平台上提供国内首次应用的全新手机交互体验，让拥有智能手机的使用者，通过手机增强现实技术（AR Code, Augmented Reality Code），在用户收到电子贺卡时，只要将手机的摄像头对准荧幕上的贺卡，就能看见一瓶三维立体的可口可乐与环绕的"新年第一瓶可口可乐，我想与你分享"的动态画面浮现在手机屏幕上，并伴随着活动主题音乐。新技术的大胆运用给年轻消费者与众不同的超前品牌体验。

（资料来源：陈洁．网络营销教学网站．http://abc.wm23.com/CRR0110/130826.html．）

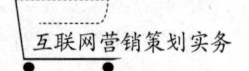

问题讨论:
1. 可口可乐是如何借助新年实施关联营销的?
2. 以某熟悉的网站为例,讨论其实施关联营销的契机有哪些?

自活动开始,参与人数随着时间呈几何数增长。超过 500 万的用户上传了自己的分享故事及照片,超过 300 万的 SNS 用户安装了定制的 API 参与分享活动,近 200 万的用户向自己心目中想分享的朋友发送了新年分享贺卡。同时,论坛、视频网站和博客上,一时间充满"新年第一瓶可口可乐"的分享故事。除了惊人的数字外,消费者故事的感人程度、与照片视频制作的精致程度,均显示了该活动所创造的影响力及口碑,也证明了可口可乐在消费者情感诉求与网络趋势掌握方面的精准度。

(四)报酬

报酬就是得到他人帮助之后进行的报答。网络营销报酬就是酬谢给顾客的回报。它包含两种核心能力:品位和时间。对于那些受人喜爱的品牌,仅是成为他们的顾客就能给消费者带来心理上的满足。Debeers 钻石与礼物,便是一个很成功的实例。

Debeers 钻石公司的一个广告就是把钻石与礼物相联系,并设置在非常浪漫的场景中:在月光下、阳台上跳舞或在阳光下、沙滩上拥抱。实际上,如果钻石没有任何标志并且仅以重量和其他技术规范来出售的话,它只不过是一种非常普通的物品。然而,把钻石同一种特别让人怀念的时刻相联系,或如 Debeers 一样赋予钻石更深的含义,可以大大提高它的品牌效应。

课堂讨论

诺基亚互动音乐会

2009 年 4 月 19 日,"诺基亚玩乐派对"盛大开场,数百万青年音乐爱好者通过互联网参与了这场史无前例的全互动网络直播演唱会,包括张靓颖、吴克群、王若琳、胡彦斌、苏打绿、林俊杰、张悬、大嘴巴和张震岳等在内的两岸音乐人进行了精彩演出,并与广大网民直接互动。网民不仅通过前期网络投票,选出了自己心仪的娱乐明星,更借助互联网自由掌控并参与了这场玩乐派对,与演出现场和音乐人进行实时互动,充分感受到了全球互联网历史上首次"全互动"网络直播演唱会带来的颠覆体验。当晚的演唱会盛况空前,总访问人次超过了 600 万,总互动人次超过了 5 000 万。

在整场全互动网络直播演唱会中,网友们可自由选择不同视角,欣赏网友自主投票选出的歌曲,并与演出现场及两岸音乐人进行实时互动。网友们可以通过网络为歌手们的精彩演出送上虚拟的鲜花、掌声或飞吻,而真实的鲜花和掌声也会通过现场送给歌手。即时滚动的短信平台也让网友时时分享自己的玩乐体验。明星在线聊天室更是热闹非凡,刚刚完成表演的音乐人会和参与演唱会的网友即时聊天,令网友们大呼过瘾。演唱会期间,还有网友有幸与歌手吴克群、张靓颖等娱乐明星进行在线视频对话。而通过短信和网络投票选出返场演出歌手的礼遇更令许多在线歌迷热情高涨,纷纷投票,为自己所期待的返场艺人站脚助威。数百万网友的共同参与,改写了互联网及演唱会的历史,令"诺基亚玩乐派对"全互动网络直播演唱会成为迄今为止最大规模的演唱会。

(资料来源:黄敏. 网络营销教学网站. http://abc.wm23.com/xhgc520/90709.html.)

问题讨论：
1. 诺基亚互动音乐会都送给客户哪些报酬？
2. 如何实施报酬营销？

网络营销的前提，是与消费者进行有效的沟通。互联网上没有"酒香不怕巷子深"，想要被客户了解，想要产生效应，就要主动出击，将消费者的需要与企业的产品匹配起来，并邀请消费者参与。

三、网络营销推广策略的制定

制定企业网络营销策略，简言而之，就是根据企业的资源情况和投入预期，以实现营销推广目标为宗旨的，网络营销方式与企业人力财力整合的过程。在制定网络营销策略时，可以从以下几个方面来考虑。

（一）选择合适的产品

如果说麦卡锡的产品理论过时，其真正原因应该是没有找到消费者需求的产品或者没有最大程度地满足消费者的需求。安德森的长尾理论很好地解释了这一点。

网络上最适合的营销产品是流通性高的产品，如书籍报刊、软件信息、消费性产品等。如果是机械等较冷门的专业产品，网络定位可放在公司的形象与品牌的推广上，而产品本身的网络营销策略就需要特别加以推广或借助于其他媒体工具。

另外，需要考虑产品周期对网络营销策略的影响。根据 Vernon（1966）的产品周期理论，产品的生命周期可以分为 4 个阶段：初级阶段，可以利用网络来推广新产品；成长阶段，重点应可以放在通过网络拓展市场空间；成熟阶段，可通过网络了解新需求，调整产品，控制销售费用；衰退阶段，可以作为库存销售的平台。

因此，网络营销策略的制定也将围绕产品不同周期的特性来进行。

（二）网络营销策略制定前的准备

企业需要根据自身的规模和市场定位，来制定与企业营销战略相适应的网络营销策略。黄敏学在 2007 年提出中小企业可以借助网络营销获取新的竞争优势，而大企业应该整合传统营销与网络营销，来获得综合优势。

在策略应用上，目前网络上最热门的网站，也就是浏览人数最多的网站，其内容都以丰富的信息为基础。因此，网络营销策略模式应以产品情报、产品趋势、生活和教育信息运用等为主导，然后再进一步展开商业行为。

（三）整合营销的运用

积极的网络营销策略除了需要网络营销的运行外，更需要促销活动及其他媒体的共同运行才能发挥最大的整体效益。众多网站借助发布会、人才招聘等活动进行推广，同时通过平面广告来推动。

（四）创意营销的运用

1996 年中国台湾制造汽车的"一元买汽车"活动，将一台欧宝汽车由网友通过网络公开投标。该活动在 1 个月内创造了近万人的投标纪录，一时成为热门话题。目前，网络上有许多产品营销项目，如机票、旅游、家电、证券、信息、食品等，正通过在线游戏、猜谜、设计竞赛等营销手段进行。这些方式不但吸引众多网友上网、制造卖点，而且还可以取得许多潜在客户的名单。

（五）网络营销策略推广技巧

在越来越激烈的网络竞争下，网页的设计与推广也日益重要。网店、网页的推广往往在互联网中相互合作，营销规划时可考虑与适合营销产品或消费群体相近的网站合作，如搜索引擎的登录、一般广告交换和 WebRing 等。另外，网络上的广告版面和表达形态也是重点考虑的因素，一个简单又吸引人的广告链接，才是成功的网络营销策略。

四、网络营销推广工具和方法

网络营销的方式层出不穷，比较常见的是搜索引擎营销、网络广告营销、论坛营销、博客营销、邮件营销、数据库营销等。而现在的网络营销越来越强调个性化和交互性，于是社会化媒体营销开始走入我们的视野。社会化网络营销是使人们能够通过再现社会渠道来推广他们的网站、产品或服务，并且使人们能够与更大的社区交流并融入其中。最重要的是，社会化媒体强调集体而不是个人。网络社会化营销是以 Facebook、Twitter 为代表的社会化媒体蓬勃发展，企业基于社会化媒体平台进行相关的营销推广活动。

因而，这里重点介绍的是当前在网络社会化媒体营销时代崛起的几种网络营销工具和方法。

（一）网络整合营销

网络营销不再是单一地采取某一种营销方式，而更强调整合营销。比如说，我们提到博客营销、论坛营销、口碑营销等，但是以上几种营销方法同时都存在于 SNS 营销中。在以下所列举的几种营销方式的案例中，都能看到整合营销的痕迹。

课堂讨论

请支持我去做健康大使

有一个策略，就是所谓的"占领博客侧边栏"策略。数千万的博客，一个博客的影响力可能微不足道，但集合起来却相当可观。而且，博客和博客之间会互相传染：博客甲看到博客乙侧边栏转载着一个插件，会感到很有趣而自己也去装载一个，从而形成链式的传播效应。

有一家销售肥皂的企业就曾经使用过类似的传播工具，它以公益的名义征集十名健康大使，并把他们派往山区教育当地孩子们要注意个人清洁卫生工作。这个活动的展开就是通过博客侧边栏插件完成的。某个浏览者在浏览一个博客的时候，忽然发现该博客的侧边栏多了一个模块：请支持我去做健康大使（下面当然有一个"×××品牌健康公益计划"字样以做宣传）。在点击一下以示支持的同时，这位浏览者恰好也有自己的博客，于是他/她也给自己装了一个。

这样，一传十十传百，最终的结果是，有数万名博客都卷入了这项活动中，他们既是数万人，同样也是数万自媒体，少说是百万当量级的网络浏览量。而成本呢？几乎可以忽略不计。

问题讨论:
1. 分析该案例采用了哪些网络营销工具?
2. 谈谈这些营销工具的特点。

(二)社会化网络改变人际关系

随着网络的发展,社会网络化不断改变着人们的生活方式与环境,也改变着人与人之间的关系。像 Facebook、LinkedIn、开心网这类的社会化网站在传播消息和提高品牌知名度方面非常强大。因为这些网站可以将背景和兴趣相似的人联系在一起,成员间可以进行评论或者共享信息给自己的朋友们。这给企业的营销人员提供了机会。

课堂讨论

汉堡王 Burger king 的 Facebook 品牌推广

2009 年年初,汉堡王发布了一个 Facebook 应用,叫作"巨无霸的牺牲品"。这个应用告诉 Facebook 用户,只要在自己的 Facebook 账户中删除 10 个好友后,就可以到当地的汉堡王餐厅免费领取一个巨无霸汉堡。

该应用大受欢迎,数千个免费汉堡被领取,近 23.4 万好友成了牺牲品。不到 10 天,Facebook 就要求汉堡王停止使用这一组件。这与 Facebook 维系友谊的宗旨相悖。

但是,此次营销活动对汉堡王来说却是个巨大的成功。在经济不景气的情况下,超过 1.3 万个博客引用了这个活动,而谷歌搜索中,关于此次活动的搜索结果超过了 14.2 万条。

(案例来源: Weingberg, 2010 年)

问题讨论:
1. 汉堡王采用了什么策略?
2. 讨论该案例能否在维系双方友谊宗旨的前提下实现相同的目的?

(三)微博的力量

微博就是微型博客(MicroBlog),是一个基于用户关系,通过关注机制分享简短实时信息的广播式的社交网络平台。用户可以通过 Web、WAP 及各种客户端组建个人社区,一般以 140 字左右的文字更新信息,并实现即时分享。用户既可以作为观众,在微博上浏览自己感兴趣的信息;也可以作为发布者,在微博上发布内容供别人浏览。最著名的也是最早的微博是美国的 Twitter。根据相关公开数据,截至 2010 年 1 月份,该产品在全球已经拥有 7 500 万注册用户。2009 年 8 月份中国最大的门户网站新浪网推出"新浪微博"内测版,成为门户网站中第一家提供微博服务的网站,微博正式进入中文上网主流人群视野。2011 年 12 月,中国微博用户总数达到 2.498 亿。

作为微博的领头羊,Twitter 曾经帮助奥巴马一举夺得了美国总统的席位。而在中国,微博也迅速成了最火的社会化媒体之一。

> **小贴士**
>
> "在未来，市场营销只有没本事的才需要花钱去做。"
>
> ——易凯资本有限公司创始人王冉对微博的评价

课堂讨论

微博寻亲

在2011年"3·11"日本地震中，微博发挥了前所未有的传播力量。距日本发生9.0级地震48小时后，在日本震区，有20余位中国留学生自发组织成前方寻亲信息志愿队，配合中国驻日大使馆，进行了腾讯微博寻亲。在他们的努力下，仅一天时间，就有5位被困同胞被他们安全找到。

问题讨论：
1. 微博有什么优点？
2. 结合本案例体会微博的力量。

（四）让网页动起来

视频营销如今正在迅速地风靡起来。例如，Blendtec公司仅仅用50美元的营销预算在YouTube上开设了一个频道。通过拍摄和共享人们将玩具和电器搅拌到一起的视频，展示了搅拌机的强大力量，使得该公司的搅拌机被认为是最强的搅拌机，迅速提高了产品的销量。

课堂讨论

优酷网的视频栏目

优酷网的首页右侧有一个视频栏目，是专门提供给企业做视频广告的。最近一则视频的标题是"年轻一族超强Rap不屑族，不屑，你懂！"。点击视频后，三个年轻人穿着时尚，在街头边走边唱Rap。唱完以后，中间一个男生脱下帽子，手拍拍肩膀。旁边的女孩子说："真的没有头屑？用采乐了吧。"镜头转向街边的一个采乐广告。此类植入式视频广告能够吸引网络用户主动去点击，对于最后出现的企业广告信息也会付之一笑，不会产生反感，甚至有些网友会为了观看企业精心制作的精彩视频，还特意去点击。

问题讨论：
1. 优酷网的视频栏目设置有哪些特点？
2. 如何更好地应用视频营销？

视频营销是一种奇妙的营销工具。精彩的视频能够吸引数十万甚至上百万的人来观看。西单女孩就是以视频为基点，走上2011年的春节联欢晚会舞台的。在视频营销中，要注重的一点是创造力。视频要新颖、有趣、出人意料，营销信息就可以传播得很远。

（五）口碑营销

口碑营销就是人们所说的口口相传（word-of-mouth）。口口相传具有较高的权威，因为它的信息同样不是由销售商品或者服务的公司发出来的，而是由个人根据自己的真实经验或者体验而产生的，因而显得可信。

口碑营销是以满足客户需求、赢得客户满意和客户忠诚、获得正向口碑、与客户建立起良好的关系及提高企业和品牌形象等为目标的。口碑营销整个过程可能不需要花费很多钱，但它也并不便宜。口碑本身是一个在信任的人之间一次一次传递商品信息的过程。只有正面的商品信息顺利地传递下去，才会以口碑的形式进行更大范围的传播。

课堂讨论

星巴克爱情公寓虚拟旗舰店

星巴克一直以来采用的都不是传统的营销手法，而是采取颇具创意的新媒体形式。此次星巴克联手SNS网站爱情公寓尝试虚拟营销，将星巴克徽标做成爱情公寓里"虚拟指路牌"广告，是星巴克首次尝试SNS营销。

iPart爱情公寓为中国唯一一个以白领女性跟大学女生为主轴设计的交友社区网站（Female Social Networking），尽全力帮网友打造一个女生喜爱的温馨交友网站。品牌形象中心思想关键词为：清新、幸福、温馨、恋爱、时尚、文艺、流行。

12月12日是上海星巴克滨江店举办"璀璨星礼盒"活动的特别日子，因此从12月1日开始，星巴克不仅将滨江店封装到巨大的礼盒中，更在爱情公寓网站上做成了颇具创意的"虚拟指路牌"，并且还以倒计时的方式，等着你好奇地在线上或者去线下看看12月12日星巴克的"Open Red Day"到底是什么，不肯把第一次的神秘一下子都给曝光出来。

礼包展开前，采用神秘礼物与星巴克情缘分享的方式进行。

（1）神秘礼包：线上活动结合了线下活动的概念，送给网友神秘礼物，便会出现在网友小屋当中，虚拟的神秘礼包与实体的上海星巴克滨江店同日开张，礼包和实体店面同样以大礼盒的形象出现。

（2）星巴克情缘分享：网友上传自己生活当中与星巴克接触的照片并写下感言，以口碑与体验的方式来塑造出星巴克式的生活态度是被大家认可、受欢迎的。

礼包展开后出现品牌旗舰店，打造一个品牌大街，与繁华的闹市区不同，STARBUCKS小店另开在崭新的公寓大街区域，提供具质感的品牌大街。虚拟的星巴克店家设计中，延续实体店家的温馨舒适感，店家周围环境设计以享受生活的感觉为主，不过度热闹繁华，以高品质的生活感受来凸显品牌的层次感。另外，结合爱情公寓内的产品来提升曝光度与网友参与、互动，让网友更加了解品牌个性与特色所在。

（1）见面礼：设计专属礼品，来到虚拟店家就可领取或送好友。

（2）活动专区、公布栏：STARBUCKS线上及线下活动报道，大量的曝光让参与程度提升，分享关于STARBUCKS的信息及新闻，引起各种话题讨论和增加网友的互动。

（3）咖啡小教室：咖啡达人教室，固定的咖啡文化或相关教室消息，让网友了解更多关于咖啡的文化。

星巴克在爱情公寓的虚拟店面植入性营销被众多业界人士称赞，甚至成为哈佛大学教授口中的案例。星巴克想让他们的消费者了解到他们的态度，因此他们做了一系列活动，包括从品牌形象到虚拟分店开幕、新产品推出，再到赠送消费者真实的优惠券，等等。这一系列营销非常符合星巴克的愿望——不让消费者觉得他们是在做广告。但是，如果星巴克每天发信息告诉你哪里有它们新开的店面，哪里有新出的产品，让你赶快来买它们的产品。短时间可能会起到销售的效果，但是这种不断的强迫行为会让消费者产生强烈的厌烦之感，反而会彻底毁灭星巴克在客户心中良好的形象。

（资料来源：http://www.wm23.com/wiki/2563.htm）

问题讨论：
1. 星巴克在爱情公寓的虚拟店面开展植入性营销的目的是什么？这么做的优点是什么？
2. 星巴克在爱情公寓做了哪些营销活动？

课堂训练

训练内容：为团队项目策划一次网络营销推广活动。

训练要求：
1. 结合多种网络营销工具和方法，从创新的角度来思考。
2. 制作PPT，然后汇报。
3. 团队间相互点评，教师点评，团队修改。

任务 5　网络营销战术策划训练

一、训练目标

通过完成本任务：
1. 为团队项目的运营设计网络营销战术。
2. 培养学生营销策划能力和网络营销工具的掌握能力。

二、训练内容

（一）产品定位训练

【训练内容与要求】为国货汇团队选择合适的产品。

【结果与检测】选择合适的、符合市场需求的产品。

（二）价格定位训练

【训练内容与要求】对选择的产品制定价格；根据营销活动的设计，制定相应的活动价格。
【结果与检测】价格制定应与产品定位相适应。
【训练素材】国货汇网络营销策划书（见本书附录）。

（三）渠道和沟通策略训练

【训练内容与要求】根据"国货汇"产品的定位和定价，以及团队的总体实力，来确定营销渠道和沟通工具。
【结果与检测】与团队实力相一致。
【训练素材】国货汇网络营销策划书（见本书附录）。

团队训练

【训练内容】
团队项目网络营销策略策划
【训练要求】
完成本团队项目的战术策划，内容包含：
1. 购物者类型分析。
2. 产品、定价分析。
3. 网站推广。
【提示】
1. 根据小组已选定的策划项目进行营销策略方案的撰写。
2. 小组派代表上台讲述策划理念，最好配合 PPT 展示。
3. 其他小组成员和任课教师对各小组的营销策划方案进行提问，并提出相应的修改意见。
4. 各策划小组根据教师和同学所提意见进行方案的修改，并上交修改后的营销策划方案。

项目七

网络营销策划财务预算与组织管理

教学目标

通过本项目的学习与训练,学生能够深入理解网络营销策划财务预算的意义、组织管理的重要性;掌握网络营销策划财务预算的方法;掌握组织管理的基本结构;能够应用以上方法完成本团队的财务预算、设计组织管理结构。

教学要求

1. 熟悉成本分析基本方法
2. 掌握网络营销策划财务预算的方法
3. 学会组织管理结构设计

能力目标

1. 成本分析与控制能力
2. 项目财务预算能力
3. 创业企业团队建立与组织管理能力

项目导航

网络营销策划项目,在创建前期,企业做好经费预算尤为重要。通过项目建设的固定成本、可变成本及相关费用分析,现金流与盈利能力等分析,对企业内部的人、财、物统一计划、调配,可以有效监控企业经营,及时发现问题,纠正偏差,最终实现经营目标。

导入案例

沃尔玛天天低价成功秘诀

现在全球都在研究沃尔玛是如何成为世界500强第一名的,有人认为沃尔玛的竞争力是天天低价,有人认为是物流配送,有人认为是增值服务。那么,沃尔玛是如何实现天天低价的呢?应该是由于沃尔玛有主导竞争力的成本控制能力。

1. 天天低价源于成本控制

沃尔玛有5项竞争能力,其中最为核心的是成本控制能力,其他的4项能力(业态创新能力、快速扩张能力、财务运作能力和营销管理能力)都是围绕着成本控制能力来运行的,这5项能力最终都在不同的方面节省了沃尔玛的整个运营成本,都是为运营成本、为竞争优势服务的。

在业态创新上,创新都是围绕着低成本运营的这些业态进行组合的。比如说营销管理,在营销管理当中,通过天天低价这个稳定的促销手段,大大降低了促销的费用,同时增加了每个员工的销售额,也就是单位成本下降了。

2. 成本控制源于竞争资源

沃尔玛的成本控制能力来源于竞争资源,也就是说企业资源是围绕着控制成本进行运行的。同时,沃尔玛的低成本的业务流程是非常重要的。一方面,沃尔玛有两种设备来保证成本控制,一个设备是配送中心,还有一个是信息系统;另一方面就是沃尔玛自身的制度和独特性的问题。

3. 独特的企业文化

有人问过沃尔玛全球总裁李斯阁:"沃尔玛成功的因素是什么?""你自己的认识是什么?"李斯阁给出这样一个回答:"成功的因素在于配送中心、信息系统和企业文化。"

由于采购价格降低,又有自己的配送系统,所以这种配送使它形成了天天的低价格销售,又由于实现了天天低价格的销售,所以它的销售量大大增加,销售量增加使得采购量增加,采购量的增加又回到低成本采购上,形成了业务流程的低成本运行。

沃尔玛在全球建立了62个配送中心,为450多家店铺进行配送,配送半径最远为500千米。沃尔玛大约80个店铺需要建立一个配送中心,10万平方米的店铺面积一般有1万平方米左右的配送中心,配送中心又细分为6个类别的配送中心,比如服装的配送中心、进口商品的配送中心、退货的配送中心等。

在中国,沃尔玛的物资设备就是信息系统。沃尔玛的信息系统建设累计已经达到7亿美元了,很多扫描系统都是在全球零售业最早开始用的,不断进行信息系统的开发和建设,使沃尔玛总部在一个小时之内可以对全球的店铺库存和销售情况进行盘点,可以及时了解销售情况,也可以使得厂商了解自己的产品卖得如何,使商场和厂家的库存大大降低,利润增加,这两种设备都是围绕着成本控制进行的。

4. 制度文化的核心是控制成本

沃尔玛是有独特的组织制度和文化的,不过这些制度和文化本质上是为控制成本服务的。

沃尔玛的员工对顾客提倡的是忠于顾客。忠于顾客的内涵就是提供有价值的商品给顾客，忠于顾客的外延就是实行天天低价，为顾客节省每一分钱。这不仅仅是制度，而且已经成了沃尔玛的文化。

沃尔玛在企业和员工间建立了伙伴关系。每一位员工都是沃尔玛的合伙人，是伙伴关系的外延，与员工共同分享，每个员工在退休离开沃尔玛的时候会分享一部分利润分成，另外，也可以以比较低的价格买沃尔玛的股份。

小贴士

企业的竞争力应该包括三个层次：竞争的资源、竞争的能力和竞争的优势。提升零售企业竞争力也要从这三个层次入手，这三个层次中的每一个层次都是不可缺少的。

一是表现层，即竞争优势，它是企业竞争能力的外在表现；二是中间层，即竞争能力，它是竞争优势形成的内在原因；三是核心层，即竞争资源，它是竞争能力形成的关键因素。

任务 1 分析网络营销成本

案例分析

花小钱办大事，10元钱为"尤里卡"带来商机

FLUID FILM（菲路特）具有优秀的防水特性，在第二次世界大战期间曾作为军舰防锈处理剂。沈阳尤里卡化学贸易有限公司（以下简称沈阳尤里卡）是东北地区菲路特系列产品的总代理，负责开拓东北市场。由于菲路特进入国内市场时间较晚，国人并不是很了解这个产品。为此，沈阳尤里卡根据行业特点和产品定位，选择了当地的几家报纸投放招商广告，可价格不菲的广告费换来的却是为数不多的几个咨询电话，而且都没有达成合作协议。

2004年8月，沈阳尤里卡在百度上进行搜索引擎竞价排名推广，开通后一周内就不断有电话咨询产品情况。为了获得更好的推广效果，沈阳尤里卡又对关键词设置和信息描述做了调整。咨询代理情况的电话越来越多，虽然日均消费不到10元，但平均每日能接到20多个咨询电话。在公司产品销售火爆的时候，推广费用仅为千元左右。不多的花费，为沈阳尤里卡带来了实实在在的销售业绩。

问题讨论：
1. 为什么"尤里卡"能够花小钱办大事？它们是怎么成功办大事的？
2. 分析"尤里卡"当初选择报纸促销失败的原因。

> **小贴士**
>
> 营销是企业的生命，企业的营销活动都必须事先进行财务预算，否则，无的放矢，往往导致失败。

课堂活动一

企业网络营销成本分析

活动目的：培养学生网络营销成本分析的能力。

活动内容与要求：以你所了解的一家企业为例，分析其网络营销成本，列出相关成本项目。

结果与检测：列出网络营销活动中的相关成本，形成一份清单，内容要尽量完善而具体。

提示：网络营销是一个持续的活动，企业要开展网络营销，需要资金、软硬件及人员方面的投入。一个完整的网络营销策划方案中，必须体现营销活动的各项成本，而网络营销成本的高低也是企业选择最优方案的一个重要参考因素。

背景知识

网络营销成本

一、网络营销成本概述

（一）成本

人们要进行生产经营活动，就必须耗费一定的资源（人力、物力和财力），其所费资源的货币表现及其对象化称为成本。

营销成本是指与营销活动有关的各项费用支出。营销成本直接影响企业的利润，因此，企业不仅要控制销售额和市场占有率，同时要控制营销成本。

网络营销成本包括固定成本和可变成本两部分。

固定成本包括：网站开发、网络设备购置、网络服务费用、网站推广费用、员工工资支付、管理费用、办公场地与装修费用、通信费用等。

可变成本包括：运营维护成本、销售成本、配送成本等。

课堂讨论

建设一个网站要花多少钱

网上有很多人在问，建设一个网站要花多少钱？按照网站的类型和功能的复杂度，目前,一个不太大的企业网站的开发费用约为1 000～8 000元,一个功能相对全面的商业网站的开发费用约为1万～10万元。

但是,网站真正投入运营,不止开发费用,还需要购买网站域名、服务器空间,还要支付网站管理和维护费用,为了让更多的用户了解网站,还要支付不菲的网络推广费用(包括搜索引擎关键词、网络广告、网络优化等),为了让消费者方便地进行网上购物和付款,还要面临第三方支付软件的接入费用和服务费用,以及物流费用等。

问题:

请为某一小型网站项目进行投资预算,填写表7-1和表7-2。

表7-1 期初成本预算一览表

项目类型	网络营销投资项目明细	费用(元)
固定成本项目		
可变成本项目		
其他		
合计		

表7-2 利润预算表

项目	年份		
	2017年	2018年	2019年
一、主营业务收入			
减:主营业务成本			

续表

项目	年份		
	2017年	2018年	2019年
二、主营业务利润			
加：其他业务利润			
减：管理费用			
财务费用			
营业费用			
三、利润总额			
所得税			
四、净利润			

目前 .com 国际域名的价格为每年 200 元左右，而 .cn 中国域名的价格为每年 100 元左右。

主机放置可以有以下几种方式：虚拟主机、主机托管、自营主机。从价格角度看，以上三种方式的成本投入是依次增加的。虚拟主机方式每月只需支付几百元的租用费。在后两种方式下，企业都必须购买自己的服务器，而且需要专业人员的维护，因此建设成本大大高于虚拟主机的方式。主机托管的托管费用界于虚拟主机和自营主机之间，一般月租几千元，而自营主机的费用每个月要上万元。

关键词竞价排名服务是由搜索引擎提供的一种有偿排名服务，其特点是按效果计费，即让付费用户的网址显示在检索结果的显眼位置，以便为用户带来大量潜在客户。

目前，主流的关键词竞价排名服务包括由专业搜索引擎公司谷歌、百度、雅虎分别提供的 Google AdWords 关键字广告、百度竞价排名、雅虎搜索竞价，以及由网上交易平台提供的阿里巴巴网销宝、淘宝直通车等。

课堂讨论

总统竞选中的网络广告费用

美国总统奥巴马（Barack H. Obame）在 2008 年的总统竞选活动花费了 1 600 多万美元的在线广告，而竞选对手约翰·麦凯恩（John McCain）的阵营只花了一小部分：约 360 万美元。

根据联邦选举委员会（FEC）的报告，谷歌成为此次广告活动的赢家，大约赚取了奥巴马 750 万美元的广告收入，大约占其数字广告支出的 45%。这些广告支出一部分用于谷歌 AdSense 网络的展示广告和文本广告中，一部分用于谷歌搜索结果中的广告。

从竞选广告费中获利的第二名是雅虎，共有 150 万美元的显示广告和搜索广告。微软和美国在线 AOL 也赚取了一定的广告收入。

奥巴马的数字广告团队非常依赖那些基于业绩的广告和各种追踪方式的在线广告网站，如地理、行为和人口。美国在线 AOL 旗下的网站 Advertising.com 就获取了其近 100 万美元的广告费。其他获利不少的网站还有：Pulse 360、Quigo、Collective Media、Pontiflex 等。

地方媒体也在竞选活动中发挥了重要作用。整个选举期间，数十万用户会关注当地媒体的网站。地方媒体公司 Centro 获得了 130 万美元的广告费，促成了许多当地的广告交易。

由于其强大的影响力，社交网站 Facebook 也获得了奥巴马阵营的许多关注，这也间接加速了 Facebook 的成功。该竞选活动花费了 64.3 万美元的广告费在 Facebook 网站中。虽然竞选团队也在其他社交网站投放广告，包括 BlackPlanet.com 和 MySpace，但是 Facebook 是社交网站中广告投放得最多的。

因使用游戏广告，奥巴马的竞选活动抢下了不少网站的头版头条。比如通过微软的游戏植入广告平台 Massive，奥巴马在几款网络游戏中购买了价值 94 000 美元的游戏广告。

一些个人网站，包括 CNN.com、Politico、时代、BET Digital，以及 The Weather Channel 也在奥巴马的在线广告支出前 20 位的榜单中。虽然选举期间没有报道在博客上投放广告，但最近的文件显示，有 14.9 万美元支付给 Blogads 网站及其所有者 Pressflex，可能是用于早期投票期及选举前的广告。

9月和10月，奥巴马阵营一步步地加大在线广告的投入，仅10月份就支付了数以百万计的网络广告费。在投票前期、选民登记及投票选举日，不仅广告位置的数量增加了，而且搜索广告的价格也上涨了。与选举有关的关键词的竞争在过去几周里也更激烈，奥巴马在谷歌、雅虎、微软和其他网站上支付的搜索广告费用也上升了。

（资料来源：艾瑞网 http://www.iresearch.cn/）

问题讨论：

结合奥巴马竞选案例，分析其网络营销团队将多达 1 600 多万美元的网络广告费用分摊到了哪些网站？额度分别是多少？可以列出一个清单，并分析投放原因。

> **小贴士**
>
> 网络广告与传统广告一样，投放的关键是对广告受众进行分析，从而决定投放领域和投放量。

网络广告的投放领域及投放成本，通常从以下两方面着手：

（1）平台的选择。企业在做网络广告时，要认真选择备选的网络平台，通过了解网站的流量，研究流量的价值、针对性、可能的点入比率、可能的转化率等，来判断一个广告位置的价值。认真研究、针对性投放，才能使广告效益最大化。

（2）广告费用的合理分摊，即如何最有效地花钱。网络广告的形式多种多样，可以投放的网站和平台选择也有很多，企业应该结合产品本身的特点、消费者的数量及潜在顾客群的数量、利润的数额及竞争对手的力量等因素，把握关键环节和突出重点领域，科学决策，合理分摊。

（二）费用

费用，是企业生产经营过程中发生的各项耗费，它包括直接费用、间接费用和期间费用。

直接费用是指直接为生产产品而发生的各项费用，包括直接材料费、直接人工费和其他直接支出。直接费用直接计入产品的生产成本。

间接费用是指企业为组织和管理生产经营活动而发生的共同费用和不能直接计入产品成本的各项费用，如多种产品共同消耗的材料等，应当按一定标准分配计入生产经营成本。

期间费用是指不计入产品生产成本、直接计入发生当期损益的费用。期间费用又包括管理费用、销售费用和财务费用。

管理费用是指企业行政管理部门为组织和管理生产经营活动而发生的各项费用，包括：工会经费、职工教育经费、业务招待费、税金、技术转让费、差旅费、咨询费、诉讼费、公司经费、通信费、招聘费、劳动保险费、董事会会费、物业管理费及其他费用等。

销售费用是指企业在销售产品、自制半成品和提供劳务等过程中发生的费用，包括由企业负担的包装费、运输费、广告费、装卸费、保险费、委托代销手续费、展览费、租赁费和销售服务费、销售部门人员工资、职工福利费、办公费、折旧费、修理费及其他经费等。

财务费用是指企业在生产经营过程中为筹集资金而发生的各项费用，包括企业生产经营期间发生的利息支出、汇兑净损失、金融机构手续费，以及筹资发生的其他财务费用，如债券印刷费、国外借款担保费等。

期间费用率计算公式为：

$$期间费用率 =（管理费用 + 销售费用 + 财务费用）/ 营业收入 \qquad (7-1)$$

课堂讨论

淘宝"全民疯抢"促销活动

2010年圣诞节是全年促销的最后高点，促销烽火也"烧"到网络世界，淘宝网于12月21日推出年度促销"全民疯抢"活动，引爆网络购物高潮，7.5亿件商品"满100元减50元"，且全场包邮费。

1 500件圣诞主题的小礼裙被瞬间拍光，一家店铺的一款九分裤，第一小时便卖了近3 000条……从21日零点开始，淘宝网"全民疯抢"让利促销活动正式开始。开抢仅仅24分钟，光女装这一类，成交额已经达到1 000万元。网购史上的一个个纪录被刷新，一分钟成交超过1万笔、单个小时成交额超过1亿元……

此次活动能获得巨大成功，与淘宝网和商家的精心策划与准备是分不开的，其最主要原因还是让利消费者的幅度和参与活动商品的丰富程度吸引了消费者的眼球。

问题：
试分析该促销活动的费用。

二、网络促销策划与成本分析

首先，需要确定开展网上促销活动的方式。网络促销可以在企业自己的网站上进行，其费用最低，但因知名度的原因，其覆盖范围可能有限，因此可以在大型网站上设置自己的促销广告。企业应当认真比较投放站点的服务质量和价格，从中筛选适合本企业促销活动开展、价格匹配的服务站点。

其次，要确定网络促销的目标，是树立企业形象、宣传产品，还是宣传服务？围绕这些目标来策划投放内容的多少，包括文案的数量、图形的多少、色彩的复杂程度、投放时间的长短、频率和密度，以及广告宣传的位置、内容更换的周期及效果检测的方法等。确定这些细节，对整体的投资额度就有了一定的把握，这也可作为促销预算的依据。

再次，要确定希望影响的对象，是哪个群体或哪个阶层，是国内还是国外？因为不同网站的服务对象有较大的差别。有的网站侧重于消费，有的侧重于学术，有的侧重于青少年。一般来说，侧重于学术交流的网站服务费用较低，而商务网站的服务费用较高，那些门户类、搜索引擎类的综合性网站费用最高。

最后，要评价网络促销效果。促销过程经过一个阶段后，对促销的效果进行评价。可以通过销售量、利润、促销成本的变化，判断促销决策的正确性；还可以通过主页访问人次、点击次数、千人广告成本等来进行评价。

网络促销成本收益比，需要自促销广告投放之日起计算销量增加额，其计算公式为：

$$成本收益比 = 累计销量增加额 / (促销广告费 + 其他费用) \times 100\% \qquad (7-2)$$

具体可以按照表 7-3 所示进行分析。

表7-3 网络促销成本分析表

序号	项目	成本/费用
1	促销方式说明	
2	活动周期	
3	销量增加额	
4	促销广告费用	
5	其他费用	
6	成本收益分析	
7	总结	

三、科学地设计与选择网络营销推广方案

成本与费用控制，不仅体现在资金预算上，更体现在方案的设计与推广上。设计与选择合理，能够起到降低成本、提高效率的作用。

课堂讨论

凡客诚品 CPS 推广

根据咨询公司估算，凡客诚品 2009 年全年的广告刊例总价为 18.96 亿元。一个"在网上卖服装"的新兴企业，竟然如此大手笔？面对业界的疑问，凡客诚品 CEO 陈年透

露:"公司今年的广告投入只有2亿多元。"

谜底在于:凡客的广告并非简单地展示广告,而是按照CPS来结算的。正是CPS使凡客可以用2亿多元换取了相当于十几亿元的展示机会。正是由于CPS低成本、高效率的网络广告发布模式,让凡客的网络广告到达率独树一帜。

凡客CPS广告联盟的模式为:博客、中小网站管理员注册凡客网盟后,将拥有的独立的广告位嵌入自己的网页中,当访问者对凡客的广告产生兴趣,点击进入凡客的网站,并在网站上有了购买行为,凡客网才会认账。如果没有销售记录,那么广告网站将不会获得广告收入。

CPS广告使企业免除了以往巨额而无效的广告费用,广告效果更为透明化,投入产出比更高,这使网络广告比传统广告更有吸引力,而CPS模式看起来较CPC也更胜一筹。

由于凡客网的成功示范,其他的服装企业如梦芭莎、麦考林等正有集体效仿之势。

当然,CPS模式计费的网络广告目前主要应用于中小网站,而大型网站对此并不感冒。

(资料来源:http://it.sohu.com/20091220/n269079760.shtml)

问题讨论:
CPS模式计费的网络广告的选择条件。

CPS(Cost Per Sale,按销售情况付费),是指广告主并不根据广告展示的时间来付费,而是根据广告带来的直接销售与网站进行分账。其广告价格与每一单买卖都直接挂钩,精细程度可以达到细菌级别。

网络广告收费模式有以下几种。

CPM:千人印象成本,广告每展示1 000次支付的费用。

CPC:每点击成本,根据广告被点击的次数收费,为谷歌等网站所采用。

CPS:按营销效果计费,根据实际销售额付费的方式。用户每成功达成一笔交易,网站主可获得佣金。比如,凡客诚品CPS推广的佣金比例为16%。

CPA:每行动成本,只有用户点击广告跳转到目的网页,进行注册或填写调查问卷,才按次数支付广告费用。

CPP:每购买成本,用户点击广告并进行在线交易后,才按销售笔数支付广告站点费用。

固定费用:按一定时间长度以固定价格付费,比如包天、包月。

相对而言,CPM和包月方式对网站有利,而CPC、CPA、CPS、CPP或PFP则对广告主有利。采用何种计费方式是广告主和网站博弈的结果,假如广告主在谈判中不能灵活处理,而坚持采取按业绩或效果付费,那将失去很多合作机会,因为目前许多网站并不接受类似模式。

知识链接

不同推广方法的成本

根据专业人士的统计与分析,几种常见的推广方法的广告点击(浏览)成本如下。

1. 传统广告方式

- 地铁广告：每月60万元，每天带来访问量5 000个，每个成本是4元。
- 报纸：平均每次花1万元购买整版广告，每天带来访问量500个，每个成本是20元。
- 大型户外广告：240万元/年，每天带来人数100个，每个成本是60元。

2. 网络广告方式

- 三大门户网站首页对联广告10万元/天，带来流量60 000，每个点击成本1.6元。
- 搜索引擎关键词竞价推广：流行关键词每个点击成本是0.5元。
- 常用软件嵌入式广告：4 000元/天，每天点击6万，每个点击成本是0.07元。
- SEO优化：外包费用15 000元/年，每天可带来4 000流量，每个点击成本是0.01元。
- CPA网站联盟推广：费用是130元/天，每天注册量为200，平均每个注册0.65元。

以上相关数据来自酷勤网，网址为http://www.kuqin.com/shuoit/20081111/26559.html。

从中可以看出，除了像联想和海尔这样的公司需要品牌知名度、美誉度，其他所有的中小网站及Web2.0的网站都不适合烧钱式的线下推广。

在门户网站做线上推广成本是很高的，通常是其他线上推广手段的10倍以上。

SEO优化、常用软件嵌入式广告、CPA网站联盟推广、CPS网站联盟推广是投资回报率较高的推广方式。

千万不要忘记，要广泛利用电子邮件推广、论坛推广、博客推广、社交网络这些免费的推广方式。

课堂活动二

了解网络推广费用

活动目的：让学生了解和掌握网络推广成本。

活动内容与要求：列出不同的网络推广方法，了解并列出其推广费用，形成调查报告。

结果与检测：某些推广服务有固定的资费标准，有些推广服务费用是不固定的，还有些网络推广活动是零费用的，分别列出其具体费用。

网络推广是指通过互联网手段进行的宣传推广等活动。网络推广注重的是通过推广后，给企业带来的网站流量、世界排名、访问量、注册量等，目的是扩大被推广对象的知名度和影响力。因此，网络推广是网络营销的核心工作。

网络推广的常用手段有：网络广告、搜索引擎关键词竞价、搜索引擎优化、友情链接、论坛推广、博客推广、邮件推广、网络新闻炒作等。

同样是网络广告，投放在门户网站首页和二级页面上的费用是不同的，投放时间不同花费也不同；同样是关键词竞价排名，百度竞价排名、Google AdWords、雅虎搜索竞价、阿里巴巴网销宝、淘宝直通车之间费用各不相同。而零费用的网络推广方法又有哪些呢？请你对"网络推广费用"做一份总结报告。

课堂训练

训练内容：为温州名购网设计一套费用合理的网络推广方案。

训练要求：

1. 小组讨论推广方法的选择、推广目标、费用控制，以及对推广效果的评价。
2. 在形成完整的推广方案基础上，重点进行成本分析与控制。
3. 先制作PPT，然后汇报。
4. 团队间相互点评，教师点评，团队修改。

任务 2 分析网络营销销售与收入

案例分析

京东商城的利润

京东商城，自2004年创立至2009年，京东商城的年销售额分别为1 000万元、3 000万元、8 000万元、3.6亿元、13.2亿元和40亿元。2010年京东商城的销售额达到100亿。

但与此同时，和340%的年均复合增长率极不匹配的是，4年来，京东商城的利润几乎为零，因此不断遭受质疑。有人说京东商城的特点只是低价格，"平进平出"，公司本身不赚钱，没有什么价值。

为此，京东商城老总刘强东澄清："我们并不是'平进平出'，不是100块钱进货，再100块钱卖出去，京东商城只是维持费用率跟毛利率差不多而已。如果我们的费用率是5%，100块钱进货，我105就卖了，这样可能我没什么净利润，但并不亏本。为什么要这样做？当我的销售额只有几十亿，按2%的净利率，利润只是几千万，这不是京东商城的真正目标。"

在刘强东看来，B2C的本质是做零售。"百货商场的毛利率高达50%，但沃尔玛只需要15%就可以赚钱，因为它成本更低、效率更高。做零售，比拼的是运营效率和成本控制。"

刘强东紧紧抓住了供应链效率和成本控制两条曲线，让京东商城做到了：以强大的IT系统消化每天发生的15 000份订单；在线销售的产品品类超过3万种，产品价格比线下零售店便宜10%～20%；库存周转率为12天，费用率比国美、苏宁低7%，毛利率维持在5%左右；向产业链上的供货商、终端客户提供更多价值。

但也有人认为，电子商务的运营费用低，因此它的毛利率可以相对低一点，但是这并不意味着毛利率不重要。如果某个公司的费用率是 4%，毛利率得达到 7%~8% 才能赚钱，毛利率永远要比费用率高，这是一个规律。不提高毛利率，净利润也提高不了。

（资料来源：改编自 http://www.techweb.com.cn/it/2009-06-09/409884.shtml.）

> **小思考**
>
> 　　为什么京东商城销售额很大却不盈利？什么是利润、毛利、毛利率，本文中的费用率指的是什么？

课堂活动一

调查某公司的销售收入、毛利和净利

活动目的：能够统计企业的销售收入，并计算毛利润和净利润。

活动内容与要求：在学校创业园区内选择一家公司，调查其年度（季度或月度）的销售收入、销售成本、管理费用、其他费用等，参考表 7-4 将销售收入登记入表，并计算公司的毛利润、毛利率和净利润。

结果与检测：数据统计要根据公司实际情况，填表规范，计算准确。

背景知识

网络营销销售与收入

一、网络营销销售收入

销售收入，是指企业在一定时期内产品销售的货币收入总额。销售收入也称作主营业务收入，用公式表示如下：

$$销售收入 = 产品销售数量 \times 产品单价 \tag{7-3}$$

营业收入包括主营业务收入和其他业务收入。

主营业务收入是指企业经常性的、主要业务所产生的收入。如制造业的销售产品、半成品和提供工业性劳务作业的收入；商品流通企业的销售商品收入。主营业务收入在企业收入中所占的比重较大，它对企业的经济效益有着举足轻重的影响。

其他业务收入，是指除上述各项主营业务收入之外的其他业务收入，包括材料销售、外购商品销售、废旧物资销售、下脚料销售，及提供劳务性作业收入、房地产开发收入、咨询收入、担保收入等其他业务收入。其他业务收入在企业收入中所占的比重较小。

销售（营业）收入的统计可以使用销售（营业）收入明细表，如表 7-4 所示。

表7-4 销售（营业）收入明细表

行 次	项 目	金 额
1	一、基本业务收入（2+3+4+5+6+7+8+9+10）	
2	（1）工业制造业务收入	
3	（2）商品流通业务收入	
4	（3）施工业务收入	
5	（4）房地产开发业务收入	
6	（5）旅游餐饮服务收入	
7	（6）运输业务收入	
8	（7）邮政通信业务收入	
9	（8）金融保险业务收入	
10	（9）其他基本业务收入	
11	二、其他业务收入（12+13+14+15+16+17+18）	
12	（1）销售材料、下脚料、废料、废旧物资等的收入	
13	（2）技术转让收入	
14	（3）无形资产转让收入	
15	（4）固定资产转让收入	
16	（5）出租、出借包装物的收入（含逾期押金）	
17	（6）自产、委托加工产品视同销售的收入	
18	（7）其他	
19	销售（营业）收入合计（1+11）	

附注：金额　单位：元（列至角分）

毛利（毛利润）是指企业商品销售收入减去商品成本后的余额。因其尚未减去商品流通费和税金，还不是净利，故称毛利。

毛利占商品销售收入或营业收入的百分比称毛利率。

毛利率直接反映企业经营的全部、大类、某种商品的差价水平，是核算企业经营成果和价格制定是否合理的依据。净利润的计算公式为：

$$净利（净利润）= 利润总额 \times （1- 所得税率） \qquad (7-4)$$

净利润的多寡取决于两个因素，一是利润总额，二是所得税率，其计算公式为：

$$净利润率 = 利润总额 / 营业收入净额 \qquad (7-5)$$

课堂讨论

光明电器商店的净利润为多少

光明电器商店一年的营业收入为4 000万元，每台家用电器的平均进价为1 500元，年销量为2万台，员工一年的工资100万元，房屋租赁等开支为400万元，营业税率为3%，则这家电器商店一年的总成本为：

总成本＝家用电器的总进价＋员工工资＋房屋租赁费用
　　　＝2×1 500+100+400=3 500（万元）
营业税＝营业额×营业税率=4 000×3%=120（万元）
则这家电器商店的利润总额为：
利润总额＝营业收入－成本－营业税
　　　＝4 000–3 500–120=380（万元）
当所得税率为33%时，其净利润为：
净利润＝利润总额×（1–所得税率）
　　　＝380×（1–33%）=254.6（万元）

二、网络营销财务分析

财务分析是以财务报告资料及其他相关资料为依据，采用一系列专门的分析技术和方法，对企业等经济组织过去和现在有关筹资活动、投资活动、经营活动、分配活动的盈利能力、营运能力、偿债能力和增长能力状况等进行分析与评价的经济管理活动。

一般来说，财务分析的方法主要有以下4种。

（1）比较分析：是为了说明财务信息之间的数量关系与数量差异，为做进一步的分析指明方向。这种比较可以是将实际与计划相比，可以是本期与上期相比，也可以是与同行业的其他企业相比。

（2）趋势分析：是为了揭示财务状况和经营成果的变化及其原因、性质，帮助预测未来。用于进行趋势分析的数据既可以是绝对值，也可以是比率或百分比数据。

（3）因素分析：是为了分析几个相关因素对某一财务指标的影响程度。

（4）比率分析：是通过对财务比率的分析，了解企业的财务状况和经营成果，往往要借助于比较分析和趋势分析方法。在实际工作当中，比率分析方法应用最广。

课堂讨论

华新公司利润表分析

华新公司主要生产与销售小型及微型计算机，其市场目标主要定位于中小企业和个人用户。该公司产品质量优良、价格合理，在市场上颇受欢迎、销路很好。公司当前正在做2009年度的财务分析，李军在公司主要负责利润的核算、分析工作，目前整理出来的利润表，如表7-5所示。

表7-5　华新公司投资收益表（2009年度利润表）

单位：千元

项目	2009年度	2008年度
一、产品销售收入	1 296 900	1 153 450
减：产品销售成本	1 070 955	968 091

续表

项目	2009年度	2008年度
产品销售税金及附加	14 396	6 805
二、产品销售利润	211 549	178 554
加：其他销售利润	-5 318	-2 192
减：存货跌价损失	2 095	
销售费用	2 723	1 961
管理费用	124 502	108 309
财务费用	-24 122	105 541
三、营业利润	101 033	-39 449
加：投资净收益	23 604	68 976
营业外收入	80	
减：营业外支出	3 113	1 961
四、利润总额	121 604	27 566
减：所得税	23 344	4 268
五、净利润	98 260	23 298

请协助李军运用"水平分析法"编制利润增减变动分析表，并做相应的分析。

企业可从以下几个方面来进行营销财务分析。

（一）利润表分析

利润表（损益表）是反映企业在一定时期（月份、季度、年度）经营成果的会计报表。它是依据"收入－支出＝利润"的关系，按照其重要性，将收入、支出和利润项目依次排列，并根据会计账簿日常记录的大量数据累计整理后编制而成的，是一种动态报表。

运用利润表，可以分析、预测企业的经营成果和获利能力、偿债能力，分析、预测未来的现金流动状况，分析、考核经营管理人员的业绩，为利润分配提供重要依据。

（二）利润结构与利润质量分析

利润结构可以从三个方面来分析，即收支结构、业务结构、主要项目结构。通过利润结构的分析，可以判断利润的质量，进而为预测未来的获利能力提供依据。

1. 收支结构分析

收支结构有两个层次。第一个层次是总收入与总支出的差额及比例，按照"收入－支出＝利润"来构建、分析。很明显，利润与收入（或成本）的比值越高，利润质量就越高，企业抗风险的能力也越强。第二个层次是总收入和总支出各自的内部构成。显然，正常的企业应以主营业务收入为主，而其他业务收入上升可能预示企业新的经营方向；营业外收入为偶然的、不稳定的收入。

2. 业务结构分析

利润的业务结构就是各种性质的业务所形成的利润占利润总额的比重。

利润总额由营业利润、投资收益、营业外净收入构成，营业利润又由主营业务利润和其他业务利润构成。对于生产经营企业，应以营业利润为主，主营业务利润的下降可能预示危机,其他业务利润、投资收益的上升可能预示新的利润点的出现。

3. 主要项目结构分析

利润的主要项目是指为企业做主要贡献的各种商品、产品或服务项目。通过主要项目结构分析,可以进一步揭示企业的市场竞争力和获利水平变化的原因。主要项目分散甚至难以发现主要项目的企业常常是已经陷入了困境的企业。

(三) 财务比率

财务比率是以财务报表资料为依据,将两个相关的数据进行相除而得到的比率。它常用来衡量企业三个方面的表现。

偿债能力:反映企业偿还到期债务的能力。

营运能力:反映企业利用资金的效率。

盈利能力:反映企业获取利润的能力,是各方面关系的核心及企业成败的关键,只有长期盈利,企业才能真正做到持续经营。因此,无论是投资者还是债权人,对此都十分重视。

从这几项指标来看,华新公司的获利能力和成长性都非常好。

(四) 现金流分析

现金流量是企业一定时期的现金和现金等价物的流入和流出的数量。

分析现金流要从两个方面考虑:一个方面是现金流的数量,如果企业总的现金流为正,则表明企业的现金流入能够保证现金流出的需要;另一个方面是现金流的质量,这包括现金流的波动情况、企业的管理情况,如销售收入的增长是否过快、存货是否已经过时或流动缓慢、应收账款的可收回性如何、各项成本控制是否有效等。此外,还有企业所处的经营环境,如行业前景、行业内的竞争格局、产品的生命周期等。所有这些因素都会影响企业产生未来现金流的能力。

仍以华新公司2009年度财务数据为例来分析公司的获利能力和成长性:

毛利率 =(销售收入 – 成本)/ 销售收入 ×100% = 17.42%

营业利润率 = 营业利润 / 销售收入 =(净利润+所得税+利息费用)/ 销售收入 = 7.79%

主营业务利润率 = 主营业务利润 / 主营业务收入 ×100% = 7.79%(同营业利润率)

净利润率 = 净利润 / 销售收入 ×100% = 7.58%

每股利润 = 净利润 / 流通股总股份 = 0.982(假设该企业共有流通股 100 000 000 股)

在实际当中,人们更为关心的可能还是企业未来的盈利能力。一般来说,可以通过企业在过去几年中销售收入、销售利润、净利润等指标的增长幅度来预测其未来的增长前景。

销售收入增长率 =(本期销售收入 – 上期销售收入)/ 上期销售收入 ×100% = 12.44%

销售利润增长率 =(本期销售利润 – 上期销售利润)/ 上期销售利润 ×100% = 356.11%

净利润增长率 =(本期净利润 – 上期净利润)/ 上期净利润 ×100% = 321.75%

从这几项指标来看,华新公司的获利能力和成长性都非常好。

课堂讨论

大明公司资产负债表分析

大明公司资产负债表如表7-6所示。

表7-6 大明公司资产负债表

单位：万元

资产	期初	期末	负债及股东权益	期初	期末
流动资产：			流动负债：		
货币资产	40 000	50 000	短期借款	37 600	55 000
短期投资	28 000	20 000	应付账款	13 600	15 500
应收款项	15 500	25 000	应交款项	7 400	9 530
存货	97 000	85 000	其他流动负债	4 487	3 300
其他流动资产	37 910	48 510	流动负债合计	63 087	83 330
流动资产合计	218 410	228 510	长期负债：		
长期投资	42 200	51 000	长期借款	38 400	42 000
固定资产净值	631 000	658 500	应付债券	181 000	181 000
无形资产	91 000	94 000	长期负债合计	219 400	223 000
			负债合计	282 487	306 330
			股东权益：		
			股本	500 000	500 000
			资本公积	107 000	102 640
			盈余公积	82 423	85 320
			未分配利润	10 700	37 720
			股东权益合计	700 123	725 680
合计	982 610	1 032 010	合计	982 610	1 032 010

问题讨论：
试用水平分析法分析资产负债表的变动情况并做出评价。

结果：
资产负债表的水平分析如表7-7和表7-8所示。

表7-7 资产负债表变动情况分析表（1）

单位：万元

资产	期初	期末	变动情况		对资产影响（%）
			变动额	变动率（%）	
流动资产：					
货币资产	40 000	50 000	10 000	25.00	1.02
短期投资	28 000	20 000	-8 000	-28.57	-0.80
应收款项	15 500	25 000	9 500	61.29	0.97
存货	97 000	85 000	-12 000	-12.37	-1.22
其他流动资产	37 910	48 510	10 600	27.96	1.06
流动资产合计	218 410	228 510	10 100	4.62	1.03
长期投资	42 200	51 000	8 800	20.85	0.90

续表

资产	期初	期末	变动情况		对资产影响(%)
			变动额	变动率(%)	
固定资产净值	631 000	658 500	27 500	4.36	2.80
无形资产	91 000	94 000	3 000	3.30	0.30
合计	982 610	1 032 010	49 400	5.03	5.03

表7-8 资产负债表变动情况分析表(2)

单位:万元

负债及股东权益	期初	期末	变动情况		对权益影响(%)
			变动额	变动率(%)	
流动负债:					
短期借款	37 600	55 000	17 400	46.28	1.77
应付账款	13 600	15 500	1 900	13.97	0.19
应交款项	7 400	9 530	2 130	28.78	0.22
其他流动负债	4 487	3 300	-1 187	-26.45	-0.12
流动负债合计	63 087	83 330	20 243	32.09	2.06
长期负债:					
长期借款	38 400	42 000	3 600	9.38	0.37
应付债券	181 000	181 000	0	0	0
长期负债合计	219 400	223 000	3 600	1.64	0.37
负债合计	282 487	306 330	23 843	8.44	2.43
股东权益:					
股本	500 000	500 000	0	0	0
资本公积	107 000	102 640	-4 360	-4.07	-0.44
盈余公积	82 423	85 320	2 897	3.51	0.29
未分配利润	10 700	37 720	27 020	252.52	2.75
股东权益合计	700 123	725 680	25 557	3.65	2.6
合计	982 610	1 032 010	49 400	5.03	5.03

分析评价:

1. 该公司本期总资产增加了 49 400 元,增长幅度为 5.03%。从具体项目看:

(1) 主要是固定资产增加引起的,固定资产原值增加了 27 500 元,增长幅度为 2.8%,表明企业的生产能力有所增加。

(2) 流动资产增加 10 100 元,增长幅度为 1.03%,说明公司资产的流动性有所提高。特别是货币资金的大幅度增加,对增强企业的偿债能力、满足资金流动性需要都是有利的。同时也应当看到,本期存货大幅度减少应引起注意。应收账款的增加应结合公司销售收入的变动情况和收账政策进行分析。

(3) 对外投资增加了 8 800 元,增长幅度为 0.9%,应结合投资收益进行分析。

2. 从权益方面分析：

（1）最主要的方面就是企业本期生产经营卓有成效，提取盈余公积和保留未分配利润共计 29 917 元，使权益总额增长了 3.04%。

（2）流动负债增加 20 243 元，对权益总额的影响为 2.06%，主要是短期借款增加引起的。

提示：资产负债表，亦称财务状况表，表示企业在某一特定日期的财务状况（即资产、负债和业主权益状况）的会计报表。它反映了企业资产、负债、所有者权益的总体规模和结构。

资产负债表的基本结构：按照"资产＝负债＋所有者权益"的原理，将各种资产变化先后顺序逐一列在表的左方，反映单位所有的各项财产、物资、债权和权利；所有的负债和业主权益则逐一列在表的右方。负债一般列于右上方，分别反映各种长期和短期负债的项目；业主权益列在右下方，反映业主的资本和盈余。左右两方的数额相等。

资产负债表的快速阅读：

一看资产总额及其来源构成，了解企业规模。

二看资产的构成，了解资产构成的合理性。

三看异常项目，大致判断企业情况。

四看报告附注说明，了解详细情况。

资产负债表的分析主要采用财务比率分析法。如反映企业短期负债能力的指标：流动比率、现金比率；反映企业长期负债能力的指标：资产负债率、总负债与总权益资本比率等。

课堂活动二

B2C 电子商务网站如何才能盈利

活动目的：调查国内几个较大的 B2C 电子商务网站的营业情况，分析其赢利条件。

活动内容与要求：自 B2C 模式在国内出现，十多年来几个较大的 B2C 网站却始终难以盈利。例如，卓越网被卖给了亚马逊，但亚马逊接手之后仍然无法盈利；京东商城从诞生时起一直处于亏损状态，直到 2017 年才开始盈利；当当网直到 2009 年才宣布盈利；而 8848 和 PPG 更是死在半路上。请你调查国内几个 B2C 电子商务网站的年销售额、运营成本、管理成本、物流成本、广告费用、广告 ROI 值（投入产出比）、利润额、毛利润、毛利率、费用率等，并根据以上财务数据，从规模效益、成本控制、运营效率、广告费用与物流费用的合理控制等方面分析其盈利条件。

结果与检测：统计数据可以从互联网、相关年鉴中查找，要尽量准确；同时要注意不同公司之间的比较；最后要总结出 B2C 网站盈利的几个条件。

课堂训练

训练内容：互联网公司的财务分析。

训练要求：

1. 从海外上市的国内互联网公司中选择 1 家（各小组不能重复），搜集其最近几个年度（季度）的财务报告。

2. 分析该公司的经营情况、财务状况、盈利状况、发展前景，进行纵向对比，并与竞争对手进行横向比较。

3. 形成分析报告，制作 PPT，然后汇报。

4. 团队间相互点评，教师点评，团队修改。

任务 3　网络营销策划财务预算

案例分析

互联网财务

企业 B2B 营销预算转向网络营销

根据美国著名 B2B 杂志所创立的 B2B Online 网站最近公布的一项调查，2008 年企业 B2B 网络广告预算继续增长，事件营销、广告黄页直销领域将会有较大增长。

一共有 213 个 B2B 企业接受了采访，超过 60% 的 B2B 企业计划增加它们的广告预算，大约 30% 的企业计划保持广告预算不变，只有 10% 的企业可能减少它们的广告预算。对于大部分（占 62%）的 B2B 广告商来说，争夺消费者是他们主要的目标，有 19% 的企业广告商希望提高他们品牌的知名度，还有 11% 的企业希望提高消费者的忠诚度。

对于那些希望提高网络预算的企业，网站的升级发展是他们主要的支出，比例大约为 74%。电子邮件营销很有可能成为第二大预算支出，大约占 70%，而大约有 64% 的企业会关注搜索引擎营销。社区网络营销也不会被忽视，大约有 40% 的企业打算增加网络视频广告，还有 26% 的企业会把广告投放在社区媒体。

问题讨论：

1. 为什么多数企业希望提高广告预算？

2. 企业如何进行财务预算？

课堂活动一

营销费用预算

活动目的：帮助企业编制营销费用预算。

活动内容与要求：在学校创业园区内选择一家熟悉的公司，了解其年度销售计划、销售收入、销售成本、管理费用等，实现营销预算的编制，参考表 7-9 将数据填写入表。

结果与检测：数据统计要根据公司实际情况，预算合理，计算准确，填表规范。

提示：营销费用是企业实施营销管理与实践活动而发生的各种费用，主要包括销售佣金、仓储费、差旅费、运费、促销费等销售变动费用，销售人员费用等销售固定费用。

在网络营销中，无论是直接分销渠道还是间接分销渠道，较之传统营销的渠道结构都大大减少了流通环节，有效地降低了交易成本。企业通过传统的直接分销渠道销售产品，通常采用两种具体实施方法：第一种方法是直接销售，不设仓库，如果采用这种方法，企业需支付推销员的工资和日常推销开支；第二种方法是直接销售，但设立仓库，在这种方法中，企业一方面要支付推销员的工资和费用，另一方面还需要支付仓库的租赁费。在营销费用预算过程中，需要考虑渠道模式问题。

表7-9 营销费用预算表

科目			年度合计		××月	
			金额	销售比重(%)	金额	销售比重(%)
销售费用	销售变动费用	1.销售佣金 2.运费 3.包装费 4.仓储费 5.燃料费 6.促销费 7.广告宣传费 8.消耗品费 9.其他费用				
		小 计				
	销售固定费用	销售人员费用	1.工资 2.奖金 3.福利费 4.劳保费 5.其他费用			
		小 计				
		其他	1.交通费 2.招待费 3.通信费 4.折旧费 5.修缮费 6.保险费 7.利息费用			
		小 计				
		合 计				

背景知识

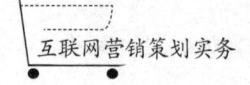

网络营销策划财务预算

一、财务预算

（一）财务预算的概念

财务预算是反映企业某一方面财务活动的预算，如反映现金收支活动的现金预算；反映销售收入的销售预算；反映成本、费用支出的生产费用预算、期间费用预算。

财务预算的主要编制方法有零基预算法和滚动预算法。

（1）零基预算法：是指在编制费用预算时，不考虑以往会计期间所发生的费用项目或费用数额，而是以所有的预算支出为零作为出发点，一切从实际需要与可能出发，逐项审议预算期内各项费用的内容及其开支标准是否合理，在综合平衡的基础上编制费用预算的一种方法。

零基预算的步骤：划分和确定基层预算单位→编制本单位的费用预算方案→进行成本-效益分析→审核分配资金→编制并执行预算。

（2）滚动预算法：又称连续预算或永续预算，是指在编制预算时，将预算期与会计年度脱离开，随着预算的执行不断延伸补充预算，逐期向后滚动，使预算期始终保持为一个固定期间的一种预算编制方法。

课堂讨论

飞越公司销售预算

飞越公司主要销售 A 种数码消费品，计划 2007 年四个季度的预计销售数量分别为 1 000 件、1 500 件、2 000 件和 1 800 件。A 种产品一季度预计单位售价为 100 元，以后每个季度单位售价会调低 10%。由以上信息可以编制飞越公司 2007 年销售预算如表 7-10 所示。

表7-10　飞越公司销售预算表

销售预算　　2007 年度　　单位：元

季度	一	二	三	四	全年
预计销量（件）	1 000	1 500	2 000	1 800	6 300
单价（元）	100	90	81	72.9	
预计销售收入	100 000	135 000	162 000	131 220	528 220

问题讨论：

飞越公司销售预算采取的是什么方法？

（二）营销预算

营销预算是一种为获得预期的营销目标而分配资源并监控实际目标达成及费用支出情况的营利性的营销财务计划。

营销预算通常是一个公司最早要确定的预算项目，是公司营运的重要控制工具。一般来说，对主要依靠某种产品或者服务取得收入的公司而言，通过它可以看出公司该年度的预期盈利。

营销预算也是公司评价营销部门工作绩效的标准和依据。营销部门同时会把总体的营销预算再进行细化，分派到更下一级的预算单位，因此它也是营销部门内部的工作绩效评价标准。一般说来，至少每月评估一次，主要是观察预算指标与实际执行的对比情况，如果存在差异，要对差异进行分析，并找到解决的方案，所以，营销预算同时也是一种控制工具。

营销预算通常有销售收入预算、销售成本预算、营销费用预算三个部分，而公司的经营预算除了这三个部分，还有行政管理费用预算、研究开发费用预算、税务预算等指标。作为完整的经营预算，还应该有资本预算、预算资产负债表、预算现金流量表等。

营销预算基本上可以分为市场费用预算和行政后勤费用预算两大类。市场费用是为了取得销售所产生的费用，比如广告费用、推销费用、促销费用、市场研究费用等，而行政后勤费用主要是指订单处理费用、运输费用、仓储费用、顾客投诉处理费用、后勤人员薪酬等。这些行政后勤费用因为主要与市场营销有关，因此也被列入营销费用里面。

常用的营销预算方法有：量力而行法、销售百分比法、竞争对等法和目标任务法。

课堂讨论

地板促销活动预算

安华地板公司策划了本月的促销方案，预算如下：

1. 报纸硬广告一篇 1/8 版彩色	5 500 元
2. 报纸软文 1 篇	赠送
3. 企业网站横幅广告	免费
4. 赠品采购	15 000 元
5. 人员费	2 000 元
合计	22 500 元

预计促销活动期间销量为：9 000 平方米。

厂家利润：9 000 平方米 × 8 元 / 平方米 = 72 000 元

促销活动的投入产出比：22 500 元 /72 000 元 × 100%=31.25%

二、网络营销预算

网站推广是一个系统工程，可用的网站推广方法很多，投入回报率各不相同，因此应根据企业的行业特征、营销资源、网站发展阶段特点提供有针对性的网站推广计划，然后根据推广计划编制推广预算。

课堂讨论

大江公司网络推广预算

大江公司是一家专门生产豆浆机、榨汁机等家用小电器的民营企业,年营业额为6 000万元,净利润为300万元左右。公司2011年1月刚刚建立电子商务网站,计划开展网络营销。请你为该大江公司编制网络推广预算。可参照表7-11,按月份顺序编制前6个月的预算额。

表7-11 大江公司网络推广预算表

推广方式	价 格	推广计划	推广预算
搜索引擎登录	免费	选择_____哪些站点	
商务平台/网上黄页	免费	选择_____几个站点	
搜索引擎推广	百度首次预交5 600元 谷歌首次预交4 000元	设定预付金额_____ 设定预付金额_____	
网站优化	2 000～3 000元/月	设定投入额度	
通用网址/中文域名	320元/个/年	购买期限_____	
门户网站广告	首页40 000元/天 二级页面4 000元/天	投放_____天 投放_____天	
行业网站广告	3 000元/月	选择_____个站点	
视频网站的嵌入广告	80 000元/月	选择_____个站点	
暴风/迅雷等软件推广	40 000元/月	选择_____款软件	
广告联盟+CPS销售返利	按返利比例付款	设定返利比例_____	
购买高质量的网站链接	200元/月/个	购买_____个	
软文推广	撰写:200元/篇 传播:200元/月	购买_____篇 传播期限_____	
论坛推广	免费		
博客推广	免费		
电子邮件推广	免费		
社交网络推广	免费		
不定期的促销推广活动	费用单算	举行_____次	
人工费	薪水1 500元/月	雇佣_____人	
办公费	按实际	费用为_____	
通信费	按实际	费用为_____	
总计			

【提示】推广是新品销量的基础依据,对于新品推广,投放适量的资金,加大广告、博

客营销、搜索引擎推广等力度是必需的，然而网络推广方式多样、网络广告又资源丰富，如何正确地选择推广方式、投放媒体是在现有成本下最大化收益的关键，因此，推广预算显得非常重要。预算就要有多少钱、办多少事，还要综合考虑各种相关费用。

课堂活动二

根据策划方案制定财务预算

活动目的：在拟定策划方案的基础上编制财务预算。

活动内容与要求：根据小组或个人以前所制订的推广策划方案，编制财务预算。要求包含推广形式、投放地点及明细费用，以尽量少的费用达到推广的目的。

结果与检测：财务预算要依据已确定的策划方案，结合案例的实际情况，项目合理而完善，预算总额合适，能获得批准。

课堂训练

训练内容：创业计划书中的财务预算。

训练要求：

1. 根据各团队的创业构想，完成创业计划书中的财务预算部分。
2. 制作 PPT，然后汇报。
3. 团队间相互点评，教师点评，团队修改。

任务 4　公司组织管理

案例分析

公司管理体系

小和尚撞钟被撤职的困惑

有一个小和尚担任撞钟一职，半年下来，觉得无聊至极，"做一天和尚撞一天钟"而已。有一天，住持宣布调他到后院劈柴挑水，原因是他不能胜任撞钟一职。小和尚很不服气地问："我撞的钟难道不准时、不响亮？"老主持耐心地告诉他："你撞的钟虽然很准时也很响亮，但钟声空泛、疲软，没有感召力。钟声是要唤醒沉迷的众生，因此，撞出的钟声不仅要洪亮，而且要圆润、浑厚、深沉、悠远。"

事实上该寺住持犯了一个常识性错误，"做一天和尚撞一天钟"是由于他没有提前公

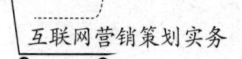

布工作标准和流程造成的。如果小和尚明白撞钟的标准和流程的重要性，他也不会因怠工而被撤职。企业缺乏工作标准，往往导致员工的努力方向与企业整体发展方向不统一，造成大量的人力和物力浪费。因为缺乏参照物，时间久了员工容易形成自满情绪，导致工作懈怠。

（资料来源：http://www.gzglgw.com/shownews.asp?contentID=1701.）

问题讨论：
为什么小和尚会因为没有提前公布工作标准和流程而遭撤职？

课堂活动一

确定组织结构、合理分工，撰写岗位职责说明书

活动目的：培养学生规划组织结构、撰写岗位职责说明书的能力。

活动内容与要求：从本市选择一家刚刚成立的策划公司，进行详细的企业调查。在此基础上，帮助企业确定合理的组织结构，对工作进行合理分工，并撰写各岗位的职责说明书。

结果与检测：画出公司的组织结构图，对企业员工进行合理分工，撰写岗位职责说明书。

背景知识

公司组织管理

一、组织结构的设计与管理

组织结构设计是公司管理的一项重要工作，组织结构设计超前或严重落后都会导致组织设计的失败。例如，LG 电子公司调整公司组织结构，明确了组织功能，优化了管理结构，提升了运营效率和执行力，这种组织结构的优化和调整也为企业带来了更多的利润，推动企业可持续发展。

（一）企业组织

企业组织就是为了实现企业的目标，以工作流程（或业务流程）、信息流程为基础，通过分工与协调，将承担一定权责角色结构的人整合起来的有机体。

（二）组织结构

（1）组织结构。组织结构就是将企业组织形式以结构图的形式表示出来，形象地体现企业各成员之间的层次关系、指挥关系及协调管理。

（2）组织结构类型。组织结构一般有直线型、职能型、矩阵型、事业部型。现代化的企业组织更倾向于管理幅度宽层次，即扁平化管理。

（3）组织结构设计的八项原则：任务目标原则、责权对等原则、分工协作原则、集权与

分权原则、统一指挥原则、执行部门跟监督部门分设原则、合理管理幅度原则、协调有效的原则。

> **课堂讨论**
>
> **LG 电子公司组织结构调整**
>
> 自 1993 年进入中国以来，LG 电子在中国的事业规模全面扩张。如今在中国的 13 家工厂发展迅速，但随着市场竞争的日趋激烈和消费需求的日趋复杂，LG 原先的组织结构已不合时宜，到了必须做出调整的时候了。同时，为了使分散在各地的营业组织运营得更加有效率，LG 将中国地区分为华北、华东、华南、华西、东北五大区域进行集中化管理。在各个区域的重点城市即北京、上海、广州、成都、沈阳等地建立大分公司体制。重新整编的五大分公司作为中国内销事业的主体，将同时拥有权限和责任的独立经营体制，强化市场对应能力，积极推进本地化建设。根据这个重组计划，LG 电子撤销了业务解决方案部门，把当前的业务部门数量从 5 个减少到 4 个。保留的 4 个部门是家用电器、空调和能源解决方案、家庭娱乐和移动通信。为了帮助 LG 重新获得重要的手机业务的实力，LG 创建了一个软件技术中心以增强与软件有关的能力。
>
> （资料来源：http://tech.sina.com.cn/it/2006-03-17/0856869943.shtml.）
>
> 问题讨论：
> 1. 为什么公司组织机构需要调整？
> 2. 企业组织机构设置应该怎样设置或调整？

（三）岗位和职责

（1）岗位：是组织为完成某项任务而确立的，由工种、职务、职称和等级内容组成。

（2）职责：是职务与责任的统一，由授权范围和相应的责任两部分组成。

（3）确定岗位及职责的主要原则：根据工作任务的需要确立工作岗位名称及其数量；根据岗位工种确定岗位职务范围；根据工种性质确定岗位使用的设备、工具、工作质量和效率；明确岗位环境和确定岗位任职资格；确定各个岗位之间的相互关系；根据岗位的性质明确实现岗位目标的责任。

二、人力资源管理

企业管理的首要工作就是分工明确，科学合理。只有每个员工都明确自己的岗位职责，才不会产生推诿、扯皮等不良现象。企业管理者还应有一根敏感的神经，应对外部环境的变化非常敏感，能较早地发现组织变革的导火线并采取相应的行动。同时，管理者要有系统的观念，在实施变革时不能忽略工作流程的调整，从而发现哪些工作已经不再需要，或者工作流程的哪些环节已发生了变化，以便采取合适的行动去改进它。

课堂讨论

大炮下的士兵

一位年轻的炮兵军官上任后,到下属部队视察操练情况,发现有几个部队操练时有一个共同的情况:在操练中,总有一个士兵自始至终站在大炮的炮筒下,纹丝不动。经过询问,得到的答案是:操练条例就是这样规定的。原来,条例因循的是用马拉大炮时代的规则,当时站在炮筒下的士兵的任务是拉住马的缰绳,防止大炮发射后因后坐力产生的距离偏差,增加再次瞄准的时间。现在大炮不再需要这一角色了,但条例没有及时调整,出现了不拉马的士兵。这位军官的发现使他受到了国防部的表彰。

(资料来源:http://www.cmmo.cn/article-50740-1.html。)

问题思考:
分析人力资源浪费的原因。

(一)人员配备

人员配备是根据组织目标和任务需要正确选择、合理使用、科学考评和培训人员,安排合适的人员去完成组织中规定的各项任务,从而保证整个组织目标和各项任务完成的职能活动。

(二)人员配备过程

人员配备过程如图 7-1 所示。

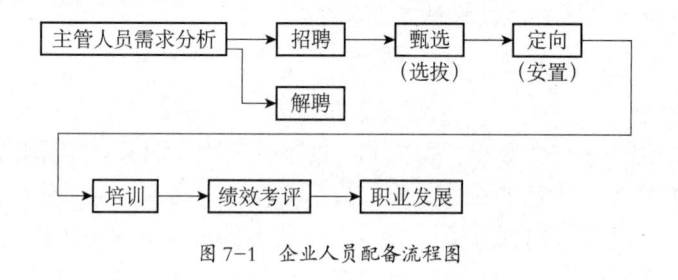

图 7-1 企业人员配备流程图

(三)人员配备的程序

(1)制订用人计划,使用人计划的数量、层次和结构符合组织目标和组织机构设置的要求。

(2)确定人员的来源,即确定是从外部招聘还是从内部重新调配人员。

(3)对应聘人员根据岗位标准要求进行考查,确定备选人员。

(4)确定人选,必要时进行上岗前培训,以确保能适用于组织需要。

(5)将所定人选配置到合适的岗位上。

(6)对员工的业绩进行考评,并据此决定员工的续聘、调动、升迁、降职或辞退。

课堂讨论

目标管理与绩效考核

黑熊和棕熊喜食蜂蜜，都以养蜂为生。它们各有一个蜂箱，养着同样多的蜜蜂。有一天它们决定比赛看谁的蜜蜂产的蜜多。

黑熊想，蜜的产量取决于蜜蜂每天对花的"访问量"。于是它买来了一套昂贵的测量蜜蜂访问量的绩效管理系统。同时，黑熊还设立了奖项，奖励访问量最高的蜜蜂。但它从不告诉蜜蜂们它是在与棕熊比赛，只是让蜜蜂比赛访问量。

棕熊与黑熊想得不一样。它认为蜜蜂能产多少蜜，关键在于它们每天采回多少花蜜——花蜜越多，酿的蜂蜜也越多。于是它直截了当地告诉众蜜蜂：它在和黑熊比赛看谁产的蜜多。它花了不多的钱买了一套绩效管理系统，也设立了一套奖励制度，重点奖励当月采花蜜最多的蜜蜂。如果一个月的蜂蜜总产量高于上个月，那么所有蜜蜂都将受到不同程度的奖励。

一年过去了，两只熊比赛的结果是：黑熊的蜂蜜不及棕熊的一半。

（资料来源：http://www.cngaosu.com/a/2010/0611/63029.html）

问题讨论：
1. 为什么棕熊花的成本低，却能够采到比黑熊多一倍以上的蜂蜜？
2. 上网查询，讨论企业为什么需要目标管理与绩效考核。

同样采用了绩效考核手段和激励机制，两个团队也同样都尽力去做，但结果却差别很大。

首先，黑熊的评估体系虽然很精确，但其评估的绩效与最终的绩效并不直接相关。棕熊评估指标与最终的结果紧密挂钩，因此，取得胜利是理所当然的。

其次，黑熊的蜜蜂由于都想领到奖励，于是将个人发现的信息进行封锁，是典型的个人作战；而棕熊的奖励机制比较灵活、奖励范围更广，能充分调动团队的积极性，而且它的团队明白竞争对手是谁，目标明确，成员间相互信赖和支持，在寻找花源、安排采蜜、制作蜂蜜等环节上，是典型的团队作战。

知识链接

营销部经理岗位职责说明

部门名称：营销部。
直接上级：分管副总经理。
直接下属：区域经理、营销业务员、营销助理。
部门性质：负责产品销售、客户开发、市场开拓。
管理权限：受分管副总经理领导，行使营销管理权限。
管理职能：负责对公司销售工作全过程中的各个环节实行管理、监督、协调、业务培训、绩效考核，对所承担的工作负责。

主要职责：

（1）依据公司管理制度，制定销售部管理细则，全面计划和安排本部门工作。

（2）经营本部门与其他部门之间的合作关系。

（3）主持制定销售策略及政策，协助业务执行人员顺利拓展客户并进行客户管理。

（4）主持制定完善的销售管理制度，严格奖惩措施。

（5）评定部门内工作人员的资信及业绩表现，并负责内部人员调配。

（6）货款回收管理。

（7）促销计划执行管理。

（8）制定销售费用预算，并进行费用使用管理。

（9）制订部门员工培训计划，培养销售管理人员，为公司储备人才。

（10）对部门工作过程、效率及业绩进行管理、监控、评估、激励，并不断改进和提升。

确定员工责任需要有明确的岗位职责规定。岗位职责说明书并不是要面面俱到，而是对岗位职责进行合理有效的分工，促使有关人员明确自己的岗位职责，认真履行岗位职责，出色地完成岗位职责任务。

不能简单地把"我是干什么活的"作为对岗位职责的理解。任何岗位职责都是一个责任、权利与义务的综合体，有多大的权力就应该承担多大的责任，有多大的权力和责任就应该尽多大的义务，任何割裂开来的做法都会出现问题。

课堂活动二

业务流程设计与分析

活动目的：培养学生业务流程设计与分析的能力。

活动内容与要求：搜集资料，了解制造型企业、贸易型企业、电子商务公司、策划公司等不同类型公司的主要业务流程和主要管理流程，并且分别画出业务流程图和管理流程图。分析该流程的参与者、部门跨度、审批手续是否可以进一步简化。最后在本市选择一家网络公司，为其设计企业网站业务流程、网络广告制作业务流程和营销策划方面的业务流程。

结果与检测：设计业务流程，画出业务流程图，并与相关企业的实际工作流程进行比较。

课堂训练

训练内容：创业团队的组建与管理。

训练要求：

1. 团队首先进行目标拟定、任务分解、合理分工，包括：划分团队组织结构，完成团队分工，制定相关管理制度，制定团队经营目标，将团队任务分解到每个人（部门）；然后进行业务流程或管理流程的设计，形成规范、简洁、高效的管理体系；最后对创业公司进行更细致的人员配备，制订用人计划、招聘方案、选拔方案、培训和考核方案。

2. 以创业团队为单位组织研讨，在充分讨论的基础上，形成团队设计方案报告，并制作 PPT 进行汇报（注意说明分工与设计的理由）。

3. 小组之间相互评价，提出修改意见；教师点评，教师给出小组训练成绩，团队完善策划书。

团队训练

【训练内容】网络营销策划项目财务预算，并设计创业团队的组织与管理。

【训练要求】

1. 团队在充分讨论的基础上，完成项目财务预算与组织管理策划。
2. 形成小组的课题报告，并制作成PPT进行汇报。
3. 小组之间相互评价，提出修改意见；教师点评，并给出小组训练成绩；团队完善。

项目八

网络营销策划可行性分析

教学目标

通过本项目的学习与训练，学生能够深入理解网络营销项目的风险与控制相关知识；熟悉网络营销策划项目风险分析与控制的基本方法；掌握网络营销策划项目经济、环境、技术等方面可行性分析的技能；能够在学习团队合理分工、交流合作的基础上进行科学的分析，完成本团队策划项目的可行性分析。

教学要求

1. 熟悉网络营销项目的风险与控制基本方法
2. 学会分析网络营销策划项目在经济、环境、技术等方面的可行性

能力目标

1. 风险预测与风险控制能力
2. 项目可行性分析能力
3. 具备团队合作精神与团队内外的沟通能力

项目导航

无论是传统的商业模式还是电子商务，最终的结果都是以成败论英雄。所有项目的投资与运营都是机会与风险共存的，企业必须进行风险分析，制订风险控制与管理的方案，以便彻底避开困境，或是为这些困境做好准备，将风险降到最低、资金亏损降到最少。通过可行性分析，分析有利与不利因素、项目是否可行、成功率高低、经济与社会效益等，使项目顺利运行。

导入案例

华星创业投资项目可行性分析

本项目的实施具有现实的可行性,主要表现在以下方面:

1. 巨大的市场发展空间是本项目成功实施的前提

2009 年,我国正处于 3G 技术的商业应用初期阶段,3G 网络的巨大投资及网络运营维护外包化趋势的形成给第三方移动网络测评优化服务行业带来广阔的市场空间。据中研博峰的《行业报告》测算,未来几年,该行业的市场容量将不断增长,2012 年将比 2008 年增长 57.78%,达到 49.70 亿元。

2. 公司的专注优势

行业中上规模的厂家较少,各自定位明确。华星创业自设立以来注意力始终集中在此专业领域,定位亦很明确。本项目的实施,使公司在本行业的实力更强、优势更明显、市场份额更多,符合公司的定位和发展战略,必将获得资源集聚。

3. 技术服务经验及品牌信任优势

华星创业在多年的提供网络测试、评估、优化服务中积累了丰富的跨厂家设备平台的服务经验,以及大型复杂项目的管理经验。公司设立以来,承担了大大小小、长期短期、常规专项等多个技术服务项目,服务遍及全国。由于电信运营商对其网络系统强调高可靠性、高稳定性及不间断运行,因此选择技术服务提供商时注重品牌、市场信誉及成功案例,而公司多年来已在市场上建立了品牌信任优势。

4. 规模优势

目前,国内第三方移动网络测评优化服务行业企业众多,行业集中度较低,普遍规模较小。公司规模属于行业前列,业务范围遍及全国,业务类型全面。本项目的实施,使公司规模更大、业务更广,有利于公司在电信运营商的招投标中胜出。同时,规模优势也使公司在部分原材料采购、质量保障等方面具有一定的优势。

5. 管理和成本优势

公司从长期的项目执行中摸索出了一整套先进的管理方法,积累了丰富的管理经验,在质量管理、成本控制、财务管理、采购及库存管理等方面建立了较为完善的制度并得到有效执行。公司以控制成本为中心,不断优化业务流程,强化财务核算,科学设置原料库存,从而全面提升了公司管理水平,形成成本竞争优势。

6. 人力资源优势

公司一贯注重核心人员凝聚力的打造,聚集并培养了一批优秀的管理人员和在测评优化服务及产品开发领域拥有丰富经验的人才,组建了强有力的管理团队和技术服务专家团队。公司高级管理层、核心技术人员在通信行业的平均工作年限超过 10 年,具有丰富的从业经验。公司研发、技术服务人员占员工总人数的九成以上,大专以上学历亦占九成以上。本项目的实施,使公司的人力资源优势更加明显。

(资料来源:凤凰网)

> **小贴士**
>
> 项目可行性分析是项目前期工作的主要内容,具有预见性、科学性、公正性、可靠性的特点。

任务 1 风险分析与控制

任何一个项目,都是风险与机遇并存的。要想让成功的概率大于风险的概率,就要用更多的努力才可以获得。只有在深入分析的基础上制定科学的营销策略,才能科学控制、规避风险,提高项目抗风险能力。

案例分析

建华发艺网络营销应用可行性分析

电子商务的发源地、网络营销引领全国的杭州再一次点燃了新的营销革命。建华发艺是一家坐落于杭州宁波路的发艺时尚店,该店通过营销创新,将网络运用到其商务领域,以低成本的宣传、个性化的服务及点对点的客户定制营销一劳永逸地占据了杭州近23%的发艺市场份额,并且在消费者中赢得了良好的口碑效益,品牌优势逐渐显现。建华发艺网络营销的特色主要体现在以下几点:

(1)雅虎口碑网的成功注册和运营。雅虎口碑网是我国最大的口碑营销网,是企业知名度宣传的完美平台。

(2)网站内容设置突出公关色彩,特别是网站公告这一栏,信息的真实性和亲近感在无形中拉近了同网络消费者的心理距离。

(3)信息的时效性和可参考性。网站会不定期发布当前流行的最新发型图片,并且注明该发型适合哪一类消费者,为顾客提供信息参考。

(4)网站的宣传定位也十分富有特色,它不仅面向整个杭州的消费者,而且辐射全国,因为其目标客户还包括来自全国各地的杭州游客,网站增加了地图导航栏,使顾客可以轻松地找到该店。

(5)个性化服务是其网络营销最成功的构想。网站开通了在线预约这一专栏,对顾客提出的一些发型诉求会做详细解答,并根据客户的问题向其介绍推荐适合其自身的发型设计及价格和相关优惠等。

(6)网络营销与实际宣传相结合。建华发艺管理者深知,网络只是一个有效的营销平台,网站的知名度和点击量需要实地营销加以引导。

项目八　网络营销策划可行性分析

建华发艺借助网络营销，将网络宣传和实地体验相结合，取得了较好的营销业绩，在建华发艺实施网络营销的半年内，人流量是初期的3倍，消费量的环比增长依次为13%、23%、16%、24%、24%，网络营销效果可见一斑，那么建华发艺运用网络这一差异化营销手段是否能取得较为理想的效果呢？

（资料来源：据无忧利加网改编）

> **小思考**
>
> 请将建华发艺这一方案的可行性进行展开论证，并提出可能存在的风险。

课堂活动一

风险分析训练

活动目的：加强学生对风险的理解，培养学生风险控制的基础能力。

活动内容与要求：上网查找资料，对本地某个熟悉的企业或其某个项目进行风险分析，并提出相应对策。

结果与检测：风险分析正确，提出的防范策略科学合理。

提示：风险分析是建设项目决策过程中的重要环节，其目的是帮助决策者更理性地思考，从而实现科学决策。风险分析不是消除风险，而是识别风险，估计风险发生的概率，评估风险可能带来的影响，并提出相应的防范对策。

背景知识

风险分析与控制

保姆网的风险分析

一、风险

风险是现代社会中经常用到的一个术语，它与人类的生产生活相伴产生。对于风险的概念，可以解释为："风险是由于从事某项特定活动过程中存在的不确定性而产生的经济或财务的损失，自然破坏或损伤的可能性。"风险具有普遍性与不确定性两大特征，在任何项目的建设投资过程中都不可避免。人们只有采用科学的分析方法进行项目风险的评估，并采取有效方式进行风险管理，才能达到损失最小化的目的和效果。

风险与将要发生的事情有关，它涉及诸如思想、观念、行为、地点、时间等多种因素。风险随条件的变化而改变，人们改变、选择、控制与风险密切相关的条件可以减少风险，但改变、选择、控制条件的策略往往是不确定的。在创业过程中，人们关心的问题是，什么风险会导致创业项目的彻底失败？顾客需求、开发环境、目标机会、时间、成本的改变对创业项目的风险会产生什么影响？人们必须抓住什么机会、采取什么措施才能有效地减少风险、顺利完成任务？所有这些问题都是创业过程中不可避免并需要妥善处理的。

二、风险分析与管理

分析风险就是对风险存在的影响、意义，及应采取何种对策处理风险等问题进行评析。风险管理是一种主动应急规划，目的是彻底避开困境，或是为应对这些困境做好准备，将风险降到最低，资金亏损降到最少。

（一）风险标识

从宏观上看，风险可以分为项目风险、技术风险和商业风险三类。由于项目在预算、进度、人力、资源、顾客和需求等方面的原因对项目产生的不良影响称为项目风险。项目在设计、实现、接口、验证和维护等过程中可能发生的潜在问题，对项目带来的危害称为技术风险。由于交易双方中的某一方，或与之关联的某一方的原因导致的风险，比如价格过高、质量不过硬、商业机密泄露等导致项目没有市场，称为商业风险。这些风险有些是可以预料的，有些是很难预料的。为了帮助创业者、项目管理人员、项目规划人员全面了解项目建设投资、运营过程中存在的风险，建议设计并使用各类风险检测表标识各种风险。例如，人员配备风险检测。

> **小贴士**　　　　　　　　　人员配备风险检测
>
> （1）开发人员的水平如何。
> （2）开发人员在技术上是否配套。
> （3）开发人员的数量如何。
> （4）开发人员是否能够自始至终地参与软件开发工作。
> （5）开发人员是否能够集中全部精力投入软件开发工作。
> （6）开发人员对自己的工作是否有正确的期望。
> （7）开发人员是否接受过必要的培训。
> （8）开发人员的流动是否能够保证工作的连续性。
>
> 上述问题可以选用 0、1、2、3、4、5 来回答。完全肯定取值为 0，反之为 5，中间情况分别取值 1、2、3、4，值越大表示风险越大。人员配备风险检测表反映了人的因素对软件项目的影响，可以用它来估算人的因素对软件项目带来的风险。

（二）风险估算

项目管理人员可以从影响风险的因素和风险发生后带来的损失两方面来度量风险。为了对各种风险进行估算，必须建立风险度量指标体系；必须指明各种风险带来的后果和损失；必须估算风险对项目及产品的影响；必须给出风险估算的定量结果。

（三）风险评价和管理

在风险分析过程中，经常使用三元组 [RI, LI, XI] 描述风险。其中 RI 代表风险，LI 表示风险发生的概率，XI 是风险带来的影响，I = 1, 2, …, L 是风险序号，表示项目共有 L 种风险。由于项目超支、进度拖延都会导致项目的终止，因此多数项目的风险分析都需要给出成本、进度和产品性能三种典型的风险参考量。当项目的风险参考量达到或超过某一临界点时，项目将被迫终止。在开发过程中，成本、进度、性能是相互关联的。例如，项目投入成本的增长应与进度相匹配，当项目投入的成本与项目拖延的时间超过某一临界点时，项目也应该终止进行。通常风险估算过程可分为四步：①定义项目的风险参考量；②定义每种风险的三元组 [RI, LI, XI]；③定义项目被迫终止的临界点；④预测几种风险组合对参考量的综合影响。

（四）技术工艺风险预测

在建设项目可行性研究报告中，选择适当的工艺和技术是决定项目成败的关键因素。首先要处理好技术的先进性、适用性问题。先进技术是相比较而言的，先进的同时必须适应国情，并与其配套能力相适应。对于成熟的先进技术可积极采用，如果是初次采用的技术工艺，应对使用中可能遇到的风险和困难进行细致调查，分析利弊，减少冒险使用的损失。其次要充分考虑技术的可行性。如果建设项目采用的是国内科研成果，则必须经过工业试验和技术鉴定；引用专利技术必须注重其实效性，避免将已失效或非专利技术作为专利技术引进，对建设项目的安全可靠造成威胁。建设项目工艺技术的先进性、适用性、可行性必须以经济性为前提。只有投入产出关系合理，才能获得较好的经济效益。

（五）筹资风险预测

1. 筹资风险预测概述

对项目而言，资金筹措是一项极其重要的经济活动，国务院发布的《关于固定资产投资项目试行资本金制度的通知》为项目资金筹措设置了高难度的进入壁垒。凡是资本金达不到新建项目要求的比例标准不得审批。把那些"边建设、边筹资"的建设项目杜绝在萌芽状态。建设项目资本金落实后，建设项目重要的资金来源是银行信贷资金、非银行金融机构资金、外商资金等。筹资风险主要体现在银行贷款筹资风险、股票筹资风险、债券筹资风险、租赁筹资风险、联营及引进外交筹资风险等。筹资风险防范不当往往导致重大损失。加强建设项目筹资风险防范，需重点分析筹资渠道的稳定性并严格遵循合理性、效益性、科学性的筹资原则。充分考虑筹资的有利条件和不利条件，知己知彼做好筹资成本比较。尽量选择资金成本低的筹资途径，减少筹资风险。

建设项目可行性研究的风险远不止于此，还包括：布局安全风险、项目管理风险、环境风险、人力资源风险、不可抗力等。实质上风险贯穿于整个建设项目的始终。随着全球经济一体化进程日益加快，中国巨大的市场空间吸引世界各地的知名企业纷纷抢滩，只有做好充分的准备，突出优势才能立于不败之地。因此，必须以科学严肃的态度重视建设项目的可行性研究。因投资决策失误带来的低水平重复建设，狭小领域的同业过度竞争完全可以从项目的源头上得到控制。也只有加强投资风险防范，避开投资陷阱，才能避免投资决策失误，减少损失，实现投资效益最大化。

2. 风险分析过程

风险分析可以划分为三个阶段：风险识别、风险估计和风险评价。具体如图 8-1 所示。

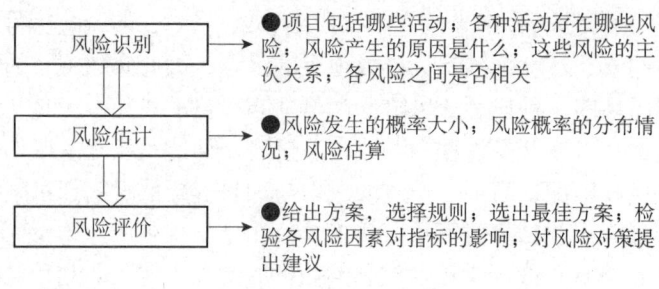

```
风险识别 → ●项目包括哪些活动；各种活动存在哪些风
            险；风险产生的原因是什么；这些风险的主
            次关系；各风险之间是否相关
   ↓
风险估计 → ●风险发生的概率大小；风险概率的分布情
            况；风险估算
   ↓
风险评价 → ●给出方案，选择规则；选出最佳方案；检
            验各风险因素对指标的影响；对风险对策提
            出建议
```

图 8-1　风险分析过程

三、风险管理

项目风险存在于项目的全过程，要使项目取得良好的收益，就要加强对其风险的全程监控，采取有效措施进行风险管理，以使得风险损失最小化。项目风险管理包括对内部影响因素与外部影响因素的综合管理。

保姆网的风险控制

（一）风险监控

风险监控实际是监控项目的进展和项目环境，即监控项目参数变化的行为。其目的是，核对这些策略和措施的实际效果是否与预期的相同；寻找机会改善和细化风险规避计划；获取反馈信息，以便将来的决策更符合实际。对那些新出现及预先制定的策略或措施不见效或性质随着时间推延而发生变化的风险进行控制。对项目进展的评价要反复不断地进行，因此，风险监控是项目实施过程中的一项重要工作。

不管预先计划好的策略和措施是否付诸实施，风险监控都一日不可或缺。如果发现已做出的决策是错误的，就一定要尽早承认，立即采取纠正行动。如果决策正确，但是结果却不好，这时不要惊慌，不要过早地改变正确的决策。频繁地改变主意不仅会减少应急用的后备资源，而且还会大大增加项目以后阶段风险事件发生的可能性，加重不利后果。

（二）处理风险

完成了风险分析后，就已经确定了项目中存在的风险及它们发生的可能性和对项目的风险冲击，并可列出风险的优先级。此后就可以根据风险性质和项目对风险的承受能力制定相应的防范计划，即风险应对。它主要包括：已识别的风险及其描述、风险发生的概率、风险应对的责任人、风险对应策略及行动计划、应急计划等。

1. 分享信息处理

主要对内部影响要素信息和外部影响要素信息进行共同处理整合。内部影响要素信息主要是项目本身的开发建设、生产经营等各类信息；外部影响要素信息主要是国家政策法规、科技信息、市场信息、行业信息、宏观环境信息等。

要对这些信息进行处理整合，要进行分类、整理、辨伪、预测、判断等初步工作，剔除信息真实性弱、与项目相关度低的信息要素。

2. 风险指标的风险判断

对各种基本项目风险评测指标（分为定性指标和定量指标），根据风险指标的计算结果，判断决定风险发生的概率，及以何种方式发出何种程度的风险损害。

3. 风险规避

对风险进行分析后要进行风险规避。风险规避的方法主要有回避、减轻、分散、转移、自留和后备措施等。其中后备措施主要包括费用、进度和技术等。

4. 风险控制

风险控制就是在风险事件发生时实施风险管理计划中预定的规避措施。同时，当项目的情况发生变化时，要重新进行风险分析，并制定新的规避措施。风险控制的依据包括风险管理计划、实际发生了的风险事件和随时进行的风险识别结果。

风险控制的手段除了风险管理计划中预定的规避措施，还应有根据实际情况确定的管控措施。如果实际发生的风险事件事先未曾预料到，或其后果比预期的严重，风险管理计划中预定的规避措施也不足以解决时，必须重新制定风险规避措施。

知识链接

项目风险分析的常用方法

1. 项目风险识别的常用方法

（1）专家调查法：是以专家为索取信息的重要对象，找出各种潜在的风险并对其后果做出分析与估计。这种方法最大的优点是在缺乏足够统计数据和原始资料的情况下，可以做出定量的估计，缺点是容易受到心理因素的影响。专家调查法主要包括专家个人判断法、头脑风暴法和德尔菲法。

（2）故障树分析法：是利用图表的形式，将大的故障分解成各种小的故障，或对各种引起故障的原因进行分析。进行故障分析的一般步骤为，定义工程项目的目标→做出风险因果图→全面考虑各风险因素之间的关系，从而研究对工程项目风险所应采取的对策或行动方案。该方法经常用于直接经验较少的风险识别，主要优点是比较全面地分析了所有的风险因素，并且比较形象化，直观性较强。

（3）幕景分析法：是一种能够分析引起风险的关键因素及其影响程度的方法。一个幕景就是对一个事件未来某种状态的描述，它可以采用图标或曲线等形式来描述当影响项目的某种因素发生变化时，整个项目情况的变化及其后果，供人们进行比较研究。特别适用于以下几种情况：提醒决策者注意措施或政策可能引起的风险及后果；建议需要监控的风险范围；研究某种关键性因素对未来过程的影响；当存在相互矛盾的结果时，应用幕景分析法可以在几个幕景中进行选择。幕景分析法有一定的局限性，通常需要与其他方法结合使用。

2. 风险估计的常用方法

（1）确定型风险估计。确定型风险估计假定项目中各种状态出现的概率为1，只计算和比较各种方案在不同状态下的后果，进而选择出风险不利后果最小、有利后果最大的方案。确定型风险估计通常使用盈亏平衡分析、敏感性分析等方法。

● 盈亏平衡分析：盈亏平衡分析分为静态盈亏平衡分析和动态盈亏平衡分析。其原理是利用成本、产量和利润之间的关系，求出投资项目的收入等于支出的平衡点（产销量、销售额等），平衡点越低，表明投资项目风险越小。
- 敏感性分析：敏感性分析研究在项目寿命周期内，项目中某个不确定因素（如产量、产品价格、固定成本、变动成本、项目寿命周期、固定资产投资、流动资金、汇率等）的变动对项目性能指标（如净现值、内部收益率等）的影响。通过敏感性分析，项目风险分析人员可以知道是否需要用其他方法做进一步的风险分析。如果敏感性分析表明，项目不确定因素即使发生很大的变动，项目性能指标也不会发生很大的变化，那么就没有必要进行费时、费力、代价高昂的概率分析。根据项目不确定因素每次变动的数目，可分为单因素敏感性分析和多因素敏感性分析。

（2）不确定型风险估计。如果对项目风险发生的状态、每个状态发生的概率一无所知，则可以采用不确定型风险估计的方法进行风险估计。不确定型风险估计有以下几个原则：①小中取大原则；②大中取小原则；③遗憾原则，又叫最小后悔值原则，这是一种折中原则；④最大数学期望原则，该方法首先计算出各方案的所有后果的数学期望，然后挑出其中的最大者。

（3）随机型风险估计。随机型风险估计即概率分析，它是对不确定因素发生变动的可能性及其对投资项目经济效益的影响进行评价的方法。其基本原理是：假设不确定因素是服从某种概率分布的随机变量，因而项目经济效益作为不确定因素的函数必然也是随机变量。通过研究和分析这些不确定因素的变化规律及其与项目经济效益的关系，可以全面了解投资方案的不确定性和风险。概率分析主要包括期望值分析、均方差分析及投资项目的经济效益达到某种要求的可能性分析。

计算和分析项目经济效益达到某种要求的概率，通常是计算分析净现值小于零的概率或大于零的概率。

3. 风险评价的常用方法

项目风险评价的方法一般分为定性的和定量的两大类，下面分别介绍。

（1）定性风险评价方法。最简单的定性风险评价方法是在项目的所有风险中找出后果最严重者，判断这最严重的后果是否低于项目评价基准。对上述方法加以改善，可以得到另一个方法，该法利用风险识别时加工过的信息和资料把那些引起大多数麻烦、必须特别注意的风险找出来，列在一个表中，然后对照风险评价标准，把未达到评价标准的从表中删除。在上面两种方法的基础上进一步完善，产生了主观评分法和层次分析法，这是两种最通用的定性风险评价方法。

- 主观评分法。主观评分法首先将项目主要的单个风险都列出来，并为每一个风险赋予一个权值，例如，从0到10之间的一个数。0代表没有风险，10代表风险最大。然后把各个风险的权值都加起来，再同风险评价标准进行比较。主观评分法容易使用，其用途大小取决于填入表中数值的准确性。

- 层次分析法。层次分析法可以将无法量化的风险按照大小排出顺序，把它们彼此区别开来。层次分析法通常有两个步骤：先确定评价的目标，再明确方案的评价准则，然后把目标评价准则连同方案一起构造一个层次结构模型。在这个模型中目标方案和评价准则处于不同的层次，彼此之间有无关系用线段表示，评价准则可以分为多个层次。做出层次结构模型之后，评价者根据自己的知识、经验和判断，从一个准则层开始向下，逐步确定各层因素相对于上一层各因素的重要性权数，然后经过计算，排出各方案的风险大小顺序。

（2）定量风险评价方法。定量风险评价方法主要有风险报酬法、决策树法、外推法、解析法、蒙特卡罗模拟法等。

项目风险估计与评价的方法除了以上方法，还有很多，如风险当量法、等风险图法、灰色理论系统、模糊分析法、效用理论、计划评审技术（PERT）和图形评审技术（GERT）等，这些理论和方法各有所长，进行项目风险分析时必须根据项目实际情况进行选择。

课堂活动二

分析工学结合企业运营项目的风险

活动目的：培养风险分析与预测能力。

活动内容与要求：分析已经参与的某企业网络营销运营的项目风险，并提出风险控制的思路。

结果与检测：分析具有针对性、全面性、实效性。

课堂训练

训练内容：分析团队项目的风险，提出风险管理手段。

训练要求：

1. 小组讨论分析各自团队项目的风险，组长汇总。
2. 制作 PPT，进行汇报。
3. 团队间相互点评，教师点评，团队修改。

任务 2　项目可行性分析

保姆网的可行性分析

项目的可行性报告就是企业在从事一项经济活动之前，从经济、技术、法律、社会环境、生产运营等方面进行调查、研究与分析，分析有利与不利因素、项目是否可行、成功率高低、经济与社会效益等。任何项目没经过可行性分析，都不能投入生产或运营。

可行性研究具有预见性、科学性、公正性、可靠性的特点。可行性研究报告是在投资决策之前，对拟建项目进行全面技术经济分析论证的科学方法。在项目投资管理中，可行性研究是指对拟建项目有关的自然、经济、社会、技术等进行调研、分析、比较及预测建成后的社会经济效益的书面报告。

案例分析

投资软件公司失败的教训

近一年来，某企业家关闭了一个自己的亏损30万元的软件公司；解散了一个年亏损200万元的软件公司（朋友的）；否定了一个200万元的投资方案（生疏人的）；放弃了一个处于萌芽状态的100万元的投资设想（熟人的）。他讲述了亲身经历后的感受和建议。

不论是为客户做项目还是为自己做产品，都要进行需求分析。需求分析最恼人之处是难以在项目刚启动时搞清楚需求，假如在项目做了一大半时需求发生了变化，那将使项目陷入困境。

做可行性分析不能以偏概全，也不可以什么鸡毛蒜皮的细节都加以权衡。可行性分析必须为决策提供有价值的证据。

联想集团领导人柳传志曾说："没钱赚的事我们不干；有钱赚但投不起钱的事不干；有钱赚也投得起钱但没有可靠的人选，这样的事也不干。"柳传志为决策立了上述准则，同时也为可行性分析指明了重点。

一般地，可行性分析主要考虑4个要素，即经济、技术、社会环境和人，以便建立全局分析的观念。

（资料来源：http://www.knowsky.com/396417.html）

问题讨论：

1. 案例中的某企业家为什么会关闭自己的公司，同时还否定别人的投资项目、放弃一个处于萌芽状态的投资设想？试分析其原因。

2. 可行性分析的因素有哪些？

课堂活动

"化蝶飞"项目的可行性分析

活动目的：培养项目可行性分析意识，掌握其项目可行性分析能力。

活动内容与要求：对本书项目二任务2 2008年汶川大地震后提出的"化蝶飞"主题，进行项目可行性分析。

结果与检测：分析科学、全面，理由充分。

提示：可行性分析是项目投资决策前必不可少的关键环节，主要对项目市场、技术、财务、工程、经济和环境等方面进行精确、系统、完备无遗的分析，完成可行性论证和评价，选定最佳方案，为投资决策提供科学依据。

背景知识

项目可行性分析

一、网络营销策划的可行性分析

可行性研究是运用多种科学手段（包括技术科学、社会学、经济学及系统工程学等）对一项工程项目的必要性、可行性、合理性进行技术经济论证的综合科学。项目可行性研究是项目前期工作的主要内容，可行性研究通过市场分析、技术研究、经济测算，最后确定是否投资一个项目。

经济上的合理性、技术上的先进性和适应性及建设条件的可能性和可行性分析，是投资决策前必不可少的关键环节。项目可行性分析报告是在前一阶段的项目建议书获得审批通过的基础上，主要对项目市场、技术、财务、工程、经济和环境等方面进行精确、系统、完备无遗的分析，完成市场和销售、规模和产品、厂址、原辅料供应、工艺技术、设备选择、人员组织、实施计划、投资与成本、效益及风险等的计算、论证和评价，选定最佳方案，依此就是否应该投资开发该项目及如何投资，或就此终止投资还是继续投资开发等给出结论性意见，为投资决策提供科学依据，并作为进一步开展工作的基础。

项目可行性分析报告又可以称为项目可行性研究报告、可研报告，是一种格式比较固定的、用于向国家项目审核部门（如国家发展改革委员会）进行项目立项申报的商务文书，主要用于阐述项目在各个层面上的可行性与必要性，对于项目审核通过、获取资金支持、理清项目方向、规划抗风险策略都有着相当重要的作用。

项目可行性分析报告出现在建设、生产及研究开发的前期。项目建设可行性主要从以下几个方面加以分析：经济可行性、政策可行性、技术可行性、模式可行性、组织和人力资源可行性等。

二、经济上的可行性分析

1. 投资项目经济可行性分析的步骤和内容

投资项目经济可行性分析主要包括以下步骤和内容：
（1）弄清市场需求和销售情况，包括需求量、需求品种等的预测。
（2）弄清项目建设条件，包括资金、原料、场地等条件。
（3）弄清技术工艺要求，包括设备供应、生产组织、环境等情况。
（4）投资数额估算，包括设备、厂房、运营资金、需求量等投资数额。
（5）资金来源渠道和筹借资金成本的比较分析。
（6）生产成本的计算，包括原材料、工资、动力燃料、管理费用、销售费用各项租金等。

（7）销售收入的预测，包括销售数量和销售价格。
（8）实现利税总额的计算。
（9）投资回收期的估算和项目生命周期的确定。
（10）折旧及上缴税金的估算（通过项目在生命期内提取折旧，计入成本，来测算项目实现利润和上缴的税金）。
（11）项目经济效益的总评价。

2. 投资项目经济可行性分析的一般方法

投资项目经济可行性分析一般采取分析判断法。判断预期未来投资收益是否大于当前投资支出，项目实施后是否能够在短期内收回全部投资。

（1）投资回收期，也称投资收回期，以年或月计，是指一个投资项目通过项目盈利收回全部投资所需的时间。

（2）投资项目盈利率，其计算公式为：

投资项目盈利率 = 年平均新增利润 / 投资总额 × 100%

（3）贴现法：将投资项目未来逐年收益换算成现在的价值，和现在的投资支出相比较的方法，其计算公式为：

$$V_0 = P_n \times (1+i)^{-n}$$

注：V_0 为收益现值；P_n 为未来某一年的收益；i 为换算比率，即贴现率。

3. 在考虑时间因素情况下的评价指标

（1）净现值：指投资项目在生命周期内变成现值后逐年的收益累计与总投资额之差。
（2）项目盈利系数：指项目盈利现值累计数与总投资额之比。
（3）内部收益率：指在投资项目净现值为0时的贴现率。

4. 与投资项目经济可行性分析有关的其他经济分析

与投资项目经济可行性分析有关的其他经济分析主要包括：最优生产规模的确定（利润分析法、经验分析法、成本分析法和盈亏平衡点法）、销售收入的确定、生产成本的测算等。

5. 项目不确定性分析

在对建设项目进行评价时，所采用的数据多数来自预测和估算。由于资料和信息的有限性，将来的实际情况可能与此有出入，这会对项目投资决策带来风险。为避免或尽可能减少风险，就要分析不确定性因素对项目经济评价指标的影响，以确定项目的可靠性，这就是不确定性分析。

三、技术上的可行性分析

网络项目技术上的可行性分析，就是根据现有的技术条件，分析能否达到网站建设的要求。技术的可行性可以从硬件（包括外围设备）的性能要求、软件的性能要求（包括操作系统、数据库系统、网站开发软件工具等）、能源及环境条件、辅助设备及备用品配件条件等几个方面去考虑。技术可行性分析主要做以下几方面的工作：

（一）细化网站目标

分析具体目标的技术可行性。通过与相关人员的交流与沟通，进一步了解网站的建设目标和具体要求,探讨每一个具体目标和功能在技术上是否可实现,同时还要考虑需要什么条件和需要多少人来实现,列出每个具体目标的内容、任务和实现条件清单。

(二)分析网站的可用性

网站必须设计成易于使用的,而不只是信息的简单堆砌。这一要求直接与网站的版面布局和服务器的功能定义相关。

(三)分析网站的交互性

交互性是网站发展的主流趋势。网站的交互应用大大增加了对网站的处理功能、存储容量、网络带宽的要求,网站的内部结构设计要相应地调整。

(四)分析网站的性能

网站用户的数量随着网站的性能和功能的变化而变化,如何在保证网站高性能的前提下,不断满足越来越多用户的需求,将涉及网站内部结构的规划、设计、扩展与系统维护。

网站的性能可以用网站的响应时间、处理时间、用户平均等待时间和系统输出量来衡量。

提高网站性能的技术步骤开始于网站建设的起始,首先是确定容量计划,由用户数目和信息处理量来确定网站服务器的功能、存储容量和接入 Internet 的速度及相应的网络设备要求。

四、环境上的可行性分析

社会环境因素的变化对管理现代化的要求具有影响。社会环境因素一般涉及科学技术、经济体制、法律法规、市场竞争、与世界经济接轨、建立健全管理机制、信息高速公路、无纸化办公等。目前这些因素常常促使用户努力学习和掌握先进的科学技术,以适应时代发展的需要。这里的环境分析,通常侧重于政策、法律环境分析,即侧重从产业政策、规划、选址、土地利用等方面加以分析。

除此之外,有必要进行模式可行性与组织和人力资源可行性的分析。科学管理的基础工作是建立信息系统的前提。只有在合理的管理体制、完善的规章制度、稳定的生产秩序、科学的管理办法和程序及完整、准确的原始数据基础上,才能有效地建立信息系统,否则,必须先对企业的管理进行一番改进和规范,再逐步过渡到信息化和电子商务系统应用等较高层次。模式的可行性主要分析其商业模式与盈利模式的可行性。

五、项目可行性分析结论与建议

项目可行性分析结论与建议是指根据前面的分析,对项目在技术上、经济上、政策上进行全面的评价,对建设方案进行总结,提出结论性意见和建议,主要内容有:对推荐的拟建方案建设条件、产品方案、工艺技术、经济效益、社会效益、环境影响的结论性意见;对主要的对比方案进行说明;对可行性分析中尚未解决的主要问题提出解决办法和建议;对应修改的主要问题进行说明,提出修改意见;对不可行的项目,提出不可行的主要问题及处理意见;可行性分析中主要争议问题的结论等。

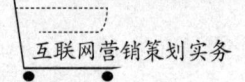

团队训练

【训练内容】团队项目的可行性分析。

【训练要求】

1. 对团队项目进行可行性分析。
2. 制作PPT，进行汇报。
3. 团队间相互点评，教师点评，团队修改。

项目九

网络营销项目运营

教学目标

通过本项目的学习与训练，学生能够熟悉网络营销项目运营的技能模块与基本要求；熟悉公司员工基本守则；能够在实习指导教师的指导下，完成项目的建站与运营，为创业就业打下良好的基础。

教学要求

1. 熟悉网络营销项目运营的技能模块
2. 掌握网络营销模式与常用工具
3. 团队合理分工与合作

能力目标

1. 网络营销工具的应用能力
2. 公司环境适应能力
3. 具备团队合作精神与团队内外的沟通能力

项目导航

项目策划的目的是建设并顺利运营项目。通过完成本任务，使学生熟悉员工岗前培训基本要素，掌握网络营销项目运营的基本模式及能力。

导入案例

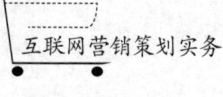

学员模拟卖杯子的启示

讲师在给学员做销售培训的时候，经常让学员模拟卖杯子，就是请学员在课堂上将讲台上的一只杯子卖给讲师。每次进入这个环节都挺有感触的，如果前面一两个学员没有推销成功，便激发了大家的推销热情，于是便出现了很多花样百出的卖法：有煽情的，说老师您讲课太辛苦了，需要一杯水；有戴高帽的，说老师学问渊博，需要一个高档的杯子才相配；有发明家，说这只杯子用特殊材料制成，可以包治百病；有想象力丰富的，说这只杯子来自外星球……经过几次"坚决"的拒绝后，终于开始有人问："老师，您需要什么样的杯子？"我把我预先设计好的需求告诉学员，这样才结束卖杯子的实验。

> **小思考**
>
> 从案例看，你认为一个合格的网络营销人员应该具备哪些素质与技能？企业应从哪些方面对新员工进行岗前培训？

任务 1 公司员工岗前培训

案例分析

培训费只买来"轰动效应"

某公司新上任的人力资源部部长王先生，在一次研讨会上获得了一些自认为不错的来自其他企业的培训经验，于是向公司提交了一份全员培训计划，以提升人力资源部的新面貌。不久，计划获批。王先生踌躇满志地"对上至总经理、下至一线员工进行为期一周的计算机全员培训"。为此，公司还拨了十几万元的培训经费。可一周后，大家议论最多的是对培训效果的不满。除办公室的几名员工和45岁以上的几名中层干部觉得有收获，其他员工要么觉得收效甚微，要么觉得学而无用，大多数人竟达成共识地认为，十几万元的培训费用只买来了一时的"轰动效应"。而王先生却百思不得其解。

（资料来源：陈筱芳. 人力资源管理. http://www3.gdufs.edu.cn/hr/index.asp）

问题讨论：
王先生的培训计划为什么收不到实效？这一培训计划的问题可能出现在哪里？

课堂活动

新员工岗前培训意识训练

活动目的：培养学生的公司员工意识。

活动内容与要求：你认为网络营销项目运营员工培训必不可少的技能有哪些？小组讨论后个别回答。

结果与检测：提出个人见解。

提示：员工入职培训是其进入企业的第一步，通过有效的培训，一方面可以使新员工的能力、知识、技能得到提升，快速适应岗位的需要；另一方面可以帮助新员工树立自我人力资本投资的观念，使其意识到自我发展的重要性，从而积极与企业合作，努力提升自己。

背景知识

公司员工岗前培训

一、公司员工岗前培训的要素

岗前培训一般由人事主管和部门主管进行，重点是对企业文化进行介绍，包括企业的经营理念、企业的发展历程和目标，就是告诉新员工公司是一个什么样的企业，了解企业的辉煌历史、企业的竞争对手、公司目标、员工工作及岗位职责、业务知识与技能、业务流程、部门业务周边关系等。新员工上岗之前都应该得到岗前培训，这直接关系到员工进入工作状态的快慢和对自己工作的真正理解、对自我目标的设定。

（1）企业概况：公司业务范围、历史与现状及在行业中的地位、未来前景、经营理念与企业文化、组织机构及各部门的功能设置、薪资福利政策、人员结构、培训制度等。

（2）员工守则：企业规章制度、奖惩条例、行为规范等。

（3）财务制度：费用报销程序及相关手续办理流程及办公设备的申领使用。

（4）实地参观：参观企业各部门及工作娱乐等公共场所。

（5）上岗培训：岗位职责、业务知识与技能、业务流程、部门业务周边关系等。

课堂讨论

某公司员工岗前培训规定

一、总则

第一条 岗前培训之宗旨系要使新进人员了解公司概况及介绍公司规章制度，便于新进人员能更快胜任未来工作。

第二条 凡公司新进人员必须参加本公司举办的新进人员岗前培训,其具体实施均需依本规定办理。

第三条 岗前培训的内容包括以下几个方面:

- 公司历史。
- 公司业务。
- 公司组织机构。
- 公司管理规则。
- 所在岗位的工作内容、所需具备的业务知识。

第四条 凡新进人员应给予七至十天的培训,每隔一周举行一次。

第五条 新进人员的培训,人事单位应事先制订日程安排计划表、培训进度记录表及工作技能评定标准表。

二、培训阶段

第六条 对于新进人员的岗前培训,按工作环境与程序可分为三个阶段:

- 公司总部的培训。
- 分支机构的培训。
- 实地训练。

第七条 公司总部的培训最重要的是知识的获得并着重使受训者了解下列各点:

- 公司的状况。
- 参观公司的各部门及受训者未来的工作岗位。
- 介绍其岗位特征及如何与其他部门配合。
- 熟悉公司产品的性能、包装及价格。
- 市场销售情况的分析。
- 对市场上同类产品及厂家要有相应的了解。
- 聘请专家实施口才培训。

第八条 主持公司总部培训的人员,应对受训者的优点、缺点给出评语,提供给他未来的技术培训和实地培训负责人作为参考资料。

第九条 新进人员在接受公司总部培训之后,必须紧接着进行实地见习。

第十条 分支机构的培训重点在于受训者未来实际工作技术的学习,并应在下列几方面加强培训:

- 使受训者了解其未来工作范围。
- 了解每天的例行工作和非例行工作。

- 强调时间与效率的重要性。
- 各部门之间的协调与配合。

第十一条　分支机构培训的负责人员必须是新进人员未来的主管和实地培训的负责人。

第十二条　分支机构培训的示范者必须具有丰富的工作经验和正确的技术,切忌教导新进人员投机取巧的方法。

第十三条　分支机构培训必须与实地培训密切配合。

第十四条　实地培训即为见习期,是在一位资深员工的指导下实际去从事未来将负担的工作。

第十五条　实地培训应尽量让受训者表现、练习,指导员仅在旁协助,待受训者做完某项工作后再告诉他应改进的地方。

第十六条　凡担任实地指导培训的人员,公司一律发给特殊奖金,以促使其更好地指导受训者。

第十七条　为有效地利用时间和达到培训目的,对于上述三个阶段的培训,要酌情灵活运用,混合安排拟定培训计划。

三、培训内容

第十八条　岗前培训的内容应随着各单位的性质、工作区分由各单位自行决定,但都应包括下列基本内容:

- 建立有关方面的知识体系。
- 有关技术方面的培训。
- 一些制度、程序方面的培训。
- 新进人员态度与自信心的培训。

第十九条　新进人员首先必须掌握一些基本知识,包括公司的结构、目标、政策、产品及其特质、市场情况的分析等,对公司工作性质及进展先有一个初步的了解和心理准备。

第二十条　对新进人员应予以"程序规定"的培训,培训对于时间的支配和工作的计划能力做适当的组织和配合,按一定的程序来达成工作的目标。

第二十一条　新进人员接受上述各条培训后,需给予"态度与信念"的培训。

第二十二条　"态度与信念"的培训的宗旨在于使新进人员对于公司、顾客、工作岗位有乐观、积极、充满信心与活力的态度和热诚服务的信念。

四、附则

第二十三条　本办法如有未尽事宜应随时加以修改。

（资料来源：精品资料网．http://www.cnshu.cn/rlzy/313655.html）

问题讨论：
从该案例分析企业员工培训的要素与内容。

二、员工岗前培训流程

企业员工岗前培训要建立一个围绕企业的发展目标构建企业的完整培训体系。在内容上，有企业文化培训、安全（消防）培训、危机意识教育、专业技能培训、管理技巧培训、情商培训等。建立符合本企业特点的教材体系，不能让培训师自由发挥。

在实际操作的时候，大多数的流程是先介绍新员工认识自己的上下平级同事，实地参观新的工作环境，给予《员工手册》及《岗位指导手册》，然后给予阅读材料或利用多媒体或安排专人讲解公司的情况，包括企业概况、各种守则及制度，由部门经理讲解部门业务流程、职位职责、工作程序及方法等。

（一）公司情感培训

新员工开始从事新工作时，新上司也和新进员工一样地受到考验，所以主管人员成功地给予新聘人员一个好的印象，也如新进人员要给予主管人员好印象同样重要。在整个培训中，了解和认知的部分都得到了重视和体现，帮助员工更好更快地进入他的职业新起点。在领他上路的这一层面上，如何把员工的状态调整到位非常重要。对新员工状态要把握两个维度，一个是能力，另一个是意愿，这是决定一个人能否在其工作岗位上表现良好，甚至表现卓越的要素。心态和意愿是影响绩效的重要因素，其在工作上往往因为更有危机感和更积极勤奋，因而能有更为出色的表现。员工的归属感、工作使命感和积极性是否能够建立起来，在员工与新工作发生接触的前期阶段就会决定了。因而新员工与公司、与同事、与自己的工作建立情感链接，是新人培训的一个重要部分。比如，一封致新员工的欢迎信，让本部门其他员工知道新员工的到来（每天早会时），准备好新员工办公场所、办公用品，准备好给新员工培训的部门内训资料，为新员工指定一位资深员工作为导师，准备好布置给新员工的第一项工作任务，等等。

（二）员工岗前培训内容

员工岗前培训，不仅包括公司的各项规章制度、工作流程和工作职责，以及公司情感的培训，还要对其进行环境熟悉、岗位工作标准培训，甚至岗位能力培训。因此，需要制订公司新员工岗前培训计划，明确培训内容与指导标准。具体地讲，企业的员工培训的主要内容分为以下几个部分。

1. 关于企业及应知应会的知识

这部分主要是向新员工介绍企业的发展战略、企业愿景、企业文化、规章制度、市场前景及竞争；员工的岗位职责及本职工作基础知识和技能；关于成本控制、安全问题和品质事故等意外事件的处理技巧等。这些培训一般由人力资源和部门主管共同完成。

2. 岗位技能技巧

岗位技能是指为满足岗位工作需要而必备的能力与技巧。对于企业管理岗位必备的技能是战略目标的制定与实施，领导力方面的训练等；企业部门经理的管理技能是目标管理、有效沟通、时间管理、计划实施、团队合作、营销管理、品质管理等执行力的训练；基层员工是按计划、按标准、按流程等操作实施，完成任务必备能力的训练。

3. 爱岗敬业培训

态度决定一切！员工的态度决定其敬业精神、团队合作、人际关系和个人职业生涯发展，决定其能否建立正确的人生观和价值观，塑造职业化精神。员工的工作态度要用正确的观念去引导，用良好的企业文化去熏陶，用合理的制度去激励。所以，需要对其进行企业文化、职业道德、人生观、价值观等培训，构建员工的世界观，并使之与企业的核心理念达成统一，形成一个信仰。

课堂讨论

海尔的价值观念培训

海尔培训工作的原则是"干什么学什么，缺什么补什么，急用先学，立竿见影"。在此前提下首先是价值观的培训，"什么是对的，什么是错的，什么该干，什么不该干"，这是每个员工在工作中必须首先明确的内容，这就是企业文化的内容。对于企业文化的培训，除了通过海尔的新闻机构"海尔人"进行大力宣传及通过上下灌输、上级的表率作用，重要的是由员工互动培训。目前海尔在员工文化培训方面进行了丰富多彩的、形式多样的培训及文化氛围建设，如通过员工的"画与话"、灯谜、文艺表演、找案例等用员工自己的画、话、人物、案例来诠释海尔理念，从而达成理念上的共识。

（资料来源：中国土木英才网. http://job.co188.com/NewsRead.aspx?id=97）

问题讨论：
1. 为什么需要进行企业文化培训？
2. 通过网络资料学习，谈谈企业文化培训的方式。

课堂讨论

培训新员工的五个过程要素

在员工的培训中，过程指导尤为重要。很多管理者在培训员工的过程中，通常也会有"过程指导"的内容。但大部分员工经过"过程指导"后仍是一知半解，达不到管理者的要求，主要原因是培训者（师傅）没有完全掌握过程指导的技巧。

经过总结分析，发现过程指导有五个关键要素，这五个关键要素缺一不可。

员工过程指导的五个关键要素分别为：样板、协同、观察、纠正、强化。

1. 样板 example：师傅做给徒弟看

样板即根据各项标准要求所做出来的模板，是员工日常工作的参照物。

培训者必须按各种工作标准做出样子来，以最直观的方式让被培训者明白什么是正确的。

2. 协同 coordination：师傅徒弟一起做

协同即带领、陪同员工完成各项工作。

培训者按工作标准做出样板后，要亲自和被培训者按样板要求共同完成各项工作，一方面使被培训者更理解样板内容，另一方面可以帮助被培训者解决初次工作遇到的困难和心理障碍。

3. 观察 observe：师傅看着徒弟做

观察即通过对员工工作的全过程进行观察，以了解员工工作中的优缺点。

经过"样板"和"协同"后,被培训者已具备一定的操作技能,这时培训者不能再帮着被培训者去完成工作了,而要让其独立完成。这时,培训者一定要站在被培训者旁边,选取不影响被培训者工作的位置进行观察,并进行记录,对做得不足的地方进行标注。

4. 纠正 rectify:师傅指着徒弟做

纠正即根据观察被培训者工作的结果,指出做得好的和做得不足的地方,然后对做得不足的地方进行纠正。

纠正是确保过程指导效果的一个重要环节,但培训者在纠正时要注意以下几个要点:

(1)纠正不足前要对被培训者做得好的地方进行肯定和表扬,最好是当众表扬。

(2)纠正不足时最好把被培训者拉到一边,单独进行讲解,同时多做演示动作,以加强记忆。

5. 强化 consolidate:师傅逼着徒弟做

强化是一个长期的过程,培训者必须逼迫被培训者不断坚持去做,而且要根据样板标准达到考核指标,没达到标准的要进行处罚。

这五个步骤有效完成后,被培训者也就可以"出师"了。

问题讨论:
1. 分析员工过程指导的五个关键要素是否完美?
2. 这种培训方式适合什么企业或项目?

课堂讨论

某新员工岗前培训内容及指导标准

为加强新入职员工的管理,使其尽快熟悉公司的各项规章制度、工作流程和工作职责,熟练掌握和使用本职工作的设备和办公设施,达到各岗位工作标准,满足公司对人才的要求,行政部根据公司的实际情况编制了新员工入职培训内容及指导标准。

一、到职前培训(部门经理负责)

1. 致新员工欢迎信。
2. 让本部门其他员工知道新员工的到来(每天早会时)。
3. 准备好新员工办公场所、办公用品。
4. 准备好给新员工培训的部门内训资料。
5. 为新员工指定一位资深员工作为其导师。
6. 准备好布置给新员工的第一项工作任务。

二、部门岗位培训(部门经理负责)

到职后第一天:
1. 到行政部报到,进行新员工入职须知培训(行政部负责)。

2. 到部门报到，经理代表全体部门员工欢迎新员工的到来。
3. 介绍新员工认识本部门员工，参观工作场所。
4. 部门结构与功能介绍、部门内的特殊规定。
5. 新员工工作描述、职责要求。
6. 讨论新员工的第一项工作任务。

到职后第五天：

1. 一周内，部门经理与新员工进行非正式谈话，重申工作职责，谈论工作中出现的问题，回答新员工的提问。
2. 对新员工一周的表现做出评价，并确定一些短期的绩效目标。
3. 设定下次绩效考核的时间。

到职后第三十天：

部门经理与新员工面谈，讨论试用期一个月来的表现，填写评价表。

到职后第九十天：

行政部经理与部门经理一起讨论新员工表现，是否适合现在的岗位，填写试用期考核表，并与新员工就试用期考核表现谈话，告知新员工公司绩效考核要求与体系。

三、公司整体培训（行政部负责-不定期）

1. 公司历史与愿景、公司组织架构、主要业务。
2. 公司政策与福利、公司相关程序、绩效考核。
3. 公司各部门功能介绍、公司培训计划与程序。
4. 公司整体培训资料的发放，回答新员工提出的问题。

四、新入职员工事项指导标准

1. 如何使新进人员有宾至如归的感受

当新进人员开始从事新工作时，最易于形成好或坏的印象。新上司也和新进员工一样地受到考验，所以主管人员成功地给予新聘人员一个好的印象，也如新进人员要给予主管人员好印象同样重要。

2. 新进人员面临的问题

（1）陌生的脸孔环绕着他。
（2）对新工作是否有能力做好而感到不安。
（3）对于新工作的意外事件感到胆怯。
（4）不熟悉的人、事、物，使他分心。
（5）对新工作有力不从心的感觉。
（6）不熟悉公司规章制度。
（7）不知道所遇到的上司属于哪一类型。
（8）害怕新工作将来的困难很大。

3. 友善的欢迎

主管人员去接待新进人员时，要有诚挚友善的态度，使他感到你很高兴他加入你的单位工作，告诉他你的确是欢迎他的，与他握手，对他的姓名表示有兴趣并记在脑海中，要微笑着去欢迎他。给新进人员以友善的欢迎是很简单的事情，但却常常为主管人员所疏忽。

4. 介绍同事及环境

新进人员对环境感到陌生，但若把他介绍给同事们认识时，这种陌生感很快就会消失。当我们置身于未经介绍的人群中时，都会感到不自在，而新进人员同样也会感到尴尬，不过，如把他介绍给同事们认识，这种尴尬的局面就被消除了。友善地将公司环境介绍给新同事，使他消除对环境的陌生感，可协助其更快地进入状态。

5. 使新进人员对工作满意

最好能在刚开始时就使新进人员对工作表示称心。这并不是说，故意使新进人员对新工作过分乐观，但无论如何要使他对新工作有良好的印象。回忆一下当你自己是新进人员时的体验，回忆你自己最初的印象，回忆那时你有怎样的感觉，然后推己及人，以你的感觉为经验，在新进人员进入你单位工作时去鼓励和帮助他们。

6. 与新进人员做朋友

以诚挚及协助的方式对待新员工，可使其克服许多工作之初的不适应与困难，如此可降低因不适应环境而造成的离职率。

7. 详细说明公司规章制度

新进人员常常因对公司的政策与规章不明了，而造成一些不必要的烦恼及错误，所以明白说明与他有关的公司各种政策及规章。然后，他将知道公司对他的期望是什么，以及他可以对公司贡献些什么。

8. 以下政策需仔细说明

给薪方法、升迁政策、安全法规、员工福利、人事制度、员工的行为准则等。

上述政策务必于开始时，就向新进员工加以解释。

9. 如何解释公司政策

对新进人员解释有关公司政策及规章时，必须使他们认为对他们来说是公平的。假如领导人员对新进人员解释规章，使他们认为规章的存在处处在威胁他们，那他们对他们的新工作必不会有好的印象。所有公司的政策及规章都有其制定的理由，主管人员应将这些理由清楚地告诉他们。假如把公司的政策及规章制定的理由一开始就详细地告诉新进人员，他们将非常高兴而且承认它们的公正与重要性，除非让他们知道制定政策的理由，否则他们必会破坏规章，同时对政策表示不支持。新进人员有权利知道公司的每项政策及规章制度的理由。

10. 给予安全培训

（1）配合新进人员的工作性质与工作环境，提供安全指导原则，可避免意外伤害的发生。

（2）有效的安全培训可以达到以下目标：建立善意合作基础、新进人员感到安全保证、避免事件损失等。

11. 解释给薪计划

何时上下班、何时发放薪金等。

（资料来源：管理资源网．http://www.m448.com/info/docview_236677.html）

问题讨论：

学习该案例的企业新员工岗前培训内容及指导标准，谈谈其优点。

知识链接

增强新员工对公司和新环境的积极情感的技巧

增强新员工对公司和新环境的积极情感的技巧主要有:

(1) 新人积极情感的培养,从他到职报到那一刻开始已经启动。从新员工入职第一天,其办公位置整洁,办公用品齐全,能够给予员工一个舒适而亲和的环境,使其更快得到自己受接纳的感受。

(2) 一封简短的欢迎信,有专人带领他认识自己的上司、同事和下属,能给予新人极为温暖的感觉,对新环境产生家的归属感。如果是新员工集体报到,稍加设计一个专门接待效果更好。

(3) 培训计划清晰简明,并第一时间让新人了解,整个培训各个阶段各种材料准备是否充分、组织是否效率高等,会影响新员工对公司的判断。

(4) 有关企业的概况及规章制度等,文字材料已经能够达到介绍的目的,但是如果使用多媒体工具或者安排专人进行讲解,不但可以让员工感受到公司为他们所花费的精力,感觉人性化的关怀,更可侧重引导员工去关注希望他们关注的,比如强调公司的各种福利或突出制度中的特色等。

(5) 培训的形式和场地等尽可能多样化和灵活化,有助于建立公司的人性化形象,进一步增进新员工与公司的情感链接。

员工岗前培训,要内延和外伸到新员工入职后与新环境接触的各个环节,注意好每个小细节,体现更人性的关怀,能够帮助建立员工对新工作的归属感和积极性,为成就卓越表现做好前期工作。

课堂训练

制订员工岗前培训计划

训练内容:制订一份团队项目的员工岗前培训计划。

训练目的:督促学生公司员工意识的培养,掌握公司员工岗位职责和应掌握的技能与知识。

训练要求:

1. 计划周详,内容科学合理。小组讨论后个别回答。
2. 制作PPT,然后汇报。
3. 团队间相互点评,教师点评。

提示:新员工到岗前培训计划是否科学合理,这直接关系到员工进入工作状态的快慢和对自己工作的真正理解、对自我目标的设定,并影响到公司营销战略的实现。

实战指导 1

员工岗前培训

实践目的：

使新进员工了解公司概况及介绍公司规章制度，便于新进员工能更快胜任未来工作。

实践内容与要求：

1. 员工岗前培训宗旨

岗前培训之宗旨是要使新进人员了解公司概况及介绍公司规章制度，便于新进人员能更快胜任未来工作。

2. 员工岗前培训内容

由公司人力资源部人员，协同教师一起培训。岗前培训的内容包括以下几个方面：①公司背景；②公司业务；③公司组织机构；④公司管理规则；⑤所担任业务工作介绍、业务知识。

3. 岗前培训工作环境及程序

对于新进人员的岗前培训，按工作环境与程序可分为三个阶段：①公司人力资源部经理的培训；②教师的培训；③学生相互演练。

公司人力资源部经理的真实培训，带给学生真实体验。外来的和尚好念经，对学生来说，更具有说服力。

教师在吸取公司经理培训内容后，整合教学需求，再次加以培训，对学生在理论角度给予升华。

学生相互进行角色扮演，从多角度理解员工的身份。

结果与检测：

进行员工岗前培训，可以更进一步地让员工了解到公司的概况和业务，掌握该具有的职业技能。

提示： 员工岗前培训按照公司的具体情况进行操作。

知识点温习：

1. 员工岗前培训的意义。
2. 员工岗前培训的内容。

思考题：

1. 撰写员工培训时，员工应该注意的问题及事项。
2. 如何从员工培训后直接进入业务操作？

任务 2 熟悉网络营销模式与常用工具

移动商务平台

随着网络经济时代的发展，网络的优势和价值已经为社会各界所认同，网络应用服务不断增多,网络营销方式也越来越丰富。网络营销人员需要深刻理解众多的网络营销策略,并结合自身资源状况,选择合理的网络营销工具与方式,应用到企业产品推广和品牌建设中。

案例分析

海尔的 B2B 个性化服务之路

海尔走出一条 B2B 个性化服务之路,在中国家电业再次掀起"海尔旋风"。海尔个性化服务的主要思想就是"我的冰箱我设计""你来设计,我为你制造"。这种 B2B 式的个性化服务体现了以消费者为核心的思想,这也是海尔多年"以人为本"的思想在网络时代的重放光彩。通过强大的 B2B 商务网络,海尔把自己与商家和消费者之间的距离大大缩短,千千万万梦想着有自己喜欢的冰箱的消费者能够自己来设计,从而让海尔在网上带给消费者一颗火热的心。

通过 B2B 定做的近千台个性化冰箱上柜后,很快销售一空,价格尽管一分没降,但销售速度却是少有的快速。不少商场纷纷向海尔签订单要求销售"个性化"冰箱。在 B2B 中,个性化服务是根植于消费者本身的偏好的,海尔在这一理念指引下走出了 B2B,但这只是第一次,在技术成熟后,海尔还打算进军 B2C 领域。目前,海尔网上 B2B 交易额已超过 10 亿元人民币,并以惊人的速度谱写着新的神话。

> **小思考**
>
> 海尔冰箱营销成功的秘诀?B2B 交易模式需具备哪些应用条件?

课堂活动

网络营销模式分析训练

活动目的:培养学生对网络营销模式学习的兴趣,提高其主动学习、自主判断能力。

活动内容与要求:分析下列的网络营销模式,并分析这种模式的特点。

易趣网于 1999 年 8 月成立,其含义为"交易的乐趣"。易趣网络信息服务(上海)有限公司和上海易趣贸易有限公司于 1999 年 8 月成立,并共同运营易趣网。2002 年 3 月,易趣获得美国最大的电子商务公司 eBay 的 3 000 万美元的注资,并同其结成战略合作伙伴关系,2003 年 6 月,易趣获得 eBay 追加的 1.5 亿美元投资,并成为 eBay 全球大家庭中的一员。个人和企业可以在 eBay 易趣上直接向消费者出售自己的物品,全球任何能够上网并懂得中文的消费者也可以不受时间与地域的限制,在 eBay 易趣上挑选到不同卖家出售的物品。截至 2004 年 6 月 30 日,eBay 易趣注册用户已经达到 690 万;在 eBay 易趣上累计的登录商品近千万件;2003 年的交易总额达到 10 亿元人民币,而仅 2004 年第二季度,eBay 易趣上的交易额就达到 5 亿元人民币。eBay 易趣不仅成为中国网络流通领域不可或缺的经济实体，而且也是当今全球最大的中文网上交易平台。

结果与检测：判断正确、分析到位。

提示：电子商务模式，就是指在网络环境中基于一定技术基础的商务运作方式和盈利模式。研究和分析电子商务模式有助于企业制定特定的电子商务策略和实施步骤。电子商务模式一般可分为 B2B、B2C 和 C2C 三种模式。

背景知识

网络营销模式与常用工具

一、电子商务模式

电子商务模式，就是指在网络环境中基于一定技术基础的商务运作方式和盈利模式，如 B2B、B2C 和 C2C 三种模式，其中 B2B 模式，是网络营销项目应用最常用、最成熟的模式之一。B2B 模式（Business To Business），是指在互联网市场领域中，企业对企业之间的营销关系。它将企业内部网，通过 B2B 网站与客户紧密结合起来，通过网络的快速反应，为客户提供更好的服务，从而促进企业的业务发展。

二、网络营销项目推广

互联网实现了人们思维的延伸，互联网的商务应用在于它的易用性和工具性。凡是能够作为传播工具和方式的互联网都可以进行网络营销，并随着人们的应用程度，逐渐应用于商务活动中来。目前，常用的网络营销方式主要有搜索引擎推广、邮件广告、博客营销、网络广告、移动电子商务等。

（一）搜索引擎推广

搜索引擎推广是通过搜索引擎优化、搜索引擎排名及研究关键词的流行程度和相关性在搜索引擎的结果页面取得较高排名的营销手段。搜索引擎通过 Crawler（或者 Spider）程序来收集网页资料，根据不同的算法来决定网页针对某一个搜索词的相关度并决定其排名。通过专业的搜索引擎优化，可以取得较高的网页排名。目前国内网站 80% 以上的流量来自各大搜索引擎，在等候各大搜索引擎收录的同时，主动向中国搜索联盟、一搜等提交网站收录申请，争夺更多的搜索资源，并根据发展的不同阶段，分阶段对各个搜索引擎进行收录申请提交。

（二）博客营销

博客营销（Bolg 推广）是基于 Web 网站或网络工具开展的网络营销，包括企业内部搭建博客平台进行营销宣传和利用第三方博客托管平台（BSP）做推广两大方式。和博客营销类似的还有基于 Web 的，如 RSS、维基百科、网摘、播客、社会性搜索、SNS 圈子等一些值得关注的新型网络营销方式。

（三）邮件广告

邮件广告，即 Email 营销，是通过向潜在客户发送促销信息邮件或在邮件中投放广告的方式来进行营销的，是一种主动的营销方式。开展 Email 营销的基础是拥有批量的、经用户许可的潜在客户邮件地址资源和邮件群发技术平台。目前大多广告邮件都成了垃圾邮件，已经无法取得很好的效果，主要的原因是邮件对象取舍、邮件内容设计上的过错起因。基于用户允许的 Email 推广，定位要清晰，假如能够有效利用，依然是一个比较好的营销方式。不仅要有高质量的邮件地址列表，而且需要采用优良的邮件发送工具。

（四）论坛推广

一般的论坛 BBS 推广，包括签名宣传、论坛会员名称、头像图片、文字内容宣传等，过于频繁、直白的推广容易引起其余潜在用户的恶感，挥霍了精神不说还会起到负面效果。

（五）网络广告

网络广告是指在其他网站上刊登企业的视觉宣传信息。一般形式是各种图形广告，称为旗帜广告（Banner Adds）。网络广告实质上仍属于传统宣传模式，只不过载体不同罢了。具备针对性的 Banner 广告会大大提高网站的知名度。

（六）在新闻组和论坛上发布网站信息

互联网上有很多新闻组和论坛，人们常常就某个特定的话题在上面开展探讨和发布新闻，其中当然也包含商业信息。实际上专门的贸易新闻组和论坛数目有很多，不少人应用它们来宣传自己的产品。然而，因为多数新闻组和论坛是开放性的，任何人都能在上面随便宣布消息，所以其信息品质比起搜索引擎来要逊色一些。而且在将信息提交到这些网站时，个别会被请求供给电子邮件地址，这往往会给垃圾邮件提供可乘之机。当然，在断定可能有效把持垃圾邮件的条件下，企业不妨斟酌利用新闻组和论坛来扩展宣传面。

（七）在网站上发布信息

将有关的网站推广信息发布在其他潜在用户可能访问的网站上，利用用户在这些网站获取信息的机遇实现网站推广的目的，这些信息发布的网站包括在线黄页、分类广告、论坛、博客网站、供求信息平台、行业网站等。针对性、专业性的信息仍旧可以引起人们极大的关注，尤其当这些信息发布在相关性比较高的网站上。

（八）事件营销

不定期地在网上举办相关活动，调动客户的踊跃性，制造影响力，如有奖竞猜、在线优惠券、有奖考察等，同时可以采用病毒式推广的策略，宣传自己。

（九）移动电子商务

移动电子商务不仅提供电子购物环境，还提供一种全新的销售和信息发布渠道。它可应用于公共信息发布、信息的个人定制接收、"交互式（Interactive）"业务等。

（十）其他方式

除了以上网络营销方式，为了做好项目推广，还非常有必要对网站框架构造、页面内容进行优化，使页面模块间的内容接洽保持合理、布局合乎逻辑等，以便于提高以上推广方式的实施效果。另外，友情链接策略也有助于网站在搜索引擎的排名。即时信息（IM）、常见问题解答（FAQ）等常见的网络营销服务工具也是常用的。

网络营销项目的推广工具，需要多种形式综合应用，但是，各种方式的选择要符合项目及其模式的属性，网络营销工具的选用要有侧重。

课堂讨论

O2O 陌佰网创业设计推广方案

陌佰网是浙江省温州市优码传媒有限公司拟打造的 O2O 社区模式，结合了二维码技术应用、O2O 在线商务、异业联盟整合及线下为一体的互联网商业服务平台，属于互联网 /IT/ 传媒项目。主要以会员线上订单支付、线下实体店消费或者自提商品，并依托二维码识别技术应用于所有地面联盟商家和自建的商家异业联盟"互动优惠信息墙"来锁定消费终端，从而创建一个庞大的异业联盟循环消费体系和资源整合、利益共享平台。

项目分别设计了搜索引擎推广、病毒式营销、电子邮件推广、微博推广、论坛、社区推广、淘宝推广等推广方案。

问题讨论：
1. O2O 陌佰网设计的推广方案中最适用的方式有哪些？
2. 针对 O2O 陌佰网运营模式的特点，讨论适用的各种推广方式的具体方案。

课堂训练

训练内容：设计团队项目的推广方案。
训练要求：
1. 根据团队项目特点，设计合理的团队项目的推广方案。
2. 制作 PPT，进行汇报。
3. 团队间相互点评，教师点评，团队修改。

实战指导 2

网络营销平台优化与推广

实践目的：
利用各种推广方式，对网络营销平台进行推广。

实践内容与要求：
深知各种推广方式的原则、操作步骤，从而在每个方面都能很好地利用，进行网络营销推广。

结果与检测：
每种推广方式都有各自的优势与劣势，需要把握好一个度，从摸索中慢慢地把各种推广方式掌握起来。

提示：

推广方式有很多，要找到自己最需要的网络营销推广的方式。

知识点温习：

1. 搜索引擎推广

搜索引擎优化的步骤：

（1）关键词的研究并选择。首先要把需要的关键词都列出来，尤其是要分析用户习惯的关键词。

（2）全面的客户网站诊断和建议。在建立了全面的关键词列表后，就需要对客户网站进行全面诊断，目的是让客户网站的每个页面都在搜索引擎中获得更高的排名，全面的诊断和建议包括搜索引擎的快照时间、收录速度、每个网页的具体内容和元信息优化的分析，使客户网站更符合搜索引擎的排名要求。SEO人员需要不断地探索搜索引擎新算法，来保证客户网站的排名。

（3）搜索引擎和目录的提交。一旦客户网站的建议被应用上，就需要把客户网站系统性地提交到目录和搜索引擎中。选择高质量的目录是最关键的，比如DMOZ、hao123、8684网址大全等。

（4）月搜索引擎排名报告和总结。衡量自然搜索引擎优化是否成功，可以通过搜索引擎来检查先前制定的关键词。做得比较好的SEO人员，一般都会提供一个基线排名报告，报告会根据每一个关键词在每一个搜索引擎中显示客户网站的排名位置。如果客户的网站以关键词来排名，那么这个基线排名报告将显示具体的页码、位置，以及关键词排名的搜索引擎。此外，好的SEO工作室还会提供一篇每月摘要，这篇每月摘要将显示客户网站总的搜索引擎优化的进展，商讨具体的排名计划。

（5）季度网站更新。搜索引擎优化不只是一个结果，而是一个持续不断的过程。

2. 论坛营销

企业利用论坛这种网络交流的平台，通过文字、图片、视频等方式发布企业的产品和服务的信息，从而让目标客户更加深刻地了解企业的产品和服务，最终达到宣传企业的品牌、加深市场认知度的目的，这种网络营销活动就是论坛营销。

论坛营销推广的一种方式是在针对这个产品或服务的各大知名的论坛上发布软文，利用软文的形式让别人知道我们所推广的产品；另一种方式是利用论坛活动来进行产品的推广。

3. 病毒式营销

选择合适的传播途径，对病毒式推广的结果是否达到预期目标起着最后决定的作用。

病毒式营销传播的途径如下：

（1）即时通信工具。这个应是最易于传播的途径，通过QQ、微信等即时通信工具快速传播。

（2）社区论坛。社区论坛已成为众多的话题源头，找相对应的论坛进行推广是比较常见的途径。

（3）个人博客。个人博客现在基本也是人手一个，通过博客也可以进行相关的传播。

（4）短信。有的网站推出免费的短信服务，但是在后面会带有自己的网址，像谷歌在春节推出的免费短信采用的就是这种推广方式。

（5）电子邮件。电子邮件也是大家比较常用的网络工具，通过邮件的附加信息和签名，也可以进行有效的传播。

（6）视频网站。现在有许多新兴的视频类网站，通过上传视频也是效果不错的传播途径。

4. 博客营销

博客营销是利用博客这种网络应用形式开展网络营销的工具，公司、企业或者个人利用博客这种网络交互性平台，发布并更新企业、公司或个人的相关概况及信息，并且密切关注并及时回复平台上客户对于企业或个人的相关疑问及咨询，并通过较强的博客平台帮助企业或公司零成本获得搜索引擎的较前排位，以达到宣传目的的营销手段。在进行博客营销的时候，要注意的是各大搜索引擎中关键字的排名，利用各大关键字的排名，来定义自己博客的名字，这有利于各大搜索引擎的搜录。

5. SNS 推广

SNS 推广指的是利用各大社交网站的功能来实行自己的营销。

6. 邮件营销

邮件营销就是利用各种邮件搜索软件或者邮件群发软件，针对目标客户，进行大范围的邮件营销，这种方法可以节省时间，但是见效慢。

7. 网络广告推广

网络广告推广是利用各种网络广告媒体进行推广，包括视频网站等。

8. 综合网站推广

在各大综合网站上，注册自己企业的信息，进行推广。

思考题：

1. 网络营销站点的推广方式有哪些，如何结合团队项目进行很好的推广？
2. 填写操作分析报告。

操作分析报告示例：

操作分析报告

学　号		姓　名		日　期		成　绩	
报告要求	1. 结合团队运作过程中的不同推广方式分别撰写分析报告 2. 报告侧重网站推广策略的应用及网络营销效果评价、改进措施等方面的分析 3. 报告字数在 3 000 字以上							
报告内容								

续表

指导教师意见	

任务 3　网络营销运营实践

互联网策划分享 A

项目策划的目的是顺利运营并获得预期利润。通过完成本任务，学生能够对真实项目进行运营，积累丰富的实践经验，并完成团队项目的建设与运营。

案例分析

浙江工贸职业技术学院商务虚拟公司的诞生

温州迅捷商务有限公司，前身是浙江工贸职业技术学院商务虚拟公司，其主要负责人在参加经贸系电子商务大赛后，在原有工贸商务公司基础之上三位学生骨干投资注册成立，其主营业务是电子商务、市场调查、快递物流、二手市场等。系部专业老师作为公司的顾问指导公司的运作。这个公司的成立,不仅是学生创业的成果,而且能够满足经贸系 50 名以上学生的生产性实训,实现"教学－创业－就业一体化"目标。

问题讨论:
1. 项目运营都有哪些环节?
2. 案例对你有何启发?

课堂活动

设计网络营销实训流程

活动的内容与要求:熟悉网络营销实训流程及运营的环节,并设计网络营销实训流程。
结果与检测:思路清晰、环节齐全、流程科学。

实战项目

网络营销运营实践

一、网络营销实训流程及运营的环节

网络营销创业必须重视技能实践,并将项目策划付诸于实战。项目运营前,首先需要制定企业网络营销项目运营的环节,制定公司相关制度。

设计团队项目网络营销实训及运营流程

训练内容与要求:熟悉网络营销实训流程及运营的环节,并设计网络营销实训流程。
结果与检测:思路清晰、环节齐全、流程科学。

二、网站建设

(一)网站建设

网络营销站点规划(根据策划书的规划进行完善或调整)。
实践目的:
通过网络营销站点的规划,为网络营销站点的设计做好铺垫。
实践内容与要求:
为团队项目制作网站平台,并且对此进行科学性、可行性研究。
结果与检测:
符合项目属性,具有科学性与可行性。
提示:
网络营销站点的规划,是网络营销站点源码选择的前提,是建立网站平台的基础工作。

知识点温习：

网络营销站点的规划，是网络营销站点开发的前提，是建立网络营销平台的基础工作。网站规划的主要内容包括以下几个部分。

1. 明确网站目标

网站目标是指利用网络进行哪些活动。常见的网站目标有：①宣传企业，树立形象；②推广产品，促进销售；③为用户提供良好的技术支持和售后服务渠道；④记录顾客信息，维护顾客关系；⑤搜集信息，开拓市场。

2. 确定企业的网络营销目标

确定平台的目标后，在规划的初始阶段，划定访问者的范围，分析预期网站的主要目标受众的地区分布、浏览者的构成情况及网站浏览者的消费行为等。

3. 确定网站提供的信息与服务

在考虑站点的目标和服务对象后，根据访问者的需求规划站点的结构和设计信息内容，在规划的时候，要注意：①按照访问者的习惯规划站点的结构；②结合企业经营目标和访问者兴趣规划网站信息内容和服务；③整合企业的形象，规划设计站点主页风格。

4. 选择拟建立的网站类型

企业建立自己的网站总有其目的，根据侧重点的不同，将企业网站分为5种类型：信息型、广告型、信息订阅型、在线销售型和技术支持型。在这5种典型模式中，不同类型的站点，每一个都具有其独有的特性，也存在一定的差异，正是这些特性将它与其他的类型区分开来。

5. 网站内容的定位

作为企业的网站，其本质是为客户服务，所以在规划网站内容的时候要根据企业的核心业务定位网站内容，且要根据用户的信息需要定位网站内容，最重要的一点是网站内容应当突出用户，弱化自身。

6. 确定站点假设的人员安排与预算

在分析站点的战略影响和规划好站点的经营目标与服务对象后，就应当对站点的建设做出具体的人员安排和预算。站点建设必须有组织保证，有专人负责，这就是要落实的人员问题，站点建设需要一定的资金投入，必须保证预算资金及时到位。

7. 分析网站的成本效益

站点的成本包括使用平台（主机服务器、网上服务器、连接硬件设备和支撑系统软件）和服务内容（创意及日常设计、应用软件设计、日常管理、内容版权）。由于企业上网动机和目的不一样，很难指定标准的测算方法，但企业可以根据上网前及上网后对企业营销成本核算进行比较。

思考题：

1. 网络营销站点规划的项目有哪些？
2. 网络营销站点规划需要注意哪些问题？

（二）网络营销站点的设计

实践目的：

通过网络营销站点的设计，明确在设计中应该注意的原则及一些功能板块的设置。

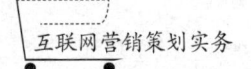

实践内容与要求：

网络营销站点的设计，包括8个方面，在这8个方面中，应该重点注意网页设计中色彩的搭配、项目网站内容模块的划分及源码的下载及调试。

结果与检测：

源码的下载及调试是该部分最重要的部分，根据自己所需要的源码模块，进行修改，使之成为属于自己的模块。

提示：

网络营销站点的建设，此处最主要的还是利用源码的下载来进行网站的设计，并不是真正地靠技术来进行网络营销站点的建设。

知识点温习：

1. 网站设计原则

①树立使用者优先的观念；②考虑大多数人的连线状况；③考虑使用者的浏览器；④坚持内容第一；⑤认真规划、锁定目标；⑥设计好主页；⑦适当进行分类；⑧适当体现互动性；⑨掌握图形的使用技巧；⑩规范 HTML 格式；⑪避免滥用技术；⑫保持网站目录结构清晰；⑬及时更新和维护。

2. 网站功能设计

一般来说，一个结构完善的、设计合理的网络营销站点可以方便客户通过企业营销站点获取信息、订购产品和寻求售后服务。网站的主要功能包括：①企业信息发布；②信息交流沟通；③网上销售；④网上售后服务；⑤个性化服务。

3. 网站模式设计

网站模式设计应注意以下几个方面的问题：①统一方便的站点导航模式；②简明清晰的主页规划。

4. 网站平台综合设计

完整的网络营销活动需要5种基本的平台：信息平台、制造平台、交易平台、物流平台和服务平台。这5种平台分别执行不同的职能，但彼此之间又相互依存，相互支持，形成一个有机的整体。由于企业经营业务的侧重点不同，比如有的企业以生产制造为主，有的以商品买卖为主，在网站平台设计上可能有所不同。因此，在设计和管理这些平台的过程中，必须从企业的实际情况出发，对以上5种平台进行综合设计。

5. 网页设计

网页制作分为静态网页和动态交互功能的网页制作。一般来说，设计网页的时候，有的需要请专业的公司进行设计，但是有些可以从网站上下载源码，对源码进行修改和设计，并且在对网站源码进行修改设计的时候，要注意网站项目内容的模块划分及色彩的搭配。

具体的操作如下：

（1）源码的下载及调试。

①下载 IIS 或者其他的服务器。

②首先到各个源码网站里寻找适用于自己网站主题相关的源码。

注：寻找的源码是 ASP+Access 的（或者根据现在的技术进行选择）。

③找到适合自己网站的源码后,下载源码并且解压源码,将解压的源码放到服务器所在目录下的 wwwroot 中。

④在 IE 浏览器的地址栏中输入 localhost 或者本地计算机的 IP,若显示页面,并且登录后台,则表示源码可用。

⑤最后就是利用"网页三剑客"软件来修改源码,使之成为你所希望的网站界面。

(2)项目网站内容模块的划分。

①网站内容设计的原理:信息内容是网站的核心与灵魂;体现企业特色服务的差异化;安全快速的访问;良好的交互性;寻求艺术的表现形式。

②网站内容设计的流程:有关网站的一些关键信息→网站信息结构的设计→网站运行环境的选择→利用 Dreamweaver,对网站平台进行可视化的设计→进行网站的维护与管理(定期更新内容,不时地推广内容)。

③信息内容及功能模块:企业信息要素模块;产品信息模块;客户信息模块;服务信息模块;其他信息模块。

④链接结构的规划。

⑤设计网站的 Logo。

⑥网页版面布局设计:页面版式的设计,建立草案,在本子上画一下与网页适合的版式→初步布局→定案。

(3)色彩搭配。

①色彩搭配的重要性。色彩是艺术表现的要素之一,它是光刺激眼睛再传导到大脑中枢而产生的一种感觉,在网页设计中,根据和谐、均衡和重点突出的原则,将不同的色彩进行组合和搭配来构成漂亮、舒适的页面。

②色彩搭配的原则。色彩搭配的原则为:特色鲜明;搭配合理;色彩的适宜性;色彩的联想性;讲究艺术性。

③色彩搭配的方法。学习了色彩搭配的原则后,将网页的色彩定为明快色调的色彩——明色系,这样的色彩在别人浏览页面的时候会让人心情舒畅,比黑色的页面会好很多,同时也遵循主色调之间的搭配、明色系与暖色系的搭配,不会失去网页的鲜明点,会给网页一种清新的画面,有主有次,很好地体现主题。

6. 网站管理系统设计

网站管理系统主要是指根据网站目标开发出的一些辅助管理系统,如数据库管理系统、网站内容维护系统、网站内容更新系统和网站跟踪审计系统等。

7. 网站搜索功能设计

网站搜索功能设计是为了实现专业服务网站的搜索引擎系统,解决信息工作者面临的"资源迷向"问题,对专用搜索引擎的功能、技术上的实现等各个方面进行分析和设计。用户可以通过浏览器来远程访问站点服务器,快速、方便地进行信息的浏览和信息的检索等。网站搜索功能的设计主要包括搜索基础技术、策划频道与栏目。

搜索引擎的设计实现了客户方便地从互联网上抓取网页、建立索引数据库、在索引数据库中搜索排序等。

网络媒体频道与栏目的策划就是对网络内容进行细化分类,通过一定的技术手段,把内容用固定的框架确立下来,并确立运营、更新流程。网络媒体频道策划包括内容策划、栏目的设立、页面的功能、页面的布局、页面设计、更新维护部署等内容。栏目的策划就是以同一模式在频道的基础上进行细分。

8. 不同企业类型的网站设计

企业网站建设在企业不同的发展阶段应有不同的侧重点，应当根据企业的不同类型采用不同的设计方案。

思考题：

1. 在网络营销站点设计中，你认为最重要的是哪几方面？
2. 如何建立一个网站？

（三）网络营销站点建设

实践目的：

熟悉网络营销站点建设前应该注意的一些方面的内容、站点的选择及域名的申请。

实践内容与要求：

按照之前对网络营销站点的规划，对网络营销的主题，着重选择与之有关的域名，并且在对网站进行初步的测试后，选择适合该网络营销站点的主机，以至于我们能够顺利地运行站点。

结果与检测：

域名的选择要注意人们一般性的记忆规则，这样才能够很好地让人们记住您所做的网络营销站点。

提示： 网络营销站点的建设是网络营销中比较重要的一个环节，只有对站点进行了建设之后，才能够很好地进行运行及运营。

知识点温习：

1. 准备站点资料

当选择好 Web 服务器后，网络营销站点建设的重点是根据站点规划设计 Web 主页。

2. 选择站点开发工具

站点的开发工具大体上我们所利用到的有 Dreamweaver、Flash、Photoshop，这三个一般俗称为"网络三剑客"。一些懂技术的人或许用的是这些软件的升级版，更专业。

3. 申请域名

域名是企业、政府、非政府组织等机构或者个人在互联网上注册的名称，是互联网上企业或机构间相互联络的网络地址。建立网络站点的时候，必须要进行域名的申请，域名申请的步骤为：

（1）选择注册的机构，选好机构后，登录注册机构的网站进行注册操作。

（2）在注册机构的页面中输入要注册的域名。

（3）选择国际或国内域名。

（4）单击"查询"按钮。

（5）如果你要注册的域名还没有被其他人注册，则单击"注册"按钮。

（6）阅读域名注册协议，单击"同意"按钮。

（7）按要求填写域名注册表。

（8）单击"提交注册"按钮，完成注册。

现在域名注册的价格一般是：COM 域名 60 元左右，CN 域名 20 元左右，这是一年的价格。在一年过后，要进行域名的续费，一般续费的费用是 80 元左右，具体还得看大家所选的域名代理商。

4. 虚拟主机购买

当注册了域名之后，下一步就是为网站建一间"屋"，好让世界各地的访客登门拜访。也就是说要购买虚拟主机，下面将为大家详细地介绍虚拟主机选购的具体内容：

（1）虚拟主机的概念。虚拟主机就是把一台真正的主机分成许多的"虚拟"空间，每一个虚拟空间即为一个虚拟主机，拥有独立的域名和 IP 地址，也具有完整的 Internet 服务器功能。

（2）虚拟主机运用的流程。

①购买虚拟主机。寻找稳定的空间商，购买虚拟主机。

②利用 FTP 工具，如 LeapFTP，进行空间测试。

③与域名绑定。

5. 网站发布测试

网站是一个系统，涉及许多网页的开发，一般由多个设计人员共同协作完成，所以发布前的测试显得非常重要。一个网站在建设完工后，需要通过测试，发现问题加以修正后，方可正式运营。网站测试一般从以下几方面进行：

（1）制作者亲自测试：包括美工测试页面、程序员测试功能。在做完后第一时间内由制作者本人进行测试。页面测试包括：对页面首页、二级页面、三级页面的页面在各种常用分辨率下有无错位；图片上有没有错别字；各链接是否是死链接；各栏目图片与内容是否对应等。功能测试包括：是否达到客户要求；数据库链接是否正确；各个动态生成链接是否正确；传递参数格式、内容是否正确；试填测试内容是否正确；页面显示是否正确等。

（2）专人进行全面测试：根据交工标准和客户要求，由专人进行全面测试，包括页面和程序两方面结合起来测试，保证填充足够的内容后不会导致页面变形等。

（3）发布测试：是指发布到主服务器之后的测试，主要是防止环境不同导致的错误，所以，要测试在不同环境下、不同浏览器中网页的显示效果。

6. 基本信息丰富

一个合格的网站不仅需要正确的网站内容建设，而且需要丰富网站基本信息。网站内容建设是 SEO 基础的第一步，对于新上线的网站来说，只做好网站的内容建设才能够保证网站被搜索引擎认可。如果网站在上线之后不能够坚持更新和丰富网站内容，那么这个网站在短期内或许将无法赢得良好的排名。网站想要拥有数据分析，就只有等网站有内容之后根据网站的收录情况、用户访问等进行分析。如果一个网站没有内容建设，那么即使站点页面做得再漂亮、网站投入再多都不会拥有数据分析，更不要谈信息架构提高排名的问题了。

思考题：

1. 域名的选择应该遵循什么原则？
2. 如何根据自己的网络营销站点选择空间？
3. 填写如下的操作分析报告。

操作分析报告

学号		姓名		日期		成绩	
报告要求	\multicolumn{7}{l}{1. 结合团队网站建设过程中不同阶段（以上三分项）分别撰写分析报告 2. 报告侧重网站建设过程中的环境与技能进行功能设置、网页设计等分析 3. 评价团队网站的结构、网站内容、网站功能、网站服务等 4. 报告字数在 2 000 字以上}
报告内容							
（注：这里可以加页）							
指导教师意见							

基本技能训练

训练内容与要求：通过训练，提高网络营销基本技能

结果与检测：使用顺利、提高技能。

训练素材：

1. 注册用户。

2. 安装与使用即时通信工具。
3. 使用搜索引擎。
4. 使用电子邮箱。
5. 网上支付与安全。
6. 运用网络营销手段。

成功的网络营销必须掌握网络营销基本技能，熟悉网络营销基本手段。特别是网络互动营销、病毒营销、邮件营销、搜索引擎营销、博客营销、社区营销等（具体操作流程与要求，见项目九【实战指导2】）。

实战项目

实践目的：
通过网络营销的管理与评估方法的学习和操作，来确定网络营销实战的效果。

实践内容与要求：
网络营销效果评估是指通过借助一套定量和定性的指标，对企业实施网络营销的过程、各个环节及最终效果进行评估，以剖析网络营销活动，总结网络营销的得失，为企业今后实施网络营销提供决策依据，达到提高企业管理水平、获取最大网络营销效益的目的。

结果与检测：
通过各种方法的评估，来实现网络营销实战。

知识点温习：
一般情况下，网络营销效果评估技术应分为网络营销活动评估技术、网络营销综合效果评估技术，而网站流量信息分析技术既可以对网络营销活动进行评价，又适用于网络营销的综合效果评估。网络广告和电子邮件营销在整个网络营销活动中占有重要的地位，主要起到促进销售的作用。

一、网络营销效果评估原则

网络营销效果评估需要遵循的原则有以下几个方面。

1. 相关性原则

要求网络营销效果测定的内容必须与营销主体所追求的目的相关。如果网络广告的目的在于推出新产品或改进原有产品，那么网络广告评估的内容应针对广告受众对产品品牌的印象；若广告的目的是在已有的市场上扩大销售，则应将评估的内容重点放在广告受众的购买行为上。

2. 有效性原则

评估工作必须要达到有效测定网络营销效果的目的，要以具体的、科学的而非虚假的数据来评估网络营销的效果。这就要求采用多种评估方法，多方面地综合考察，使网络营销效果评估得出的结论更加有效。

3. 科学性原则

在制定网络营销效果评估的指标体系、选择网络营销效果评估方法时，应坚持科学的态度，客观而准确地反映实际情况，客观性指标要能够测量，主观性指标要能够估计。

4. 长期性原则

在设计评估指标体系、选择评估方法时，应充分考虑网络营销的长期性特征，既要评估当期收益，又要考虑长期回报；既要评估有形收入，又要评估无形资产的增值。

5. 发展性原则

网络营销的手段、方法、技术、范围都处于不断的发展过程中，新技术的不断涌现使得网络营销效果评估的技术和方法不断地得到改进。应坚持发展的原则，不断更新评估方法，以适应网络营销技术变化的要求。

6. 技术性原则

技术性原则是网络营销效果评估的重要原则之一，网络营销的技术性特征决定了评估网络营销效果时必须尽可能地采用技术手段，力争以较为准确的数据说明网络营销的实际效果。

7. 综合性原则

网络营销的技术、方法多种多样，在进行网络营销效果评估时，应对多种网络营销方法进行综合评估，评价企业实施网络营销的综合效果。

下面介绍网站流量信息分析方法。

①网站流量指标。网站流量统计指标常用来评价网站效果，主要指标包括：

- 独立访问者数量（Unique Visitors）。
- 重复访问者数量（Repeat Visitors）。
- 页面浏览数（Page Views）。
- 每个访问者的页面浏览数（Page Views per user）。
- 某些具体文件/页面的统计指标，如页面显示次数、文件下载次数等。

②用户行为指标。用户行为指标主要反映用户是如何来到网站的，在网站上停留了多长时间，访问了哪些页面等，主要的统计指标包括：

- 用户在网站的停留时间。
- 用户来源网站（也叫"引导网站"）。
- 用户所使用的搜索引擎及其关键词。
- 在不同时段的用户访问量情况等。

③用户浏览网站的方式、时间、设备、浏览器名称和版本、操作系统。用户浏览网站的方式相关统计指标主要包括：

- 用户上网设备类型。
- 用户浏览器的名称和版本。
- 访问者电脑分辨率显示模式。
- 用户所使用的操作系统名称和版本。
- 用户所在地理区域分布状况等。

二、网络广告营销效果评估方法

（1）可以将点击率作为到达率的一个依据，但是点击率的评估效果不是很理想，但是它又是唯一的一个参考指标。

（2）通过网站浏览的一些数据，比如重复访问率、连接率，来评估重复到达率。

（3）两者综合一下，再结合网络广告所投放的网站的目标群体细分就可以得出广告投放效果了。

三、电子邮件营销效果评估方法

1. 电子邮件发送效果的评估指标

- 邮件送达率。
- 邮件退信率。

2. 电子邮件点击效果的评估指标

- 邮件开信率。
- 引导点击率。

3. 附件点击率

- 反馈率。
- 转信率。

4. 电子邮件营销经济效果的评估指标

- 转化率。
- 直接收益。

思考题：
如何进行网络营销站点的评估？

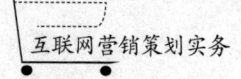

团队训练

【训练内容】团队项目的真实运营

【训练要求】

1. 制定团队项目的运营计划与流程。
2. 设计团队项目的运营方案及效果评价方案。
3. 小组之间相互评价，提出修改意见，团队修改。

项目十

团队策划项目PK

教学目标

通过本项目的学习与训练，学生能够熟悉网络营销竞赛的基本规程与竞赛要求，并为参加网络营销竞赛加以训练，从而培养学生的综合素质与团队合作精神与团队内外的沟通能力。

教学要求

1. 熟悉网络营销竞赛的基本规程与基本标准
2. 根据竞赛组织与要求准备竞赛

能力目标

1. 项目竞赛的筹备能力
2. 创新思维能力
3. 团队合作精神与团队内外的沟通能力

项目导航

大学生电子商务竞赛是优化学生的知识结构，培养学生科学实践和动手能力，增强创新和竞争意识，提高就业率及提高学生的综合素质等的基本手段。通过大学生电子商务竞赛，让学生能够在实践教学中突破传统的实验模式，发挥学生的主动性，实现学生创新能力的培养及教学改革。

导入案例

竞赛是对传统实践教学的挑战

在激烈的市场竞争下，高校培养的学生不应是模仿的高手，而应是基础扎实、知识面广、富有创新精神和竞争意识的人才。为此，浙江某省级精品课程的教学实践将原来固有的模拟模式，改为真实项目运作与竞赛相结合的模式，几年下来，学生不仅提高了参与竞赛的经验与竞赛成绩，也培养了学生团队合作能力、专业操作能力、创新创业能力，同时提高了就业率。该校每年都有学生荣获省级"创业之星"、"十佳职业规划之星"等称号。

> **小贴士**
>
> 　　竞赛是推动专业教学改革的有效举措。它可以激发参赛者的竞争意识，锻炼学生团队合作能力，提高学生操作过程中的风险防范意识，为提高学生创新、创意、创业的能力服务。

任务 1　网络营销策划竞赛组织与要求

案例分析

这次竞赛缺失什么

某团队参加全国×××策划项目竞赛，参赛项目文本准备充足，竞赛用的PPT制作精美，在竞赛展示过程中，团队成员始终保持严肃状态，能够按照计划完成汇报，专家提问由队长回答比较完整到位，但最后结果却并不理想。团队成员百思不得其解。

问题讨论：
想一想该团队竞赛结果不理想的原因可能有哪些方面？

课堂活动

电子商务竞赛准备

活动目的：培养学生参与电子商务竞赛的综合素质与能力。
活动内容与要求：以团队课程项目为立足点，讨论为参加电子商务竞赛应做哪几方面的准备。要求做好记录，做好分工，整理汇报。

结果与检测：项目准备齐全，分工合理，提出准备要求。

提示：竞赛准备要深入学习竞赛章程、评分标准，再根据具体项目精心准备。

背景知识

网络营销策划竞赛组织与要求

一、网络营销策划竞赛的章程

网络营销策划竞赛的章程，各学校可以根据具体情况制定。

网络营销策划竞赛旨在通过竞赛活动，提高大学生的网络营销策划能力与素质、电子商务管理与市场应用研究的能力、电子商务模式创新的意识，培养大学生利用电子商务理论解决社会问题，树立科技创新意识，丰富和活跃校园文化氛围，培养经济和社会发展需要的优秀人才，同时，作为互联网营销策划实务课程结业考试。竞赛具体事宜通知如下：

（一）接受检查和参加竞赛人员条件

根据互联网营销策划实务课程教学大纲的要求，所有开设互联网营销策划实务课程的班级全体同学都必须参加竞赛。

（二）接受检查和参加竞赛的作品

（1）接受检查和参加竞赛的作品采用网络与书面提交相结合的方式。

（2）参赛学生以团队方式提交已完善好的项目策划书。

（3）项目策划书的内容应包含作品背景说明、调研方案、资料分析、结论等内容。

（三）接受检查和参加竞赛的流程

1. ×年×月×日—×月×日 提交初评作品

接受检查的全部书面作品需用 A4 纸打印一份并上交系部老师，电子版发至 dzsw@mail.zjitc.net，上交截止时间为 4 月 25 号中午 11：30，上交时请注明团队主题及成员名单。

2. ×年×月×日—×月×日 初评

初评阶段，提交的材料不完整或与电子商务无关的作品要求修改，每份作品由两位评委评分，以平均成绩作为最终的成绩，并计入本学期电子商务网站实训成绩。

3. ×年×月×日—×月×日 复赛

初评审查通过的作品可以申请参与复赛。参赛作品提交书面报告一式 3 份，另行安排时间举行作品的演示和评分及决赛作品的答辩。竞赛组只提供台式计算机和上网条件，与作品有关软件系统均由参赛小组自行解决，允许参赛小组自带设备。参赛队员使用 PPT 进行作品介绍和答辩。每个参赛作品介绍 10 分钟，回答问题 10 分钟。

（四）竞赛成绩计算方法

初评得分 = 评委得分总和 / 评委数（3 名以上）

最终得分 = $0.3 \times$ 初评成绩 $+ 0.6 \times$ 复赛成绩 $+ 0.1 \times$ 答辩综合分

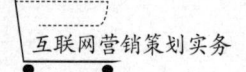

（五）奖项设置

每届学生竞赛各设一等奖一名、二等奖两名、三等奖三名（注：课外公开竞赛获奖选手颁发荣誉证书及现金奖励）。所有团队竞赛成绩占个人期末考核成绩的 50%，加个人平时成绩的 50%，作为课程考核成绩，计入学籍档案。

（六）评分标准

竞赛评分标准如表 10-1 所示。

表10-1　竞赛评分标准

评价内容	评分项目	权重
网站策划书	相关材料的真实性与完整性	20%
	研究方法	20%
	理论与实践相结合	10%
	创新性	20%
	方案的可行性	20%
	工作量与实现难度	10%
网站	实用性与运营状况	20%
	系统功能正确性	20%
	设计创新性	20%
	技术先进性	15%
	工作量与实现难度	10%
	作品完整性（软硬件、文档是否完整一致）与美观度	15%

×××竞赛委员会
×年×月×日

二、竞赛打分表

竞赛打分表的设计，要充分考虑竞赛章程与评分标准的内容，项目设置科学合理、符合参赛选手的基本素质与专业技能水平，能够实现竞赛的目的。电子商务竞赛计分表如表 10-2 所示。

表10-2　电子商务竞赛计分表

抽签顺序号	作品名称	真实性与完整性 20分	研究方法 20分	理论与实践相结合 10分	立意与创新性 20分	方案可行性 20分	工作量与实现难度 10分	团队综合表现可加 5分	答辩总分
1									
2									

续表

抽签顺序号	作品名称	真实性与完整性 20分	研究方法 20分	理论与实践相结合 10分	立意与创新性 20分	方案可行性 20分	工作量与实现难度 10分	团队综合表现可加 5分	答辩总分
3									
4									

专家签名：

（注：高年级学生参加竞赛，要求增设技术展示项目）

课堂训练

训练内容：竞赛筹备。

训练要求：

1. 以小组为单位，结合课程安排，为本次课程竞赛设计一份竞赛规程。
2. 设计一份竞赛策划方案，根据设计的竞赛规程分析该如何准备竞赛。
3. 制作PPT，代表汇报。
4. 团队间相互点评，教师点评，团队修改。

任务 2 网络营销策划竞赛的实施

案例分析

"化蝶飞"获奖了

互联网案例分享B

"化蝶飞"团队，因主题确定较晚，项目策划过程紧张，策划书设计得相当粗糙，指导老师因其主题立意好而准许该项目参加浙江省大学生电子商务竞赛,该团队进入竞赛后,在 PPT 制作、服装准备等方面进行了精心准备,还结合中国文化制作了 Flash,竟然获得了二等奖!

问题讨论:
"化蝶飞"获奖的原因是什么?

课堂活动一

为"化蝶飞"主题项目实施竞赛准备

活动目的:培养学生竞赛的能力。
活动内容与要求:根据前期训练的"化蝶飞"主题项目实施竞赛准备,要求:
1. 准备恰当的服饰(文字说明或图片展示)。
2. 选择合理的 PPT 模板、配乐及图表等。
结果与检测:模板与主题相吻合、配乐及插图等与主题、模板相匹配。
提示:网络营销策划项目的展示,通常需要通过 PowerPoint 软件来实现。它能使报告更加简洁、表达准确,达到静态内容无法实现的效果。掌握 PowerPoint 软件使用技巧对大学生参与各项活动及日后的工作实践都有很大帮助。

背景知识

网络营销策划竞赛的实施

一、PPT 制作

网络营销策划项目的展示,通常需要通过 PowerPoint 软件来实现,也就是通常所说的制作 PPT。PPT 制作首先要选择科学合理的模板。

(一)关于 PPT

PPT,就是 PowerPoint 的简称。PowerPoint 是美国微软公司出品的办公软件系列重要组件之一。Microsoft Office PowerPoint 是一种演示文稿图形程序,PowerPoint 是功能强大的演示文稿制作软件,可协助用户独自或联机创建永恒的视觉效果。它增强了多媒体支持功能,利用 PowerPoint 制作的文稿,可以通过不同的方式播放,也可将演示文稿打印成一页一页的幻灯片,使用幻灯片机或投影仪播放,还可以将演示文稿保存到光盘中以进行分发,并可在幻灯片放映过程中播放音频流或视频流。对用户界面进行了改进并增强了对智能标记的支持,可以更加便捷地查看和创建高品质的演示文稿。

(二)为什么要制作 PPT

针对一项策划,需要交代的内容较多,简单地用语言和文字难以在较短时间内交代清晰,因此,需要通过 PPT 将交代的内容条理化,借助图片与动画使内容形象化、可视化,它可以帮助演说者以渊博的知识、巧妙的方法、诱人的魅力、文雅的举止发表演说,从而提高展示与交流效果。

(三) PPT 制作

1. 模板的选择

模板的选择首先要与汇报或演讲的项目主题含义与风格相吻合。模板可以从已有的模板中去选择,也可以采用个性之作(具体制作方法可见相关课程)。

2. 汇报内容调整

根据竞赛时间要求,预设汇报 PPT 篇幅与内容,并确定每一页要说明的内容,在此基础上搜集、筛选相关素材(图片、表格、视频等),并使各页之间有良好的衔接。

二、PPT 的要素

PPT 的要素分为图像、声音、动作、人的解说、文字等几个要素,其中图像和文字是 PPT 最为重要的元素。在展示 PPT 的时候,人的思维里所有信息是连接到图像和文字上的,人的解说也是跟着 PPT 走的,其他包括声音和动作等也是为了展示需要进行的多功能辅助。

(一) 图像

1. 图像概述

图像是 PPT 区别于 Excel 和 Word 及其他办公软件的主要特点,所以 PPT 要突出这个特点,并利用多种手法把图像的展示性发挥到极致,其他所有手段都要围绕图像这个元素服务。

2. 图像的元素

图像元素包括图片、图表、线条组合、文字模块、色彩等所有能形成图像的元素组合。

3. 图像的要求

(1) 图像的色彩不能相差太大。图片要有统一的感觉,色彩不要相差太大,除非要强调两者的对比性。插入文本分两种色块,一般为灰色填充 25%,标题为灰色填充 50% 或 75%,外框根据需要而定,可有可无。在一个 PPT 里,所有信息的框架要和模板保留一定空白,不能 100% 占据所有空间,当然空白太多视觉效果也不佳,有种欠缺之感。一般来说,所有信息占有空间应是模板的 80%~95%。

(2) 图片组合风格统一。图片的组合要确定是显示主体还是辅助文字,确定好以后,对图片大小和布局进行整理,每个 PPT 要分清主次,多个图片之间的逻辑结构要有规律,如果图片之间是平行关系的话,它们之间的占有空间的比例为 2∶1∶1 或 1∶1∶2 或 4∶2∶1∶1,图像组合应该是一个完整的长方形或正方形。说明性辅助图片宜小不宜大,展示主画面要占 PPT 的三分之一;图片之间要留大约 1mm 缝隙,具体情况根据图片的组合而定。图片信息不宜用太多的线条指示,每个图片圈数不要超过 3 个,线条不要超过 3 条,1 条为宜。

(3) 图表展示要清晰。一个 PPT 中,最好只有一个图表,因为图表的特点就是使复杂的问题简单化,所以要求图表一定要用简单的元素概述复杂的问题。如果问题太多,一个图表放不下，就用两张 PPT 分别表示，其余空白用文字填充。

（4）图表中的文字。在图表展示中，涉及文字问题，文字在图表中应该看作展示性的图像，要符合视觉的需要和整体的格局分布，一般标题用 20 号黑体，正文小标题用 18 号宋体，正文部分可以用 14 号或 12 号宋体（其他小字用 12 号或 9 号）。其他字体如华文细黑、微软雅黑、楷体可作为辅助字体用，如小行说明文字，为了区别正文可以用楷体。

（5）图表中的数字。图表中的数字能用阿拉伯数字的不用汉字。一般情况下，标题要求左右垂直都居中，而其他数据要求左对齐或右对齐。图表框的要求一般要比里面线条粗 1.5 磅或 2.5 磅，里面用 0.75 磅值的线条，为了搭配图表和图像，可以把图表框设成有色框或复线框。

（6）线条组合要美观。线条组合相当于绘画，所用线条要自然形成某种形状，最常见的有专业的咨询工具模型就是用线条组合形成的图形。它是借助现有实物或思维特征进行组合来阐述要表达的信息。

线条要求有特殊含义、简洁，能和文字图片有效结合，利于展示。

在线条组合中值得介绍的是作为图表作画的专业软件 VISIO，注意空间的布局和各种图形代表的含义。

（二）声音

声音包括背景声音一直延续发声、插入即时声音辅助，背景声音要小，不能超过解说人的声音，而插入即时声音要求大，稍微超过解说人的声音。如果为他人做 PPT 展示，要提前测定声音的大小；如果自己解说，要先调试。

（三）动作

动作，一般在 PPT 演示中要求不能太眩，"从中间到左右"或者"由右向左""展开"等，慎用"飞入""旋转"等大动作，以免使观众把过多精力放在这里，动作也是辅助手段，要经过长期积累去感悟各种效果以至形成自己的风格。

（四）人的解说

人的解说，是建立在充分了解 PPT 所要展示的信息基础上的，因此，PPT 所要展示的信息应该是人解说需要遵循的一个梗概和思路，只是起到提示作用，而不应该是主要作用。解说的最高境界应该是提前计时后，PPT 的展示和解说融为一体，演示者不需要对 PPT 进行暂停，解说完毕时，PPT 停止。

在解说中，要注意在能用图示看清楚说明问题的，一带而过，用图示说明。图示说明不了，用适当的解说仍不能表达清楚的，说明图示有问题。

（五）文字

文字要突出关键字。文字在 PPT 里是作为辅助元素出现的，文字不宜过多，最多不能超过 8 行，一般占据的空间为左上角大约四分之一大小，主要作为图片的说明。如果是要图片说明文字，则要求图片在左边或右边约三分之一大小的空间，中间及另一边约三分之二空间放置文字。

文字在排版中，注意原有格式的应用。如果没有要求原有格式，那么在进行排版时，要注意在"项目符号和编号"中选取合适的格式进行排版。

一般情况下，最好用 Word 排版好再粘贴到 PPT 中，行间距、对齐等格式要求能很好地表现。

知识链接

一、PPT制作的技巧

PPT是日常生活中文字及图片的常用展示工具，但是要做出漂亮、生动的PPT还需要掌握一定的技巧。

1. 快速调用其他PPT

在进行演示文档的制作时，需要用到以前制作的文档中的幻灯片或要调用其他可以利用的幻灯片，如果能够快速复制到当前的幻灯片中，那么将会给工作带来极大的便利。

在"幻灯片"选项卡中，使光标置于需要复制幻灯片的位置，执行"菜单"中的"幻灯片（从文件）"命令，在打开的"幻灯片搜索器"对话框中进行设置。

通过单击"浏览"按钮选择需要复制的幻灯片文件，使它出现在"选定幻灯片"列表框中。选中需要插入的幻灯片，单击"插入"按钮，如果需要插入列表中所有的幻灯片，直接单击"全部插入"按钮即可。这样，其他文档中的幻灯片就为我们所用了。

2. 快速定位幻灯片

在播放PowerPoint演示文稿时，如果要快进到或退回到第5张幻灯片，可以这样实现：按下数字5键，再按下回车键。若要从任意位置返回到第1张幻灯片，还有另外一个方法，即同时按下鼠标左右键并停留2秒钟以上。

3. 利用剪贴画寻找免费图片

当利用PowerPoint 2003制作演示文稿时，经常需要寻找图片来作为辅助素材，其实这个时候用不着登录网站去搜索，直接利用"剪贴画"就能搞定。方法如下：插入→图片→剪贴画，找到"搜索文字"一栏并键入所寻找图片的关键词，然后在"搜索范围"下拉列表中选择"Web收藏集"，单击"搜索"按钮即可。这样一来，所搜到的都是微软提供的免费图片，不涉及任何版权事宜，大家可以放心使用。

4. 制作滚动文本

在PowerPoint中有时因显示文本内容较多就要制作滚动文本。具体制作方法如下：视图→工具栏→控件箱，打开控件工具箱，选择"文字框"选项，插入"文字框"控件，然后在幻灯片编辑区按住鼠标左键拖拉出一个文本框，并根据版面来调整它的位置和大小。接着在"文字框"上右击鼠标，在弹出的快捷菜单中执行"属性"命令，弹出"文字框"属性窗口，在属性窗口中对文字框的一些属性进行相关的设置。

设置好后右击"文字框"，在弹出的快捷菜单中执行"文字框对象"中的"编辑"命令，这时就可以进行文字的输入，文本编辑完之后，在文字框外任意处单击鼠标，即可退出编辑状态。一个可以让框内文字随滚动条拖动而移动的文本框就做好了。

5. 巧用文字环绕方式

在PowerPoint 2003中，在插入剪贴画之后可以将它自由旋转，但在Word 2003中将剪贴画插入后却不可以这样旋转。其实，只需选中插入的剪贴画，然后在出现的"图片"工具栏中单击"文字环绕"按钮，在弹出的文字环绕方式中选择除"嵌入型"以外的其他任意一种环绕方式，该剪贴画就可以进行自由旋转了。此外，如果先在 PowerPoint 中插入剪贴画，然后将它剪切到 Word 中，也可以直接将它进行自由旋转。

6. 快速选择多个对象

在 PowerPoint 2003 中，想要选择叠放在一起的若干个对象时会不太容易，特别是它们又位于叠放次序下层的时候，更是如此。不过，可以单击"绘图"工具栏右侧的三角箭头（工具栏选项），依次指向"添加"或"删除"按钮→"绘图"，然后选中"选中多个对象"，将它添加到"绘图"工具栏中，单击它，会打开"选择多个对象"对话框。只要在对话框的对象列表中选中相应的对象就可以了。这个按钮的添加也可以这么做：单击菜单命令"工具"→"自定义"，在打开的对话框中单击"命令"选项卡，然后在"类别"中选择"绘图"，在"命令"栏中选择"选中多个对象"，将它拖至工具栏的任意位置。

7. 打造多彩公式

在 PowerPoint 中也可以使用公式编辑器插入公式，但默认的公式都是黑色的，与演示文稿的背景很不协调。其实，可以选中编辑好的公式，然后单击右键，在弹出的快捷菜单中选择"显示'图片'工具栏"命令。再单击"图片"工具栏中的"图片重新着色"按钮，就可以在打开的对话框中为公式指定其他的任意颜色了。

8. 灵活设置背景

有些人希望某些幻灯片和母版不一样，比如说当需要全屏演示一个图表或者相片的时候，可以进入"格式"菜单，然后选择"背景"，单击"忽略母版背景图形"选项之后，就可以让当前幻灯片不使用母版背景。

9. 防止被修改

在 PowerPoint 中单击"工具"→"选项"→"安全性"，然后设置"修改权限密码"即可防止 PPT 文档被人修改。另外，还可以将 PPT 文件存为 PPS 格式文件，这样双击文件后可以直接播放幻灯片。

10. 看看 PowerPoint 的特殊播放模式

播放 PPT 文档时，单击 PowerPoint 的"幻灯片放映"菜单中的"观看幻灯片"，将启动默认的全屏放映模式，这时必须使用 Alt+Tab 或 Alt+Esc 组合键才能与其他窗口进行切换。如果在播放幻灯片时，按住 Alt 键不放，依次按下 D、V 键激活播放操作，就可以让幻灯片放映模式变成一个带标题栏和菜单栏的普通窗口形式，这样操作起来就方便多了。

11. 去掉链接文字的下划线

向 PPT 文档中插入一个文本框，在文本框中输入文字后，选中整个文本框，设置文本框的超链接，这样在播放幻灯片时就看不到链接文字的下画线了。

12. 窗口模式下播放 PPT

在按住 Alt 键不放的同时，依次按 D 和 V 键即可，这个时候就可在窗口模式下播放 PPT 了。

13. 一次性展开全部菜单

经常使用 PowerPoint 就会发现它的菜单很麻烦，想全部展开所有菜单项，必须单击菜单中向下的双箭头。如果打开"工具"→"自定义",单击"选项"选项卡,选定"始终显示整个菜单"复选框,再单击"关闭"按钮,那么可以一次性展开全部菜单。

14. 巧用键盘辅助定位对象

在 PPT 中有时候用鼠标定位对象不太准确,按住 Shift 键的同时,用鼠标水平或竖直移动对象,可以基本接近于直线平移。在按住 Ctrl 键的同时,用方向键来移动对象,可以精确到像素点的级别。

15. 巧让多对象排列整齐

在某幻灯片上插入了多个对象,如果想快速让它们排列整齐,则可以按住 Ctrl 键,依次单击需要排列的对象,再选择"绘图"→"对齐或分布",最后在排列方式列表中任选一种合适的排列方式,就可实现多个对象间隔均匀地整齐排列。

16. 打印清晰可读的 PPT 文档

通常 PPT 文稿被大家编辑得图文声色并茂,但若把这样的演示文稿用黑白打印机打印出来,可读性就较差。用以下方法可以打印出清晰可读的演示文稿:首先单击"工具"→"选项"命令按钮,再单击"打印"选项卡,在"此文档的默认打印设置"标题下,单击"使用下列打印设置",然后在"颜色/灰度"框中,选中"纯黑白"选项;确定后在"颜色/灰度"框中选择"灰度"模式,这是在黑白打印机上打印彩色幻灯片的最佳模式,此时将以不同灰度显示不同彩色格式;选择"纯黑白"模式则将大部分灰色阴影更改为黑色或白色,可用于打印草稿或清晰可读的演讲者备注和讲义;选择"颜色"模式则可以打印彩色演示文稿,或打印到文件并将颜色信息存储在 *.prn 文件中。当选择"颜色"模式时,如果打印机为黑白打印机,则打印时使用"灰度"模式。

17. 将声音文件无限制打包到 PPT 文件中

幻灯片打包后可以到没有安装 PPT 的计算机中运行,如果链接了声音文件,则默认将小于 100KB 的声音素材打包到 PPT 文件中,而超过该大小的声音素材则作为独立的素材文件。其实可以通过设置就能将所有的声音文件一起打包到 PPT 文件中。方法是:单击"工具"→"选项"→"常规",将"链接声音文件不小于 100KB"改大一点,如"50 000KB"(最大值)就可以了。

18. PPT 编辑和放映两不误

能不能一边播放幻灯片,一边对照着演示结果对幻灯进行编辑呢?答案是肯定的,只需按住 Ctrl 键不放,单击"幻灯片放映"菜单中的"观看放映"按钮就可以了,此时幻灯片将演示窗口缩小至屏幕左上角。修改幻灯片时,演示窗口会最小化,修改完成后再切换到演示窗口就可看到相应的效果了。

19. 将 PPT 演示文稿保存为图片

大家知道保存幻灯片时通过将保存类型选择为"Web 页",就可以将幻灯片中的所有图片保存下来,如果想把所有的幻灯片以图片的形式保存下来该如何操作呢?

打开要保存为图片的演示文稿,单击"文件"→"另存为",将保存的文件类型选择为"JPEG 文件交换格式",单击"保存"按钮,此时系统会询问用户"想导出演示文稿中的所有幻灯片还是只导出当前的幻灯片?",根据需要单击其中相应的按钮就可以了。

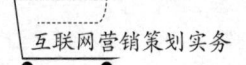

20.PPT 图表也能用动画展示

PowerPoint 中的图表是一个完整的图形，如何将图表中的各个部分分别用动画展示出来呢？其实只需右击图表，在弹出的快捷菜单中选择"组合"中的"取消组合"就可以将图表拆分开来了，接下来就可以对图表中的每个部分分别设置动作。

21.PPT 中视图巧切换

当你单击"普通视图"按钮时，如果按下 Shift 键就可以切换到"幻灯片母版视图"；再单击一次"普通视图"按钮（不按 Shift 键）则可以切换回来。而如果单击"幻灯片浏览视图"按钮时，按下 Shift 键就可以切换到"讲义母版视图"。

22. 隐藏重叠的图片

如果在幻灯片中插入很多精美的图片，在编辑的时候将不可避免地重叠在一起，妨碍我们工作，怎样让它们暂时消失呢？方法如下：首先单击"开始"选项卡，找到"编辑"功能组，再单击"选择"→"选择窗格"，在工作区域的右侧会出现"选择和可见性"窗格。在此窗格中，列出了所有当前幻灯片上的"形状"，并且在每个"形状"右侧都有一个"眼睛"的图标，单击想隐藏的"形状"右侧的"眼睛"图标，就可以把挡住视线的"形状"隐藏起来了。

二、浙江省大学生电子商务竞赛章程

1. 竞赛宗旨

浙江省大学生电子商务竞赛旨在通过竞赛活动提高大学生电子商务软硬件设计与开发的水平、电子商务管理与市场应用研究的能力、电子商务模式创新的意识，培养大学生在电子商务方面理论与实践相结合的能力，树立科技创新意识，丰富和活跃校园文化氛围，培养经济和社会发展需要的优秀人才。

2. 组织机构

主办单位：浙江省教育厅

承办单位：浙江工商大学

竞赛专家委员会：负责制定竞赛章程、竞赛方案，设计评审标准，认定评审结果；对有争议的事项进行仲裁；对竞赛组织工作进行监督和指导。

主任委员：李金昌教授　浙江工商大学

副主任委员：陈德人教授　浙江大学

　　　　　　胡　华教授　浙江工商大学

委员：王晓耘教授　杭州电子科技大学

　　　莫　燕教授　浙江理工大学

　　　叶　枫教授　浙江工业大学

　　　姚建荣副教授　浙江财经学院

　　　欧阳泉副教授　宁波职业技术学院

　　　章剑林副教授　浙江经贸职业技术学院

　　　沈凤池副教授　浙江商业职业技术学院

竞赛办公室：竞赛办公室设在浙江工商大学，办公室在省大学生科技竞赛委员会（教育厅）及竞赛专家委员会的领导下，具体承担竞赛的组织工作。

办公室主任：华就昆　浙江工商大学教务处

秘书：林家莲　浙江工商大学教务处

3. 竞赛方案

（1）参赛对象

参赛队员必须是浙江省高校全日制在校大学生，每支参赛队由不超过3名队员组成。参赛学校可为参赛队聘请指导教师。

（2）参赛作品

本次竞赛分本科与专科两个大组进行。

电子商务作品竞赛遵循自由命题的原则，体现创新。所有作品必须为浙江省在校大学生的原创作品，不得侵犯他人的知识产权。参赛作品分为两大类别：

①技术开发类作品。主要是指与电子商务系统相关的软件系统、软件模块、应用基础技术、应用支撑技术等软件或硬件开发形成的具有一定独立性的技术成果（不限于上述类别）。技术开发类作品应包含作品本身、技术报告及其他相关技术文档。

②研究报告类作品。主要包括电子商务市场调研与分析报告、电子商务模式创新计划书和电子商务创业计划书等。研究报告类作品应包含研究报告（或计划书）、原始调研资料及其他相关分析报告。

电子商务市场调研与分析报告主要是指电子商务对企业的经营活动产生的影响分析，对行业的竞争力、科技进步产生的影响分析，对金融和通信等支撑领域产生的影响分析，对社会产生的影响分析等（不限于上述类别）。调研与分析报告应以翔实充分的原始调研资料为基础。

电子商务模式创新计划书主要是指电子商务运作模式的创新计划，基于电子商务的企业管理模式创新计划等。（不限于上述类别）

电子商务创业计划书是以采用电子商务模式实现立业创业的详细企划书。

（3）参赛名额

参赛名额按照学科与专业优先的原则进行分配：

①具有电子商务本科专业的本科院校每类作品参赛名额不超过6个，参赛作品总数不超过12个。

②具有电子商务专业的高职院校每类作品参赛名额不超过4个，参赛作品总数不超过8个。

③其他院校每类作品参赛名额不超过4个。

每个参赛队只能提交一个参赛作品，各学校提交的参赛作品中，研究报告类作品的数量不应超过参赛名额总数的50%。

注：各高校招收的第三批本科学生组成的参赛队以独立学院为单位申报。独立学院作为参赛单位，其参赛名额分配参照上述标准。

（4）奖项设置

特等奖（可空缺）

一等奖：5%参赛队

二等奖：15%参赛队

三等奖：25%参赛队

竞赛组织奖若干个。

（5）评审规则

对各参赛院校选送的参赛作品，竞赛办公室按照匿名和回避原则将作品的文字材料发给初评专家进行评分，每份作品至少由两位专家评分，以平均成绩作为初评成绩。专家委员会按照初评成绩排名，确定入围决赛答辩、演示的队伍。所有参赛的作品必须有原创承诺书。

各参赛队的最终获奖等级将由竞赛专家委员会确定后公布。

4. 竞赛程序

（1）每年4月上旬发竞赛通知，浙江教育网（http://www.zjedu.org）、浙江工商大学网站（http://www.zjgsu.edu.cn）、浙江省大学生电子商务竞赛网站（http://ec.zjgsu.edu.cn）将发布有关信息。

（2）每年9月中下旬，参赛单位提交竞赛作品。

（3）每年10月中旬，优秀决赛作品的作者派代表现场演示并回答评委提问，评委做最终评审（具体答辩名单和时间由竞赛委员会确定）。

（4）每年10月下旬公布竞赛结果。

5. 竞赛费用

竞赛的报名费为200元/组，各参赛队的作品原型的制作费和参加决赛的车旅费及住宿费自理。

6. 其他

本章程解释权及修改权归浙江省大学生竞赛专家委员会所有。

（资料来源：浙江省电子商务竞赛官方网站）

课堂活动二

为自己的应聘制作一份自荐PPT

要求：

1. 思路清晰、图文并茂。
2. 内容要求主题明确、思路清晰、内容丰富；构思新颖，内容和定位有独到之处。
3. 作品内容要求健康、积极向上。
4. 5分钟时间展示。
5. 抽查汇报，相互点评。

附录A

互联网案例分享 C

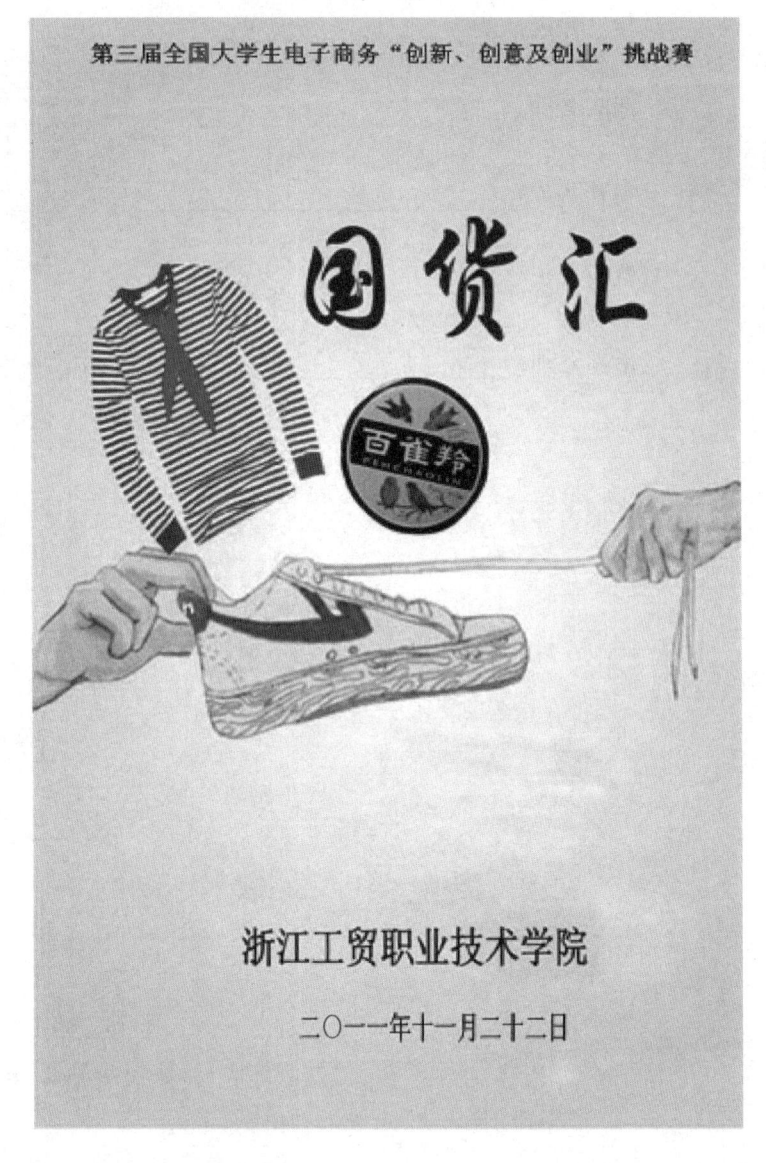

国货汇网络营销策划书

封　面

第三届全国大学生电子商务"创新、创意及创业"挑战赛

国货汇

浙江工贸职业技术学院

二〇一一年十一月二十二日

国货汇网络营销策划书

赛　　区：_____

学　　校：_____

团队名称：_____

参赛队员：_____

队　　长：_____

指导老师：_____

浙江工贸职业技术学院
二〇一一年十一月二十二日

项 目 说 明

　　经典国货是指中国自主生产并拥有的传统品牌，具有悠久的品牌历史，在中国有一定的消费基础和品牌辨识度，在现代社会以怀旧方式使用的产品。

　　国货汇是一个集商城与资讯为一体的综合性网站，主推经典国货品牌中的化妆品，辅推服装、鞋子。化妆品包括百雀羚、谢馥春、孔凤春三大品牌，服装有海魂衫、梅花牌运动服，鞋品牌有回力鞋、飞跃胶鞋等。网站经营的国货产品，质量优良，价格合理。

　　国货汇网站以"中国制造，国货精神"为宣传口号，以"销售+试用+分享"的模式运营。网站主要包括三大模块：国货汇商城、试用中心和论坛。网站在销售产品的同时，为客户提供免费试用品或赠品，用户使用后在论坛中分享心得。国货汇论坛不仅为用户提供购物分享平台，同时旨在打造最全面的网上国货交流空间，为怀旧人群和时尚爱好者提供一个互动分享的平台。

　　国货汇的项目构思来源于现实生活。2006年，新裤子乐队《龙虎人丹》专辑的发行引领起了一股以梅花运动衣和回力球鞋为代表的国货复兴热潮，至今未衰。2011年，淘宝网推出"80后"童年经典回忆专场，拍拍网推出"国货：60年60品牌"专题，引发了一轮又一轮国货产品网购的热潮。国货热从豆瓣网和天涯论坛蔓延至现实生活中，不少人都开始重新使用那些已经凝固在记忆中的经典品牌。百雀羚、谢馥春、孔凤春、蜂花、海魂衫、回力鞋等，这些品牌在几乎没有广告宣传的情况下在网上又变得抢手起来。

　　2011年，时尚潮流瞬息万变，经典怀旧的国货时尚重新回炉，得到了广大"80后""90后"的青睐。"90后"们发现，妈妈们当年使用的那些化妆品原来也很可爱，并且很酷。"这些老牌子吸引我们的是它们身上留存的那个年代的某种精神"，网络上流传着这样的时尚宣言。

　　国货汇网站的目标客户为"60后""70后""80后"的怀旧人群（他们对国货充满爱国情感和怀旧情结），以及"90后"的时尚人群（他们对国货潮表现出了极高的热情）。网站运营的中后期，目标人群逐渐扩大到所有网购人群。

　　"产品是有生命的，品牌却可以永远保持下去。"当怀旧潮来临时，也意味着时尚的回归。"国货=爱国+时尚"，相信没有人能够抵抗。

目 录

第一章 市场分析
  一、市场现状分析
  二、市场需求分析
第二章 市场定位
  一、产品定位
  二、目标客户
第三章 SWOT 分析
  一、机会分析（Opportunity）
  二、威胁分析（Threat）
  三、优势分析（Strength）
  四、劣势分析（Weakness）
第四章 网站经营模式
  一、销售模式
  二、试用中心
  三、分享
第五章 盈利模式
  一、线上收入模式
  二、实体收入模式
第六章 营销推广策略
  一、网站孵化期
  二、网站成长期
  三、网站成熟期
第七章 网站功能简述
  一、网站首页
  二、网站内部页面
  三、网站首页服务简介
第八章 财务预算
  一、公司的投资与财务
  二、资金的运用
  三、财务分析结论
第九章 项目可行性分析与风险控制
  一、项目可行性分析
  二、风险控制
第十章 组织架构
  一、公司制度
  二、公司文化
  三、公司组织结构
  四、国货汇一站式服务

附件1：关于国货看法的网络问卷调查表
附件2：关于国货看法的市场调研报告
附件3：国货汇员工守则
附件4：代销协议书
附件5：合同书
附件6：风险投资合作意向协议

第一章 市场分析

一、市场现状分析

童年总是没有烦恼，充满欢声笑语。当海魂衫、回力鞋、百雀羚等出现在人们眼前时，这是一种回忆，也是一种享受。这不仅仅是对往昔的怀念，还是一种简单快乐的延续，更是那些老牌子的某种精神的体现。

（一）国货产品质量分析

老品牌网上卖，光靠倚老卖老卖得动吗？其实，相比之下，平价护肤品牌，如百雀羚（见图1）最大的优势便是性价比。平价产品其实并没有因平价而质量低劣。现在，只要在搜索引擎中输入"国货""护肤""平价"等字眼，就可以看到这些平价护肤品的受欢迎程度。"平价护肤品更能贴合大众心理、符合公众购买力"等因素，充分证明了坚持"只买对的不买贵的"护肤原则还是很可取的。现在有很多年轻的消费者说："国产品牌多的是，产品质量也不比国外的大品牌差，而且价格还便宜，何乐而不为？"

图1 百雀羚护肤脂

（二）国货产品的发展

1. 国货产品的没落

1994年9月26日，《消费时报》在显著版面刊登该报记者的署名文章，赫然夺目的标题触目惊心:《"洋军"压境，短兵相接——国产名牌危在旦夕》。文章扫描式地报道了酒、饮料、化妆品、彩电、服装、制鞋等行业"洋军滚滚而来，国产名牌风雨飘摇"的悲情惨状。

2003年12月，"小护士"被欧莱雅集团在北京宣布收购；2008年3月6日，"白加黑"被拜耳收购；2008年7月31日，美国强生（中国）投资有限公司宣称，已完成对"大宝"的收购。

海魂衫最先是由中国人民解放军第 3510 工厂负责生产的。而今海魂衫的定点加工单位是武汉市依翎针织有限责任公司。海魂衫最初是指各国水兵们穿的内衣，通常为白蓝相间的条纹衫，俗称海军衫，又称海魂衫。后来因为服装的不断变化，海魂衫曾经一度消失在大众的视野中。

梅花运动服是由天津市针织运动衣厂生产的。起初，梅花牌运动服是运动员穿着的参赛服，但在 1988 年，该厂开始转向民用，随后因为效益不好，梅花牌运动服如今已成为"文物"。而 10 年前，该厂也已经停止生产梅花牌运动服，转而生产保暖内衣。

回力牌运动鞋在 20 世纪八九十年代人的印象中是没有多少概念的，因为回力牌运动鞋在那个时间段淡出了人们的视线，所以很多人都不知道回力牌运动鞋。

与回力牌运动鞋有着相同命运的还有飞跃牌运动鞋。飞跃牌运动鞋是由大孚橡胶有限公司生产的。但后来大孚橡胶有限公司将飞跃牌运动鞋的生产授权给了其他公司。之后的很多年里，飞跃牌运动鞋市场销量日趋下降，从此就渐渐被人们淡忘。

2. 国货产品的回归

中国电子商务研究中心调查数据显示：2010 年国庆期间，淘宝网销售的传统国货产品交易额已超 1 亿元，如大白兔奶糖等沪产老品牌，交易额都比上月同期增长 100%。

另一国货品牌孔凤春（见图 2）就是在国货回归的风潮下，"凤凰涅槃"，重新回归市场的。确实，经典国货有着"被忽略的美"，它们大多质朴无华、价格低廉、方便实用，和 20 世纪七八十年代的气质相得益彰。2008 年 11 月 7 日，杭州百货大楼老字号"孔凤春"正式营业，销售状况非常火爆，杭州百货大楼超市食品商场经理介绍说："开门四个小时，孔凤春的专柜成交了 50 笔生意，几乎每一位客户都买了好几件才离开。"

图 2 孔凤春产品

海魂衫（见图 3）本是水兵们穿的内衣，但是复古风潮来袭，海魂衫已成为潮流的指向标，是必备的时尚单品，也成为许多明星的最爱（见图 4）。例如，海魂衫一直是王菲的最爱，身材高挑的她穿上海魂衫也别有天后范儿；国际巨星章子怡的个性海魂衫，也相当性感、有味道。还有很多明星纷纷在不同场合穿上了款式各异的海魂衫。而在美国《时代周刊》2010 年评出的 16 项"亚洲之最"中，除了历史遗产外，最特别的要数上海的飞跃牌运动鞋，这款老牌运动鞋经重新设计后，竟风靡全世界，堪称"经修饰后重新流行的最佳物品"。

（三）新国货的流行

百年品牌，日益创新是新国货；中国创造，国际制造是新国货。这些国货品牌在传承中

图 3　经典海魂衫　　　　　图 4　明星身上的海魂衫

国文化的基础上进行全新时代感的创意演绎，整合全球资源，做到了全球制造、中国创造。

"我是新国货宣言"：生活在灿烂肆意的年代，是破格，是执着，是 DNA 能量释放。把过去一次次颠覆，让东方永远焕亮！将理想披在身上，把时尚亮在胸膛，掀起国货的新浪潮，复刻这民族的辉煌！我是新国货！

二、市场需求分析

在经济大发展的今天，温饱已经不再是人们所追求的第一目标，人们追求的是高素质的文化、高品质的生活。于是，大家开始怀念经典品牌。

在经历了从辉煌到沉寂、从落寞到海外受捧的坎坷后，有着几十年历史的海魂衫、梅花牌运动服、回力牌运动鞋、飞跃牌运动鞋、百雀羚、孔凤春重新迎来了市场的春天。各类商店的国货产品销售引起了人们的怀旧情结。很多"70 后"当年就是穿着海魂衫、回力牌运动鞋等经典国货走进校园的。而今，穿上这些，让"80 后""90 后"们感觉回到了过去。还有些人觉得穿上这些，像是找到了自己的老朋友，那样的熟悉感很是亲切。

（一）高性价比，带来忠实客户

"老牌国货"受追捧的原因，除了文化底蕴浓厚、质量过硬外，还有一个原因是价格合理，特别是在经济危机令不少年轻白领钱包缩水时，这些国货产品价廉物美的优势更加明显。例如：对于润唇膏，在同等功效的情况下，淘宝商城曼秀雷敦的润唇膏要卖到 35.9 元，而百雀羚只有 11.1 元，足足相差了 24.8 元；而同等容量的爽肤水，卡尼尔的价格是 40.5 元，百雀羚仅售 22.0 元，相差了 18.5 元。图 5 是百雀羚淘宝旗舰店 20 天内的销售情况。

从图 5 中可以清楚地看到百雀羚的销售量是十分可观的，仅一家旗舰店的销售数量，好多单品就已经达到 10 000 多件的成交量，这对国货汇网站来说是一个机会。

而且一些出生于 20 世纪 70 年代末、80 年代初的人，国货在他们心中占据着重要位置。他们一边用着国际品牌，一边也忠心耿耿地用着一些价格便宜的老牌化妆品。一位成熟女性说："用老牌子不只是图便宜，更重要的是这些'祖母级'的牌子经过两三代人的使用，产品质量比较稳定，添加的特殊化学成分少，用起来放心。"

近几年来，网络国货专卖店不断涌现，发展前景看好。国货专卖店迅速发展，特别是在网络上的发展更为迅速。

（二）旧瓶新装，引领时尚潮流

国货的回归不是靠主动宣传，而是通过良好的口碑获得众人的青睐。2011 年，在不少时尚网站论坛上，例如琳琅国货、海报社区，还有知名度比较高的天涯网站都出现了推荐老

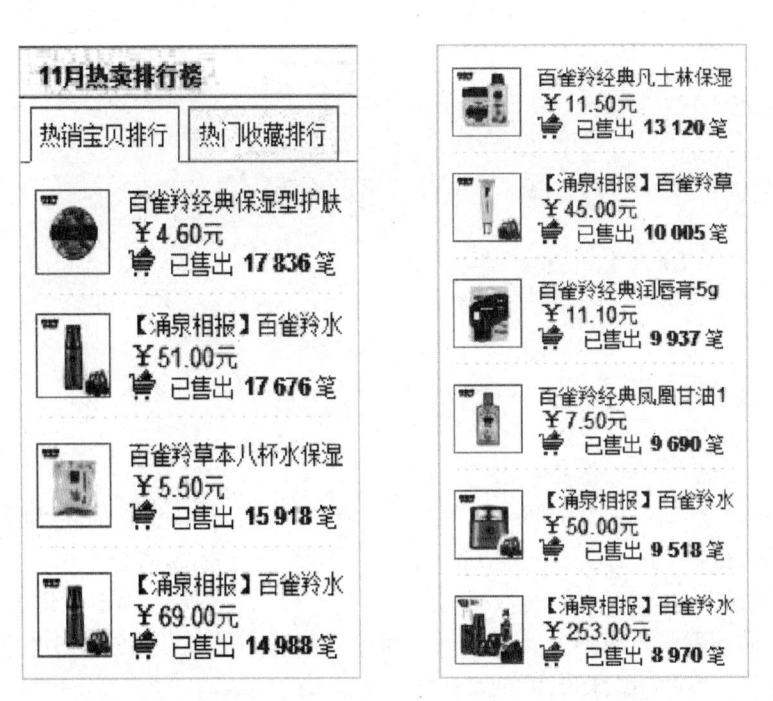

图5 百雀羚淘宝旗舰店2011年11月前20天的成交量

国货品牌的帖子,大赞老国货更适合亚洲人。网友纷纷议论着放弃使用进口化妆品,提倡使用老国货。简单的配方,经历了几十年的实践,老国货过硬的质量重新赢得了人们的青睐。

2011年,很多知名国货品牌开始通过知名杂志的推广、广告的热播,相继推出了自己的新款产品,以迎合当下年轻人的需求。

(三)走出国门,开辟中国式时尚风

近年来复古风潮热吹,国货名牌历史悠久、设计简约、经久耐用,纷纷受到国外潮流人士的追捧。继飞跃牌运动鞋后,如今,在欧洲,回力牌运动鞋的身价至少翻了25倍,达到50欧元(约400元人民币),权威的时尚杂志 ELLE 法国版还开专题宣传回力牌运动鞋,回力牌运动鞋已成为法国时尚界的一个奇迹。而2011年回力牌运动鞋又正式进入美国潮流界,第一步即登陆纽约街头,代理商为美国潮流界龙头店铺 Alife Rivington Club。Alife Rivington Club 把回力经典篮球鞋、网球鞋和羽毛球鞋包装为街头复古经典,来自东方原汁原味的街头至潮,售价达到60美元。

国货新生是大势所趋,是市场发展的必然结果。相信在不久的未来,国货将更加自立自强,由曾经的经典走到台前,开辟中国式时尚风。

第二章 市场定位

一、产品定位

国货汇经营的产品主要是中国自主生产并拥有的品牌，具备悠久的品牌历史，在中国有一定的消费基础和品牌辨识度。这些产品也可以称为经典国货品牌。

针对国货产品的认知度，调查数据（见图6）显示，大部分的用户对化妆品表示出浓厚的兴趣，其中谢馥春、百雀羚、孔凤春的支持度最高，谢馥春甚至达到100%；对海魂衫、回力牌运动鞋等经典产品也有很高的支持率。通过对产品认知度和货源的综合分析，团队确定项目的产品为化妆品、服装和鞋。其中，化妆品为项目的主推产品。

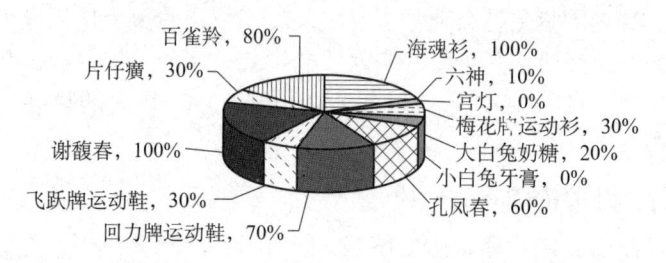

图6 调查问卷第7题（以下产品中，您经常使用哪几种国货产品？）

国货汇主推的化妆品品牌有始于清朝道光年间的百年老字号谢馥春，拥有70年历史的经典品牌百雀羚和148年历史的孔凤春；服饰有各式经典和改良版的海魂衫、永久不变的梅花牌运动衫；鞋类主要是时尚回归的回力牌运动鞋和飞跃牌运动鞋，具体如图7所示。

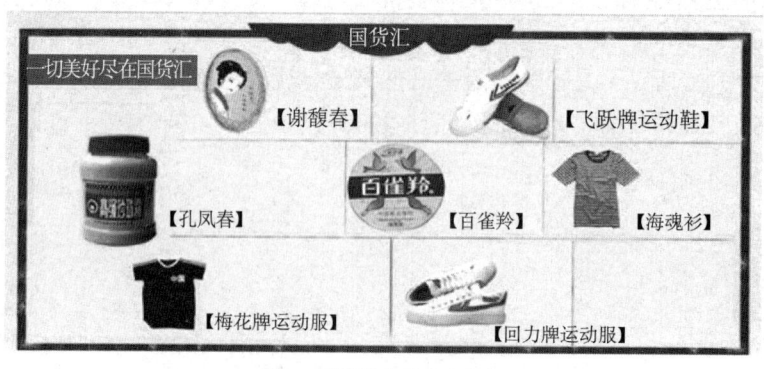

图7 国货汇主营产品品牌

二、目标客户

国货汇团队根据回收的 468 份问卷的调查结果（见图 8）得出：填写国货汇问卷的用户 73.5% 在 21～30 岁，17.5% 在 16～20 岁，7.7% 在 31～36 岁。

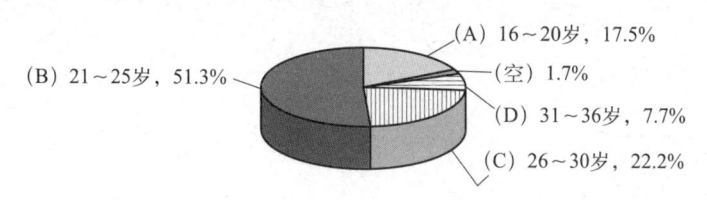

图 8　调查问卷第 1 题（您的年龄层是？）

国货汇团队根据回收的 468 份问卷的调查结果（见图 9）得出：填写国货汇问卷的用户中，80.1% 对网上购买国货表示感兴趣，主要集中在 21～30 岁的人群。由此可见，国货汇网站的主要目标人群定位在以"60 后""70 后""80 后"为主的怀旧人群、"90 后"的时尚人群，以及对价格比较敏感的人群。

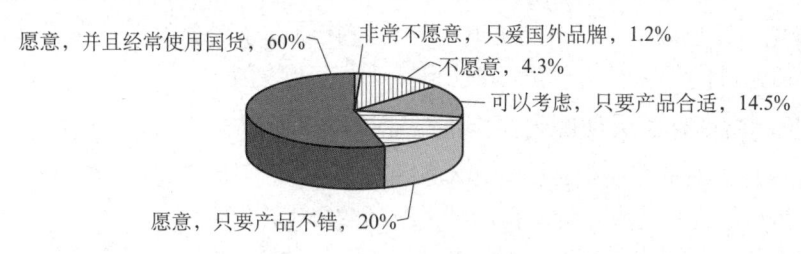

图 9　调查问卷第 6 题（您愿意在网站上购买国货产品吗？）

（一）以"60 后""70 后""80 后"为主的怀旧人群

近年来国货回潮，市场上的炒作新闻络绎不绝，成为吸引客户的巨大力量。"60 后""70 后"和"80 后"的人群对国货产品存在强烈的怀旧情感，这些充满感性的消费者，面对国货的回归，投入了大量的热情。这一目标群体既有想法也有购买力，是国货汇网站的忠实粉丝和中坚力量。

（二）"90 后"的时尚人群

众多国产品牌邀请明星代言产品。国货品牌的回归吸引了"90 后"时尚人群的目光，如百雀羚品牌邀请了莫文蔚代言其产品，在 2010 年引领了一股抢购风潮；回力鞋建立了自己的网站，为用户设计各类款式的回力鞋，从经典款到潮流款各式各样。明星效应带来的客户和经济效益是看得见的。很多年轻一代都因为喜欢这些明星而恋上了国货，开始购买国货。

（三）价格敏感人群

对于一部分的消费者来说，他们更加注重产品的性价比。而同等功效的润唇膏和爽肤水，国货产品要比国外的进口产品实惠很多。这对注重性价比的消费者来说，是一个很好的冲击，他们会更加愿意去尝试使用国货产品。

第三章　SWOT分析

一、机会分析（Opportunity）

（一）政府扶持电子商务、鼓励创业

鼓励电子商务发展成为时下政府破解就业难题的一大途径。为支持大学生创业，国家各级政府出台了很多优惠政策，涉及融资、开业、税收、创业培训、创业指导等诸多方面。根据国家相关规定，应届大学毕业生创业可享受免费风险评估、免费政策培训、无偿贷款担保及部分税费减免等优惠政策。部分地方政府还出资扶持电子商务发展，在促进社会经济发展、服务民生的大时代背景下，国货汇将能更好地生存与发展。

（二）国货品牌商标流失使国内销售不受知识产权所限

在网站所经营的国货产品中，梅花运动服和海魂衫商标持有厂家，在2000年之前就已停产，门市部销售的也只是多年的库存产品。产品的再生产宣告无望，市场上充斥了非正规的商家生产的梅花运动服和海魂衫。而回力鞋和飞跃运动鞋，其产品已被他国企业在国外注册品牌并销售。

在国货品牌日渐衰落的趋势下，国内的商标维护意识淡薄。在我国的商标注册中，找不到回力和飞跃的品牌注册。所以，网店在国内销售回力和飞跃牌运动鞋就没有太大的阻碍。

（三）电子商务发展势头良好

现今，我国网民人数快速增加，通过互联网购物的网民越来越多。2011年1月6日，在淘宝年度盛典上，淘宝网发布了2010年网购数据。淘宝数据显示，2010年淘宝网注册用户达到3.7亿，在线商品数达到8亿种，最多的时候每天6 000万人访问淘宝网，平均每分钟出售4.8万件商品。同时，以淘宝商城为代表的B2C业务交易额在2010年翻了4倍，未来几年也仍可能保持这一增长速度。这些数据显示，经典品牌在互联网上的销售有良好的环境基础。

（四）明星效应带动国货热

不知从什么时候开始，一大批被称作"经典国货"的物品悄悄地流行起来，从网络到街头，很多人开始重新青睐在20世纪80年代盛行的梅花牌运动衫、海鸥相机、乐凯胶卷、凤凰自行车、回力牌运动鞋、飞跃牌运动鞋、蜂花洗发水、小白兔儿童牙膏等物品。最近，这股"国货热"更是悄然潜入娱乐圈，包括王菲、刘嘉玲、春晓、耿乐在内的众多明星纷纷"国货上身"，诠释着属于自己的"年代记忆"，一时间，经典国货成为新鲜时尚的载体。

知名艺人王菲前不久以海魂衫配名牌风衣的造型出现在公众场合，引来时尚界一阵惊

叹。无独有偶，王菲的好友刘嘉玲在与梁朝伟蜜月归来时，居然也是双双国货上身：梁朝伟穿着复古运动服，刘嘉玲则是海魂衫装扮。

而眼下，牛萌萌、许飞、新裤子乐队、夏雨等诸多明星都开始有意无意地身着经典国货出现在公众场合，在今年的娱乐圈引发了一股具有怀旧风格的新鲜时尚——"经典国货达人"。这些娱乐明星在很大程度上使国货获得了新生。

二、威胁分析（Threat）

（一）商机风险的普遍存在

当项目有一定的商业价值时，必将面临竞争的问题，因而抢占市场是项目成立初期首先要解决的问题。对此，国货汇抢先注册网站域名，在淘宝商城、易趣网均开设了旗舰店。

（二）技术革新带来的威胁

技术是企业发展的永恒话题，技术因素主要是指技术的革新。在一定时期内，技术因素对企业的营销活动的影响似乎并不大，但一次技术革新可能会给企业带来很多的不便，甚至是致命的打击，因此必须加强国货汇网站的灵活应变能力，高度重视技术因素带来的影响。

（三）竞争对手的威胁

随着我国经济的迅速发展，玉兰油、欧莱雅等世界知名化妆品牌，在不断推出自己的新产品以适应日新月异的消费者需求，在淘宝网、易趣网、拍拍网等各大知名B2C网站都有销售化妆品。对于化妆品，实体店对网站的冲击会更大一点。实体店本身拥有固定的客户人群，如果这些店铺也进入电子商务B2C的队伍中来会对网站造成很大的影响。因此，想要在B2C中占有一席之地，就必须做别人没有的、别人想不到的。而说到服装和鞋子，淘宝店铺无疑是网站最大的对手。淘宝网拥有大量的消费群体，在淘宝中一搜索，就可以找到自己想要的牌子。但淘宝中的商品真假难辨，这对国货汇团队来说又是一个契机。

国货汇拥有强大的竞争对手，因此必须从自身出发，严格保证化妆品质量，建立友好、长期、稳定的客户关系。在竞争激烈的市场中，国货汇网站会不断地优化，以提供更垂直化的产品分类和专业的服务，成为最专业的网上国货B2C商城，从而在同类商城中脱颖而出，在电子商务市场上站稳脚跟。

三、优势分析（Strength）

（一）团队优势

国货汇团队成员在大学期间有过多次合作，在运营多个项目过程中，发现了精品国货这个领域。互联网上有卖海魂衫的，有卖回力牌运动鞋的，也有卖蜂花牌香皂的，但是消费者却需要下三个订单才能买到。所以，国货汇网站的整合营销为消费者提供了便利，发展前景广阔。

团队拥有一个统一的目标：在未来五年内，要成为中国经典生活用品的领导者，实现累计销售额 1 000 000 元。

（二）货源优势

国货汇网站目前已经与多个生产厂家建立了良好的行业战略合作伙伴关系，拥有稳定的低价货源。同时，国货汇网站与线下化妆品实体店达成合作，在线销售国货化妆品，也正在与厂家进行合作洽谈，争取拿到网上的直接代理权。

鉴于梅花牌运动服的生产厂家2000年已经宣布停产。因此团队与梅山成衣厂达成协议，定点生产海魂衫系列衣服和梅花系列衣服。

团队与线下实体店达成合作关系，在国货汇商场销售回力鞋和飞跃牌运动鞋。

国货汇网站通过销售三类经典国货产品，为国货爱好者打造从头到脚的时尚。

（三）我院大学生创业受学院支持

（1）浙江工贸职业技术学院于2007年创办了创业学院，由知名教授担任院长，定期为创业学子授课，分析项目可行性。

（2）学院每年举行创业计划大赛，大赛特别设立奖金：一等奖10 000元，二等奖、三等奖分别是5 000元、3 000元。这为我院大学生创业提供了一定的资金基础。

四、劣势分析（Weakness）

（一）品牌知名度较低

品牌对于企业的作用相当大，能起到存储、维权、增值、塑造形象、降低成本的作用。然而新建网站显然无法利用这些功能带来的良好效应。缺乏人气积累和口碑，会给网站的初期运营带来一定困难。

但相信团队的网络营销推广策略与线下实体推广策略会在预算时间内树立起国货汇的企业形象，提高公众对国货汇的认知度。网站暂时没有形成强大的品牌知名度和美誉度，这些需要公司用心做好从研究、设计、销售到服务的每一个细节。国货汇网站有能力在实现产品价值的同时建立网站良好的口碑和品牌形象。

（二）经验不足

网站运营初期，可能出现推广经验不足、销售手段缺乏等困难，团队将借助营销推广策略，例如媒体炒作来弥补缺陷。为节约成本和丰富销售经验，除了聘请专业人员外，也会在各高校挑选有能力的同学进行兼职销售。

第四章 网站经营模式

国货汇网站以"中国制造,国货精神"为宣传口号,以"销售+试用+分享"为运营模式。网站利用创新的经营模式——试用,吸引消费者的眼球,以试用带动销售,走出了一条独具特色的发展之路。国贸汇网站的经营模式如图 10 所示。

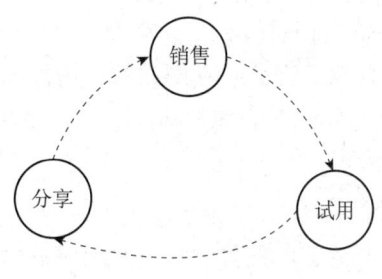

图 10 国货汇网站经营模式图

一、销售模式

国货汇网站以销售为主,在单个产品的销售中增加了产品推荐和捆绑套餐。

在产品推荐模块,网站将根据季度、空气湿度等情况滚动推出适合广大消费者的产品。这些推荐将放在网站首页,醒目而且专业,深受广大消费者的喜爱。产品推荐模块为提高网站的流量做出了贡献。例如,在天气干燥的时节,网站会向消费者推荐多款补水的乳液和保湿霜,其中包括百雀羚补水霜、孔凤春保湿乳等,而大多数的消费者也很愿意去购买网站推荐的商品。

在捆绑套餐模块,网站将不同的产品组合起来进行出售,组合产品的价格往往低于独立的两件产品分开购买的价格,这给广大消费者提供了极大的便利。因此,捆绑套餐模块一直受到消费者的追捧。捆绑套餐包括同类产品捆绑推荐和跨品牌捆绑推荐,如百雀羚套餐优惠、海魂衫加回力鞋套装。

二、试用中心

国货汇团队根据回收的 468 份问卷的调查结果(见图 11)得出,在填写调查问卷的用户中,70.1% 表示愿意成为网站的会员,担当试客。

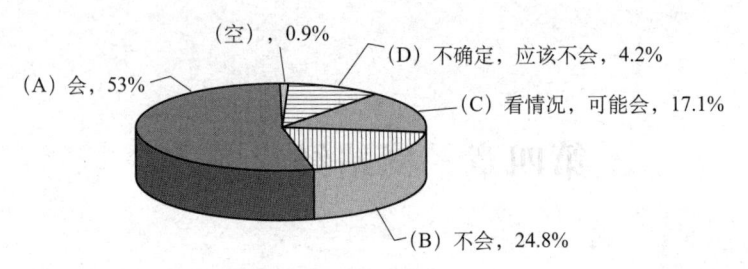

图11 调查问卷第9题（您是否愿意成为网站的会员，担当试客？）

（一）试用服务

试用中心主要提供三个板块的功能：免费试用、低价尝鲜和试客分享。

免费试用提供的主要是化妆品小样。用户需要先成为网站的会员，通过会员积分换取或者填写试用申请，来获得试用机会。

低价尝鲜提供的主要是服装、鞋的新款产品，根据产品的销售定价，分为10元试用、20元试用等。这个板块的商品价值相对较高，尝鲜价也会相应变化。

每位获得产品试用机会的客户，都会收到网站的友情提示，填写试用报告或分享试用心得。网站在每个产品销售页面下都设置了评价功能。用户也可以在试用完后填写试用报告，或者在论坛分享板块分享试用心得。

（二）试用流程

用户提出申请后，需填写申请试用报告，申请试用报告的主要内容有性别、年龄、所在地区、肤质及申请理由。当会员提交申请试用报告后，网站将对提交申请的会员进行审核和筛选，确定试用名单后，网站将在第一时间发放试用装产品。

（三）会员服务

用户在网站购买产品，可以获得相应的购物积分，即国货币。用户购买100元价值的产品，能够获得100个国货币。会员可以凭国货币免费领取试用品，或者抵充低价尝鲜区的试用产品。会员同时可以凭国货币在网站购买产品，抵充现金。每100个国货币可以抵充1元产品。

试用中心将为网站带来巨大的流量，以此带动销售。而销售的产品可以为试用提供物质基础，这在很大程度上优化了试用的产品组合，给消费者提供了更多可以试用的产品。

三、分享

为了突出国货产品的中国特色和维系消费者的国货情结，让国货产品继续保持良好的发展势头，国货汇网站精心设计了国货论坛板块，为网友提供互动交流的平台。

论坛板块包括专家在线指导、国货资讯、国货交流、试客分享等。

专家在线指导是网站推出的特色板块，通过网友的互动来提高网站的吸引力和流量。国货汇团队邀请了两位美容专家：温州市著名美容师章晓伟女士担任美容板块的长期顾问，温州市著名化妆师洪菲菲女士担任化妆板块的长期顾问。美容专家为用户提供在线答疑，并定期举办线下活动。

国货资讯板块为广大消费者提供生活、时尚方面的资讯，用户可以与时尚爱好者进行交流,并通过国货交流板块分享国货使用心得。

　　国货汇还专门为在线试用的用户设立了试客分享板块,让大家交流试用心得。提交试用心得或发表试用文章,可以获得一定的积分奖励。用户也可以将文章分享到开心网、微博、蘑菇街等其他网站。国货汇为用户提供广告链接,用户分享该链接后,按照成交量给予一定的提成。试客分享板块的目的是通过情感营销维系用户对网站的感情,从而建立长期的客户关系。

第五章　盈利模式

一、线上收入模式

（一）直接销售收入

直接销售收入是国货汇项目的主要收入来源，在国货汇项目的经营中占到70%以上的比重。

国货汇网站商城直接面向客户销售。网站提供单个产品销售和捆绑销售两种方式。用户除了购买单个产品，还可以根据网站页面推荐选择捆绑套装进行购买。例如，用户在选择"百雀羚面霜"时，页面下方会有捆绑购买推荐——"百雀羚五合一套装"。

另外，国货汇网站也为用户提供了一种新型的购物体验，即先试用、再购买。这样的模式旨在将试客转化为顾客，从而达到盈利的目的。

基于国货汇团队的一手货源优势，可以通过铺设淘宝代销渠道来促进产品的销售。国货汇准备在淘宝网上开设店铺，通过吸引代销网店和淘宝客户，同时进行批发和零售，以建立淘宝代销网络。

（二）间接销售收入

间接销售收入主要包括试用中心的低价尝鲜收入和用户分享广告链接的收入。这一部分的收入所占比重不高，但是会随着用户数量和用户分享频率的增加而提高。间接销售的主要目的是提高网站的可见度和流量，所以间接销售不是网站的主要收入，所占比重在10%左右。

（三）增值服务收入

增值服务收入在国货汇项目的经营中将占到10%左右。客户就是上帝，为了更好地服务客户，在网站发展的中后期，国货汇可以根据客户的需求，为用户提供个性化定制服务，如海魂衫、运动服、手绘鞋的图案定制，这一块的定价相应地会比较高，所以即使定制服务的量不多，但在网站逐渐发展扩大的过程中也能够带来较多的收入，从而提升网站在客户心里的地位。

二、实体收入模式

（一）设立校园代售网络

国货汇是大学生创业项目，基于学校、政府对大学生创业的激励，团队将联系各大高校，在大学校园中设立校园代售网络，希望通过多方的努力推动网站在各大高校的发展。学生既可以从国货汇团队处进货,也可以以淘宝开店方式代销产品。国货汇将努力为在校大学生提供一个实习实践的平台,并进一步打造成一个全方位平台。

(二)设立社区销售网络

国货汇社区销售网络平台旨在为社区提供最新、最时尚、最合适的国货产品,让社区人们的生活越来越舒适。社区是我们每个人的家,需要一个舒适的环境。国货汇将努力为社区居民建立一个高效的国货汇销售平台,开展口碑宣传,让更多的人从家出发,恋上国货,使用国货。

(三)建立跳蚤街代销网络

基于国货汇团队的一手货源优势,可以通过铺设跳蚤街代销渠道来促进产品的销售。

实体收入模式的目的是扩大国货汇网站的影响力,以点带面,扩大销售范围,实体收入所占的比重在10%左右。

第六章　营销推广策略

国货汇基于电子商务的专业技术，通过网络信息收集和市场调查，分析人们对经典生活品牌的需求，判断这是一个非常有前景的市场。

国货汇充分运用电子商务系列营销手段对网站进行营销推广，如搜索引擎、病毒式营销，建立客户数据库、超级链接，在其他网站投放软文，论坛推广、微博推广、博客推广。

一、网站孵化期

时间：2011年1月—2011年6月。

（一）网络推广

（1）撰写相关博文，通过微博、博客、论坛、飞信、移动QQ等多个平台开展软文推广。

（2）制作与国货汇有关的Flash作品，放到各大视频网站推广。

（3）对"国货汇、百雀羚、孔凤春、谢馥春"等关键字进行搜索引擎推广。

（4）为会员用户提供在线免费试用和付费试用的机会。

（二）线下推广

（1）与各大高校大学生创业俱乐部建立良好合作伙伴关系，通过各种形式在高校内宣传国货汇网站。

（2）在学校开展小型展览会及校园宣传活动（见图12），展示各种新型的经典国货。通过举办这些小型活动，人们将在展览会中领略到经典国货品牌的魅力所在。

图12　国货进校园宣传活动

（3）和各大服装厂、制鞋厂达成合作（供货价格为六折，用最低的进价进货，以梅山成衣厂为试点）。

二、网站成长期

时间：2011年7月—2012年7月。

（一）网络推广

先总结网站初期的推广经验，继续执行有效的推广策略，改进网站中存在的问题。

（1）购买域名 www.guohuohui.com，并结合社区网络推广网站。

（2）和各大地区性网站进行友情链接，如蘑菇街、温州大学论坛、温州草样论坛、温州社区论坛等。

（3）视频推广。

（二）线下推广

先总结网站初期的推广经验，继续执行有效的推广策略，改进网站中存在的问题。

（1）在学校发展校园代理以销售国货汇产品。

（2）线下校园推广。例如：2011年10月20日，团队在本学院开展了国货进校园活动，由学院模特队为国货产品走秀，邀请学院各社团负责人参加，为国货产品打造声势。邀请浙江工贸职业学院视觉营销中心进行拍摄，活动结束后，上传DV至56网、优酷网等知名网站，为国货汇网站进行宣传，引起了同学们的高度关注，反响强烈。

（三）蘑菇街推广活动示例

时间：2011年6月。

网站：蘑菇街。

活动策划方案：通过发布穿衣心得，分享图片和产品链接，吸引网友点击查看，提供直接购买链接，达到口碑宣传的目的，如图13所示。

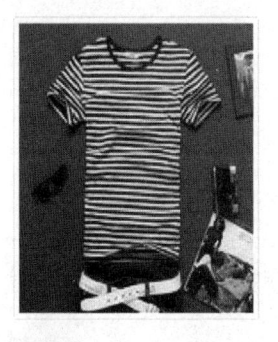

图13 蘑菇街推广示例

效果分析：发动了 200 多人，发布了 40 多张讨论帖，最火的帖子达到了 1 000 多次的回复量，成交量明显上升。

三、网站成熟期

时间：2012 年 8 月起。

（一）网络推广

总结网站初期和成长期的推广经验，取其精华，去其糟粕，继续执行有效的推广策略，改进网站中存在的问题。

（1）用植入式营销宣传经典国货产品。

（2）强化网络社区推广，通过口碑宣传国货汇品牌。

（二）线下推广

总结网站初期和成长期的推广经验，取其精华，去其糟粕，继续执行有效的推广策略，改进网站中存在的问题。

校园与社区是国货汇线下推广的主要区域，校园与社区是国货汇的销售目标人群。国货汇与学校社团和创业团队合作进行产品销售，通过展位宣传与销售产品。

第七章 网站功能简述

一、网站首页

国货汇网站首页内容如表 1 所示。

表1　国货汇网站首页内容

	频道介绍	功能介绍
国货汇网站首页	会员专区	1. 登录 2. 注册
	商城专区	1. 国货潮服 2. 国货潮鞋 3. 国货化妆品
	试用中心	最新国货产品免费试用
	试客分享	客户试用产品后的感受分享
	论坛专区	国货汇会员在线交流，提供国货资讯，专家板块提供美容化妆指导

国货汇网站首页截图如图 14 所示。

二、网站内部页面

国货汇网站销售页面如图 15 所示。

三、网站首页服务简介

（一）会员专区

想要了解国货汇、了解更多关于国货资讯的客户，可以通过国货汇网站的会员专区频道进入。在国货汇的网站注册区域，填写资料并注册成为国货汇的会员，便可以第一时间获得更多有关国货汇的服务与国货汇最新产品的信息。

（二）商城专区

国货汇网站商城专区的主要分类是服装类、鞋子类、化妆品类，以及国货汇工作室设计

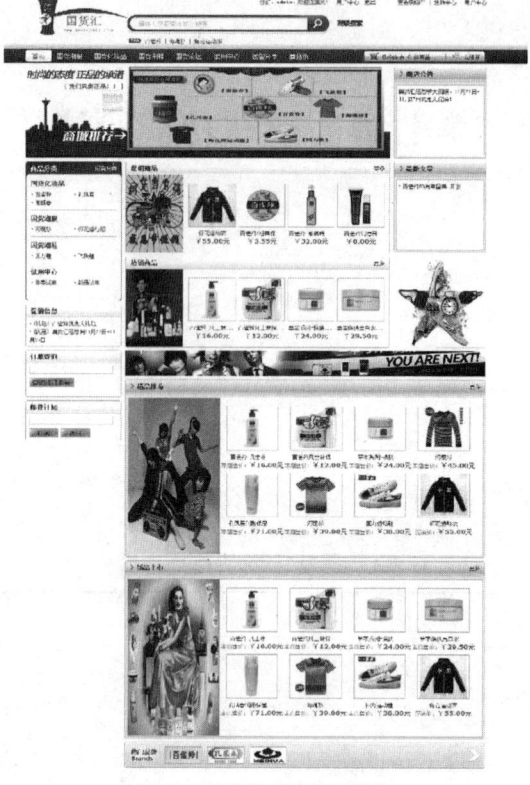

图 14 国货汇网站首页截图

图 15 国货汇网站销售页面截图

制作的和代销商家的相关产品。国货汇网站上的商品都是根据消费者利益需求来分类的,可分为需求型、怀旧型、珍藏型。消费者可以根据自己的具体情况或需求在国货汇选择自己喜欢的国货。

（三）试用中心

试用中心是国货汇网站专门为会员提供的免费试用平台,提供各种知名国货品牌的试用,如海魂衫、芳草集、百雀羚等。只要你注册成为国货汇会员,就可以在网站的试用专区申请相关产品的免费试用。

（四）试客分享

用户在试用中心获得试用产品,在使用后提交试用报告,与其他消费者分享试用感受。

（五）论坛专区

论坛专区为国货汇会员提供一个交流互动的平台,让国货汇的会员通过这个平台知道、了解关于国货汇产品的设计与制作。国货汇旗下将设立多个针对产品展示、售后服务、创意方案等内容的板块,全方位地为国货汇会员提供服务。

第八章　财务预算

一、公司的投资与财务

本公司是一家服务性质的中小型有限责任公司，计划投资为 50 万元，其中风险投资 19 万元，其他 31 万元由公司发起人（团队主要成员）按股份分期投入。

其中，固定资产投资 12.034 万元、进货成本 15 万元、流动资金 22.966 万元。

股本规模及结构暂定为：公司注册资本 50 万元，包括外来风险投资入股 19 万元（38%）、创业团队共入股 31 万元（62%），国货汇团队属于控股地位。

考虑到公司未来的发展前景和经营范围的扩大，公司前期利润分配比例较低，后期逐渐提高比例。

股本结构和规模如表 2 所示。

表2　股本结构与规模

股本来源 股本规模	风险投资 （温州风险投资院）	创业团队 资金入股
金额	19 万元	31 万元
比重	38%	62%

在股本结构中，创业团队占总股本的 62%。在风险投资方面，团队打算引入 1～2 家风险投资共同入股，以利于筹资，化解风险，并为以后可能的上市做准备。

二、资金的运用

在公司运营初期，全部资金主要用于公司产品的宣传及网络建设。其中期初网站建设投入 55 500 元，每年办公场地租赁费为 1 万元，办公用固定资产购置费用为 2.79 万元，其他费用为 1.7 万元，每月开销为 9 100～12 000 元。具体如表 3 至表 6 所示。

表3　公司总成本费用

期初花费：	
固定资产投资项目	金额
公司租赁费用	10 000.00 元/年

续表

期初花费：	
相机	7 000.00 元
电脑	每台 4 500.00 元，3 台，共计 13 500.00 元
打印机/扫描仪/复印机	2 500.00 元
拍摄用灯	1 000.00 元
刻录机	700.00 元
桌椅、柜子、沙发	2 000.00 元
音响器材	1 200.00 元
对外宣传广告费	2 000.00 元
日常经费	10 000.00 元
其他支出	5 000.00 元
合计	54 900.00 元
每月开销：	
名称	金额
工资（按当月营业收入提成）	7 800 ~ 10 700 元
水电费、信息费	500 元
设备维护及修理费	200 元
业务经费	300 元
员工培训费用	300 元
合计	9 100 ~ 12 000 元

表4　网站建设成本

网络营销投资项目	费用
硬件设备购买	10 000 元：空调 1 个、桌子 3 张、椅子 5 张、展示柜 1 个、电脑 3 台（已有）
软件系统购买	20 430 元：服务器（戴尔 PowerEdge R710）
企业域名申请	70 元/年（http://www.guohuohui.com）
网站建设与网页设计	10 000 元
网站维护与管理	10 000 元/年
网站宣传推广	5 000 元/年（海报、传单、报纸）
合　计	55 500 元

表5　费用预算表

单位：元

项目	年份		
	2011年	2012年	2013年
前期预算（网站建设）	55 500	—	—
固定资产投资	54 900		
工资	84 000	84 000	114 000
办公费	10 000	10 000	10 000
通讯费	—	—	—
邮寄费			
网站维护费	—	10 000	10 000
网站推广费	—	80 000	90 000
企业域名	—	70	70
广告费（各式广告）	4 400	4 400	4 400
合计	208 800	188 470	228 470

由表5可看出，2011年因购买固定资产花费比较多。2012—2013年公司费用有上升趋势，表明公司的经营费用较高，风险较大，公司应尽量控制支出，降低风险，以达到获取最大利润的目的。

表6　利润预算表

单位：元

项目	年份		
	2011年	2012年	2013年
一、主营业务收入	120 000	210 000	330 000
减：主营业务成本	138 070	138 070	160 070
二、主营业务利润	-18 070	71 930	169 930
加：其他业务利润			
减：管理费用	47 900	47 900	65 900
财务费用	-3 600	-3 600	-3 600
营业费用			
三、利润总额	-62 370	27 630	107 630

根据以上预测数据，对未来利润的趋势分析如图16所示。

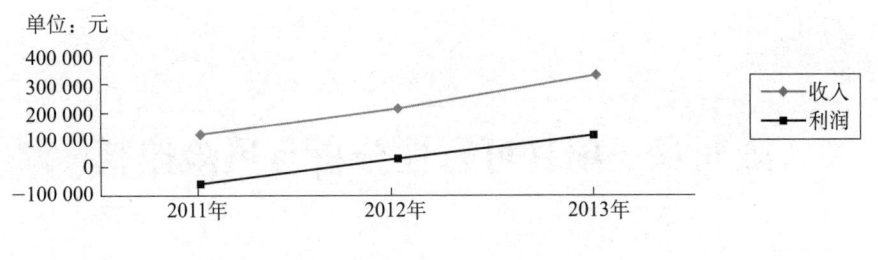

图 16　利润趋势分析图

从图 16 可看出，公司成立初期，因知名度不够、经验不足，会出现一定亏损。但是随着一段时间的发展，以及公司对内部经营做出的一系列调整，在后期，公司的盈利出现明显上升趋势。

三、财务分析结论

国货汇自 2011 年 7 月在温州成立之后，基本保持平稳发展的势头，通过对公司网站建设前期预算、费用预算、利润预算等财务状况的分析可以看到，公司的盈利能力起伏很大，十分不稳定。但总体来说，目前公司发展前景十分广阔，市场需求也比较大。

第九章　项目可行性分析与风险控制

在这个竞争激烈的社会，风险是每一个公司必须面对的问题，虽然不能避免，但团队要将风险发生概率尽量最小化，从而增加网站实施运营的可行性，确保网站在宏观的控制下健康发展，最终获取可观的利润。

在关于国货汇网站的调查问卷中，83.8%的调查对象表示有使用国货产品的习惯，87.2%的调查对象有意愿通过网络购买国货。因此，国货汇项目是可行的。

一、项目可行性分析

（一）环境可行性分析

国货汇是一个集商城与资讯为一体的综合性网站，主要经营中国自主品牌产品，这些产品在20世纪曾红极一时。品牌类型主要有化妆品、服饰和鞋。化妆品品牌包括百雀羚、孔凤春和谢馥春；服饰类主要是海魂衫和梅花牌运动衫；鞋类包括回力牌运动鞋和飞跃牌运动鞋。

生于20世纪70年代或者更早的人们，对不少熟知的国货品牌都记忆犹新，他们用国货更多的是一种"爱国"和"怀旧"情感的体现。近年来，不少"80后""90后"也开始对国货产品青睐有加，他们对国货的认知多来自网络论坛的推荐，使用后更切实感受到了国货品牌的实惠。

项目成员从一些大型超级市场的销售人员处了解到，国产品牌的销售近年来呈上升的趋势，且增长幅度逐年递增，可见国货的受欢迎程度也是与日俱增的。

国货汇网站整合了国内经典的国货产品。国货本身凝结着人们独特的历史记忆，能转化为一种情感的力量，这也是国货热潮能够兴盛的一个重要原因。

（二）经济可行性分析

1. 资金筹措渠道与额度

国货汇是一家服务性质的中小型有限责任公司，计划投资50万元，风险投资19万元，其余由公司发起人（团队主要成员）按股份分期投入。

2. 投资估算

公司成立初期，建设公司网站、购买办公设备等固定资产投入为120 430元。剩余资金作为公司的流动资产，为公司的起步资金投入，确保公司的业绩能快速稳定地步入正轨。

3. 生产成本和销售收入估算

国货汇网站经营的产品大多是品牌产品，产品的销售以品牌代理为主；而以服装样式为辨识的海魂衫则没有固定品牌，采取的是进厂加工、贴牌销售的方式。

国货汇团队已经在跟各大厂家进行洽谈，如百雀羚厂家，团队能拿到的价格目前基本上是六折；其他品牌的出厂价格基本围绕在六折上下。

海魂衫采用进厂下单定制的进货方法，可以用较低价格拿到货源，再以较高的价位售出，以此盈利。

4. 可行性方案效益评价

国货汇财务部门经过初步预算，预测网站的投资回收期约为 4 年。网站建成 4 年以后，网站将实现收支平衡，并开始盈利。

（三）技术可行性分析

1. 网站技术解决方案及网站维护与测试

通过服务外包的方式建立网站并开发与网站相关的程序及应用，以辅助网站发展，建立完善的安全性措施。规范和及时更新网站信息，有助于提升对客户的导向性作用，重视数据的备份及安全维护和制定有关应急措施，以应对可能遇到的问题。对网站进行压力测试和服务器的稳定测试，在网站上线前进行这些测试有助于更好地为消费者提供服务。

2. 网站内容规划及网页设计

网站的域名是 www.guohuohui.com，网站的口号是打造最集中的国货 B2C 商城。在网页设计方面，针对目标访问群体，根据他们的浏览习惯，首页尽量简洁以突出产品特性，按照消费者喜好的变化定期根据消费者的反馈进行改版。

二、风险控制

（一）厂家对品牌的投入和新产品开发后劲不足

由于资金匮乏、技术和经营管理理念落后，即便在这股国货复兴的热潮中，国货化妆品也鲜有一两款产品受到消费者的青睐。目前，国内化妆品品牌主要占据中低端市场，产品附加值低。国货汇网站代理的产品都是厂家本身投入巨资的，国货汇团队借上游公司的力度，加以宣传，能很好地规避这一风险。

（二）市场上国货产品的回潮可能是暂时性的

虽然中国国货老品牌有复苏迹象，但离整体性复兴还有一段路要走。在消费市场上，仿冒伪劣、以次充好屡见不鲜，消费维权事件数量逐年上升。但改革开放 30 多年来，人们物质消费水平得到极大提高，代表中国的民族性元素越来越让人自豪、受人追捧。国人心态和民族自信进步，为老牌国货的复苏创造了极为有利的消费预期。

创新求变，包括新产品用途、新市场、新定位和新形象，而怀旧是挖掘老的元素，唤起回忆，建立起与消费者过去自我的情感联系。老牌国货的营销战略是走坚持以创新为本的理性路线，还是走怀旧的煽情路线，这需要项目组认真思考与探索。

国货汇坚持"让经典秀出时尚，曾经很美，现在更美"的宗旨，将经典与时尚结合，很好地转化了这一风险。

（三）对产品质量的把关

近年来，畅销品牌频频卷入安全问题，这更让人联想到这些国产化妆品。国货汇网站建立了一套安全检查系统，与代理商达成共识，凡是产品本身质量存在问题的，厂家会负责将新货送至购物者手中。

（四）团队项目运营的可持续发展

可持续发展意味着社会、资源和环境保护三方面互相协调发展，它在国货汇代表的是一个承诺。这个承诺是：国货汇不会在产品和服务的性能及价值上打折。

国货汇拥有一支优秀的团队，成员相互协作，能为共同的目标毫无保留地投入自己的精力。国货汇热爱祖国、热爱国货，势必能打造一个高品质、全方位的国货商城。

第十章　组织架构

一、公司制度

一个优秀的团队需要制度，需要体系。国货汇制定了一套制度，当团队成员有所松懈或哪方面做得不好的时候，这套制度就是团队的方向盘，是团队成员处事的原则。

二、公司文化

经营理念：客户至上，以人为本。
管理理念：灵巧要有本则，准则不可机动。
团队宗旨：让经典秀出时尚，曾经很美，现在更美。

三、公司组织结构

总经理：负责管理公司的日常事务，制定公司的长远发展规划，及监督内勤和外勤的工作，监督各业务的完成情况。
财务总监：负责公司内部的财务控制、会计、金融、投资活动，分析财务状况，对相关产品进行成本核算和成本分析，为公司进一步发展提供财务依据。
技术总监：负责网站的日常运营、建设与维护，分析网站流量。
市场部：负责国货产品的市场运转情况，并和策划组共同负责相关活动的组织和实施。
策划组：负责整个公司的业务策划，参与业务的创意，并和市场部共同负责相关活动的组织和实施。

四、国货汇一站式服务

国货汇的整合以策略中心和执行中心为核心点，通过运营品牌整合、互动公关、展览展示、产品策划、网络互动，整合视觉营销中心等各大产业链，打造国货汇一站式服务体系。

附件1：关于国货看法的网络问卷调查表（略）
附件2：关于国货看法的市场调研报告（略）
附件3：国货汇员工守则（略）
附件4：代销协议书（略）
附件5：合同书（略）
附件6：风险投资合作意向协议（略）

参 考 文 献

[1] 菲利普·科特勒,凯文·莱恩·凯勒,卢泰宏.营销管理[M].13版(中国版).卢泰宏,高辉,译.北京:中国人民大学出版社,2009.
[2] 尹隆森.企业组织结构设计与部门职能划分[M].北京:北京大学出版社,2003.
[3] 唐国华.网络营销及其成本分析[J].集团经济研究,2007(04Z):1.
[4] 张先治,陈友邦.财务分析[M].3版.大连:东北财经大学出版社,2004.
[5] 陶剑虹,詹居臻,张继明.营销无规则 执行有标准[M].北京:清华大学出版社,2005.
[6] 陈民利,赵红英.营销策划项目教程[M].北京:机械工业出版社,2011.
[7] 吕玉杰,陈慧丽,索桂芳.财务管理实务[M].北京:科学出版社,2007.
[8] 冯英健.网络营销基础与实践[M].3版.北京:清华大学出版社,2007.
[9] 徐凤兰.广告策划学[M].杭州:浙江大学出版社,2005.
[10] 甄小虎,秦琴,邬兴慧.网络营销与实训[M].北京:经济科学出版社,2009.
[11] 方志坚,章金萍.营销策划实务与实训[M].北京:中国人民大学出版社,2011.